阅读成就思想……

Read to Achieve

NEW
VENTURE
CREATION

A Framework for
Entrepreneurial
Start-Ups

学会开一家公司

从创立到盈利全流程指南

[英] 保罗 · 伯恩斯（Paul Burns）—— 著
黄亚昌 —— 译

中国人民大学出版社
· 北京 ·

图书在版编目（CIP）数据

学会开一家公司 ：从创立到盈利全流程指南 / (英)
保罗·伯恩斯 (Paul Burns) 著 ; 黄亚昌译. -- 北京 :
中国人民大学出版社, 2021.6
ISBN 978-7-300-29339-4

Ⅰ. ①学… Ⅱ. ①保… ②黄… Ⅲ. ①企业管理一指
南 Ⅳ. ①F272-62

中国版本图书馆CIP数据核字(2021)第086628号

学会开一家公司：从创立到盈利全流程指南

[英]保罗·伯恩斯（Paul Burns） 著

黄亚昌 译

Xuehui Kai Yi Jia Gongsi：Cong Chuangli Dao Yingli Quanliucheng Zhinan

出版发行	中国人民大学出版社		
社　　址	北京中关村大街 31 号	**邮政编码**	100080
电　　话	010-62511242（总编室）		010-62511770（质管部）
	010-82501766（邮购部）		010-62514148（门市部）
	010-62515195（发行公司）		010-62515275（盗版举报）
网　　址	http：//www.crup.com.cn		
经　　销	新华书店		
印　　刷	天津中印联印务有限公司		
规　　格	185mm×230mm　16 开本	**版　次**	2021 年 6 月第 1 版
印　　张	18.75　插页 1	**印　次**	2021 年 6 月第 1 次印刷
字　　数	313 000	**定　价**	79.00 元

如何使用本书

创立一家新公司本质上是一项实践活动，很多人认为这是教不来的。我基于自己40多年的经验，并不认同这一观点。这本书把创建企业的过程分解为包含八个阶段的“新公司创立框架”，将消除人们的这种不当认知，创造一个创业界的教练神话。

新公司创立框架

新公司创立框架提供了一个全面的实用指南，可以帮助你发现商业创意，为客户开发“价值主张”，完善商业模式，并把你的主张交付给这些客户。在规划创立一家新公司时，它会带你走完整个过程，把最好的成功机会呈现给你。本书阐释了新公司创立框架的每个阶段，并尽可能以最佳方式呈现出来。

你可以把新公司创立框架当作一块非正式的画布，在上面描绘你的商业创意，并对它进行开发和改进。通过练习，你可以制订出一个全面的商业计划，以此来获取融资。这种按部就班、循序渐进的规划方法，目的就是把各个章节的知识和你最终做出的商业计划更好地整合起来。如果说企业家是在实践中学习，那么这本书就是在教授人们创业的方式。

从理论和实践中学习

创立一家新公司是一项存在风险的活动，任何能让你降低失败风险的事情都是好事情。所以，你可以从其他企业家的成功和失误中吸取教训，也可以从他们的指点和实践建议中学到知识。同时，你还可以从学术研究和理论中学习。学术研究可以告诉你，企业家的哪些指点的胜算最大（以及哪些没有胜算），而理论会告诉你为什么它们行得通。当然，运气在生活和创业中很重要，但“抢占先机”总是值得的。所有这些事情都会提高你的成功概率。

概念和理论通常是复杂难懂的，但是这本书以通俗易懂的方式将创立一家新公司的实践和理论相融合，使它们变得易于理解。

学习成果

在商业和管理相关领域，创立一家新公司总是令人兴奋且激励人心的。创立一家新公司的核心是创造力和创新——在当今竞争激烈的市场环境中，这是一种非常难能可贵的技能。总体说来，它整合了多个传统学科，并专注于实践。书中的技能只有被应用起来，才能显示其价值。如果你想要创业或正在创业，那么它可以帮助你了解创业的相关基础知识，并且把学到的技能知识运用于实践中，所以它特别适合创业者阅读学习。

本书将帮助你：

- 评估你是否具有企业家的性格特征；
- 发现商业创意；
- 开发创新的商业模式——如何向客户传递你的商业创意；
- 开发企业发展的战略框架，以充分发挥其潜力；
- 批判性地分析成为一位创业型领导者需要什么，以及如何构建一家组织，以保持它的创业特征；
- 撰写专业的商业计划书。

此外，本书还将帮助你发展全面的、实用的商业和管理技能，使你能够启动一家新公司。同时，可以帮助你发展以下领域的认知技能：

- 数据和信息的解读、批判性分析与评估；
- 问题识别与解决；
- 信息与通信技术（ICT），特别是电脑和互联网的使用；
- 运用研究和理论联系实际的能力；
- 写作与演讲能力。

目 录
CONTENTS

PART1

第一部分

导论

New Venture Creation:

A Framework

for

Entrepreneurial Start-Ups

NEW

VENTURE CREATION: A FRAMEWORK FOR ENTREPRENEURIAL START-UPS

第 1 章

新公司创立框架

创业的吸引力

动荡不安的时局和由此造成的极大破坏力是 21 世纪初的主要特征。我们听到了一些企业的丑闻，如美国的安然公司、意大利的帕玛拉特（Parmalat）公司和日本的奥林巴斯（Olympus）公司，这让我们开始质疑企业道德。我们也看过令人瞠目结舌的公司破产事件，如美国的雷曼兄弟和英国的苏格兰皇家银行（RBS）。除此之外，我们还看到，从商品到汇率、从股票市场到债券市场，几乎每一个市场都出现了史无前例的动荡。

这种动荡形成的原因是全球互联的发展——这是一个日益复杂的世界，一个真正的、通过新技术充分实现互联互通的全球市场，人们几乎可以在任何地方进行即时沟通。在高度互联的系统中，小的变化往往会被放大。一个市场的局部行为可能很快就会在这个市场的其他地方造成令人意想不到的后果。看起来没有任何人能够控制这种情况，甚至连主权国家也做不到。变化无处不在，它持续地发生着，步伐在加快，而且经常突如其来。然而，变化的步骤却是断断续续的。尽管越来越多的大公司发现难以应对这种新秩序，这些变化也被那些更大、更成熟的公司视为威胁，但初创企业和小企业似乎在变化中找到了机会。即使在这种紧缩的时代，面临着日益激烈的竞争，创业公司和小企业也依然在茁壮成长。创立一家新公司从没有这么容易过，在全球范围内取得成功的概率也从未像现在这么高。

当我们寻找榜样时，我们意识到，自从 20 世纪 70 年代以来，人们已经创立了这么多成功的企业。比尔·盖茨在 1975 年创立了微软公司；已故的史蒂夫·乔布斯在 1976 年创立了苹果公司；迈克尔·戴尔在 1984 年成立了戴尔电脑公司；皮埃尔·奥米迪亚在 1995 年创立了 eBay 公司；拉里·佩奇和谢尔盖·布林在 1996 年创立了谷歌公司。这股潮流并非只是发生在美国。在英国，艾伦·休格在1968年创立了阿姆斯特拉德公司（Amstrad）；理查德·布兰森（Richard Branson）在1972年开启了维珍帝国；詹姆斯·戴森在1976年开始销售戴森吸尘器；朱利安·麦特卡夫（Julian Metcalfe）和辛克莱·比彻姆（Sinclair Beecham）在1986年开了第一家主打健康自然的快餐店Pret A Manger。在印度，苏尼尔·米塔尔（Sunil Mittal）在1976年开启了日后成为巴蒂公司（Bhati Enterprises）的企业；基兰·玛兹穆德－肖（Kiran Mazumdar-Shaw）在1978年创立了百康公司（Biocon）。这些如今的大型公司都让它们的创始人成了富豪。

在过去30年里，成立一家新公司的创业者所创造的财富比以往任何时候都多。美国95%的财富都是在1980年以后创造出来的。同时，成长型的小企业创造了很多就业机会，这让整个社会都从中受益良多。它们在创造工作机会方面已经超过了大公司。在大企业规模日益缩减的时候，较小的企业继续在提供工作机会。据估计，在美国，小企业现在贡献了一半的GDP，超过一半的出口来自员工在20人以上的企业，难怪政府和媒体对它们如此重视。创业者们终于被认可为产生经济财富的重要组成部分，他们成了商业世界的英雄，体现了许多人羡慕的品质——精神自由、创造力、远见和热情，他们拥有把梦想变成现实的勇气和自信。他们是经济变革（有时也是社会变革）的催化剂，他们看到一个机会，将其商业化，并在此过程中让自己成了百万富翁。

案例洞察

基兰·玛兹穆德－肖和百康公司

1953年出生于印度班加罗尔的基兰·玛兹穆德－肖是印度最富有的女性之一。她是百康公司的创始人。百康公司是一家生物技术公司，是印度最大的胰岛素制造商。基兰在获得动物学学位后，在澳大利亚继续攻读硕士学位，并接受训练成了一名酿酒师，然后返回印度，希望追随她父亲的脚步成为酿酒专家。在印度的酿酒行业工作了两年后，她发现自己的职业生涯受阻于性别歧视，她无法实现自己的雄心壮志。1978年，有人劝说她在印度创立一家生产酶的合资企业。

1978年，基兰和爱尔兰人莱斯·奥金克洛斯（Les Auchincloss）在班加罗尔的一个车库里创立了百康印度公司，种子资金只有10 000卢比[①]。这是一家与爱尔兰百康生化（Biocon Biochemicals）公司合资的企业。最终，她找到了一位银行家给公司贷款45 000美元，并从

① 1卢比≈0.0882人民币。——译者注

班加罗尔的一家酿酒厂用来制造酶的生产线开始扩大业务范围。百康印度公司成为第一家制造酶并出口到美国和欧洲的印度公司，这给基兰带来了现金流，她可以把钱用在药品的研发和生产上。早期创业岁月是很艰辛的。

1989，基兰拜会了印度工业信贷投资银行（ICICI Bank）的董事长，该银行刚刚创立了一个创业基金。这个基金买下了百康公司 20% 的股权，帮它融资进入生物制药领域。此后不久，联合利华公司接手了百康生化公司，又买下了 ICICI 在百康印度公司的股权，同时增持到 50%。1996 年，百康公司进入生物制药和胆固醇合成酶抑制剂市场，一年后联合利华卖掉了其在百康生化公司的股份。基兰接手了联合利华公司占有的股份，开始准备百康印度公司在证券市场上市的工作。2004 年，百康印度公司正式上市，市值达到 11 亿美元。

2003 年，百康印度公司成为首个在毕赤酵母表达系统（Pichia expression system）上开发人胰岛素的公司。它在证券交易所上市后，与世界各地的制药公司签订了数千项研发许可协议。如今，百康公司的营业额超过了 240 亿卢比。它拥有印度最大的胰岛素和胆固醇合成酶抑制剂生产设施和最大的灌注抗体生产设施。它主要生产用于治疗癌症、糖尿病和自体免疫疾病的药物，并且在开发世界上第一种口服胰岛素，这种药物在 2013 年进行了第二期临床试验。

基兰获得了许多奖项和荣誉。2010 年，《时代》杂志把她列入世界 100 位最有权力人物的榜单；《金融时报》把她列入 50 位商界女强人名单；而《福布斯》在 2009 年把她列入了 100 位最有权力女性的名单。她热心于在印度提供实惠的医疗保健服务，并资助了有 1400 张床位的玛兹穆德 – 肖癌症中心，这是位于班加罗尔的一所免费的癌症医院。每一年，她都为大约 10 万名印度农村人捐赠 200 万美元，用于支持他们的健康保险。

创业者开创的是各种各样的新事业，而不仅仅是创办自己的商业公司。他们还为已经成名的、规模更大的企业创建新事业，同时保留拿薪水的工作，满足于把利润（和风险）留给他们的雇主。我们称他们为内部创业者，他们也会出于各种动机去开创新事业。有些人怀揣社会性或公民性的目标，他们愿意投入自己的时间，并且拿出自己的资金，去承担财务回报很小或根本没有回报的风险，将利润用于再投资，以实现这些目标。我们把他们称为社会企业家或公民企业家。有时候，这些创业项目甚至不会导致一家新公司的成立，而只是被纳入一个令人兴奋的组织，久而久之发生了微妙的变化。

如果创业并不只是自己当老板，那么什么是企业家？从具有爱尔兰和法国血统的经济学家坎蒂隆（Cantillon）开始（1755 年），“企业家”的概念已经被提出来好几个世纪了，强调的侧重点也各有不同。本质上，最好基于企业家的行动对他们进行定义。他们创造和 / 或利用变革获得利润，自己甚至不拿走利润。在此过程中，他们不断地进行创新和承受风险，把资源投入到他们期望获得更高商业回报或社会回报的领域。

利润并不总是创立新公司的主要动力。对很多人来说，这只不过是成功的标志之一，成为企业家的吸引力在于做自己的老板，做自己想做的事，而不是做别人让自己做的事。有些人发现了一个商机——他们在市场上看不到的某种产品或服务，或者是能以某种更好的或更便宜的方式来做某件事；有些人可能会对现有的商品不满意，或者是由于别人提供的服务不符合他们的需求而觉得沮丧；还有些人可能因为灵光乍现，想出一种新发明或者一个创意，能够让整个产业发生变革。无论他们的商业创意来自何处，他们都感受到了激励，决定要为此做点什么——也许这么一路下来就能赚很多钱。对企业家的定义在于，他们愿意为创意采取行动。

事实上，大多数新公司都不会发展壮大成行业巨头。欧洲 95% 以上的小公司雇用的人数不到 10 人，三分之二的公司只雇用一个人。很多人选择开公司是为了替代薪酬——这样的收入只是相当于他们作为一个雇员（如管道工、店主等）所挣的钱；另一些人开公司是为了追求某种特定的生活方式，同时挣的钱足以支撑一种他们可以接受的生活（如运动教练、艺术家等）。在很多情况下，自己当老板是追求这些生活所能选择的传统和公认的方式。你可能会说，开这种公司的人不是"真正的"企业家，真正的创业型公司是那些能为市场带来创新想法和做事方式的公司，它们从一开始就设定了成长目标。但是，生活方式型公司和薪酬替代型公司也都是社会的支柱。不论是哪种类型的新公司，与之相伴的风险都很高。据统计，三分之一的企业在第一年就关停了。这两种类型的新公司所面临的许多挑战都是类似的。更重要的是，你为了生存所需的商业技能也可以应用在增长上，所以这些区别不是绝对的。如果有适当的管理和领导，那么生活方式型公司和薪酬替代型公司也可以变得更像创业型公司。

案例洞察

朱莉·司布真和她的生活方式型初创企业：物质享受

2008 年夏天，40 多岁的朱莉·司布真（Julie Spurgeon）以陶瓷设计第一名的成绩毕业于伦敦的中央圣马丁艺术与设计学院（Central Saint Martin's College of Art and Design）。作为毕业作品的一部分，她想要为自己设计的一套餐具寻求零售商和行业专家的至关重要的评估鉴定。她联系的公司之一是高档商品零售商福特纳姆玛森（Fortnum & Mason），这家公司对她印象深刻，于是委托她设计一套骨瓷餐具，这些被称作"物质享受"的产品在 2009

年8月发布。

“物质享受”的注册商标（花了200英镑）贴在每件作品的背面，朱莉还加入了“反对抄袭设计”组织（Anti Copying in Design, ACID），这样可以让她记录自己的设计思路，作为证据，防止被抄袭。朱莉必须自己支付模具和制造成本，模具花了5000英镑，而位于特伦特河畔斯托克的工厂要求最少订购250件，她跟福特纳姆的合同包含六个月的排他性合作。所有这些费用都来自“创意种子基金”（Creative Seed Fund）的一笔5000英镑的贷款和她的一份兼职工作的收入。

案例洞察

约翰·伯德和他的社会型初创企业：大问题非营利组织

“大问题”（The Big Issue）可能是英国最显著的社会创业的例子了。起初它是约翰·伯德（John Bird）在1991年创立的一个非营利组织，之后得到了戈登·罗迪克等人的支持。现在它是一家有限公司，利润捐献给大问题基金会（Big Issue Foundation）——一个致力于解决无家可归者的问题的慈善机构。该计划在伦敦发起，其灵感来自纽约的一个类似想法。

“大问题”基金会出版了一份同名杂志，让无家可归者在英国的城镇街道上兜售。它的目的是让无家可归者有一份谋生的工作——让他们得以解决自己的贫困问题和重新掌控自己的生活，并对社会排斥进行抗争。这份杂志出售给消费者靠的是品质，而不是靠做慈善的噱头。然而，它只由无家可归者在街上销售，而不是通过杂志商店或志愿者来销售，这一事实使得交易的性质并不全然直观。当消费者购买时，他们和受益人面对面，他们可以看到受益人正在努力地摆脱窘境。销售者最开始会免费得到少量杂志，此后就必须购买杂志再去销售。该交易的一个关键环节是，消费者只需要提供有限的、相对小的财务贡献（2013年的价格是2.50英镑）。这让小额捐款正当化了，在这种方式下，为一个在道德上正当合理的理由提供小额捐赠就变得容易了。

案例洞察

托尼·费尔南德斯和他的创业型初创企业：亚洲航空

2001年，时代华纳公司（Time Warner）的前高管托尼·费尔南德斯（Tony Fernandes）创建了亚洲第一家廉价航空公司——亚洲航空公司。他只用了25便士就从马来西亚政府手中买下了负债累累的国有企业。他着手将其重建成一家在亚洲各地进行短距离、低成本飞行的运营商。这个想法是从诸如易捷航空公司这样的西方公司那里借鉴来的。作为亚洲市场的首家同类企业，该公司快速扩张，机队规模从2006年的两架飞机扩大到了2010年的86架飞机，承载飞往世界各地的乘客有3000万人。在廉价航空旅行领域，它开拓了一个新的亚洲市场。到2007年，瑞银集团的研究表明，它是世界上成本最低的航空公司。现在，它在吉隆坡和新加坡市有了自己的运输枢纽，并在2007、2009、2010和2011年荣获了Skytrax世界最佳廉价航空公司奖，还在泰国和印度尼西亚建立了联营航空公司。

创业的障碍和诱因

创立一家新公司并不容易，而经营的难度更大。这是一个需要全身心投入的、每天24小时、每周7天的不间断活动——至少要持续到你有了一个可以依靠的管理团队为止。你需要付出承诺和奉献精神，你需要持之以恒——“90%的汗水，10%的灵感”。它可能有破坏关系、撕裂家庭的风险，而且未必有好结果。所以，你要能从挫折中恢复过来，因为会遇到很多挫折，你需要有坚定的决心和持之以恒的毅力。你要在情感上自给自足——做这件事可能会很孤独。你要以任务为导向——积极为客户提供最好的产品或服务，你要适应这些客户和市场经营中产生的机会。最重要的是，你要能够承受一定程度的风险和不确定性。如果你渴望确定性、朝九晚五的工作和固定收入，创业就不适合你。

对大多数人来说，即使他们有一个好创意，也还是会有障碍使他们无法创立新公司。这可能缘于情境因素，你的个人背景和你对他人的责任或许会形成障碍，比如需要一份固定收入来支持家庭开销，或者是缺乏启动资金。这也可能缘于心理因素，如缺乏自信。把你的家庭所依赖的资金放进一场前途未卜的商业冒险，这需要一定的勇气。对未知事物的恐惧是一种强烈的负向激励，但越来越多的人认为，拿薪水的工作并不能够提供有保证的固定收入。由于大公司发展迟缓、重组甚至倒闭，员工越来越清楚地意识到，没有诸如“一辈子的工作”这回事。至少在自我雇用时，你控制着自身命运的某些要素。

尽管创立新公司有各种障碍，但在世界各地，每年还是有数以百万计的人在创业。这常常需要一个“诱因”，有些人是被“推”着成立自己的公司的，因为他们或是被当成冗员解雇，或是发现自己无法适应之前效力的公司了。或者更简单地说，他们别无选择，比如，他们是来到一个新的国家的移民。这些都是促使一个人走向自我雇用的典型的情境因素。移民往往不得不具有高度的创业精神，他们没有多少选择。以创业文化著称的美国是由移民建立起来的，许多企业家都是第一代或第二代移民。谷歌公司的共同创始人谢尔盖·布林六岁时跟着家人从苏联移民到了美国。在英国，有六家最成功的医药批发和药品供应公司是由南亚人创立的，他们在20世纪六七十年代被迫移民来到英国，现在都成了百万富翁。

不过，许多人是由于更积极的原因被“拉”去创业的。他们渴望独立，并让自己的成就得到承认，这让他们有了动力和决心。他们寻求个人发展，发财致富的前景也可能很诱人。推动因素往往是心理方面的——人们的性格特征及其对他们的影响。当“推”和“拉”的因素结合时，会形成一种强大的诱因，促使潜在的企业家去创立新公司，这就没什么奇怪的了——只要他们具备至关重要的商业创意。图 1–1 展现了这些诱因的结合——推动和拉动的因素，以及他们在成立自己的公司时面临的障碍。企业家创建新公司的高峰年龄段——20 多岁或 30 岁出头——正好是障碍较小的时候，因为此时即使创业失败，他们的损失最小，或者随着孩子们的成长，他们的家庭责任减小了，有更多精力去创业了。

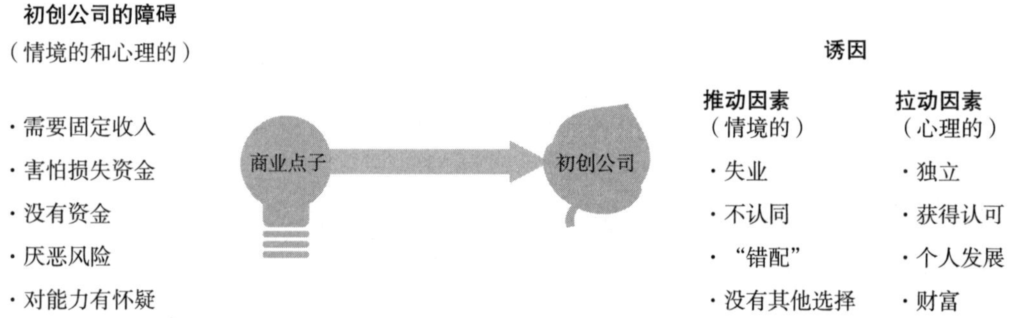

图 1–1　创业的障碍和诱因

案例洞察

马克 · 德马尔凯特：运营自己的公司

马克 · 德马尔凯特（Marc Demarquette）是中法混血儿，出生在伦敦并在那里长大。他一直是一名管理顾问，直到一场危及生命的事故促使他重新思考自己的优先事项。他对餐饮业的兴趣使他前往巴黎著名的梅森勒诺特（Maison Lenotre）厨艺学校学习制作巧克力，然后又到阿尔卑斯山跟着一位巧克力大师工作。2006 年，在一笔 40 000 英镑的银行贷款帮助下，他开了一家高档手工巧克力店“德马尔凯特”，位于伦敦西南部的富勒姆附近有一处小型生产场所。从那时起，公司的资金就完全来自现金流了。他通过自己的商店销售各种高质量的获奖巧克力，也通过其他像福特纳姆玛森这样的零售商来销售，但大约三分之一的销售是通过他的网站进行的。

创立一家新公司

除非你是不得不去创业，否则克服创业的障碍可能不太容易。失败是最让人担心的，所以你怎样才能提高成功的概率呢？图 1–2 总结了成功创业所需要的东西，而这本书将会帮助你开发这些东西。

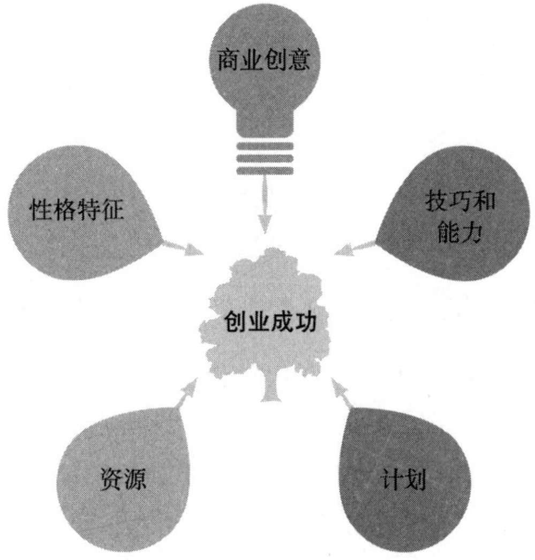

图 1–2 创立一家新公司

- 倾向于创业的个人性格特征。不是每个人都适合创业，也不是每个人都愿意创业。要想取得成功，你必须能够承受它带来的压力，并享受它带来的挑战。即使你是被迫而不是主动去创业，如果你有一个积极的态度，事情也会变得容易得多。
- 一个好的商业创意。找到好的商业创意并不像许多人认为的那么难。第 3 章概括了一个找出商业创意的系统性流程，创意不能只依赖偶然出现的“灵光乍现的瞬间”。
- 具备必要的技能来交付你的产品 / 服务创意。没有必要的技能就去做管道工，这是毫无意义的。行业经验也很宝贵，它可以提供该行业的相关运作知识和成为客户或供应商的人际网络。它也有助于学习，并从别人的错误中吸取教训。所以，对于你想创立的公司，你确实需要具备一些特定的技能和知识。这本书将会为你提供一套通用的商业和管理工具，这些工具会基于你的特定技能，帮你启动和发展新公司。它会让你看到，如何开发一个可以让你拥有成功机会的商业模式。
- 一个启动和发展公司的计划。这本书将帮助你规划新公司的启动，并对它的成长进行管理。虽然创业是个不确定的活动，但规划可以帮你在这些不确定性面前有备而来。它让你提出“如果……的话，该怎么办”的问题，并制定可选方案，而不只是在出现情况的时候才做出反应。它也为你提供了一些框架，让你能够更好地应对那些意料之外的威胁和机会。有个计划在手，会提高你成功的机会。

- 启动和发展公司所需的资源。虽然这本书不会为你提供金融资本，但会告诉你如何尽量减少你所需的资源，并帮你评估需要多少钱、要找什么样的融资。你制订的商业计划将有助于吸引融资。

这本书将会帮助你创立一家新公司——无论是一家商业公司还是一家社会企业，并减少失败的风险。它将帮你评估你是否具有企业家的性格特征，找到一个商业创意，并开发一个商业模式，以让你看到如何才能把商业创意最好地交付市场。

做规划的原则很直观，可以直接解读成你创立一家新公司需要做什么。

- 知道你在哪里。了解你的优势和劣势、你给企业带来的技能、你能调动的资源，其实就是你是否具有成为一位企业家所需要的东西。
- 知道你想去哪里。对商业机会有一个清晰的想法，更重要的是，你希望自己的公司将来成为什么样的。
- 计划如何到达那里。规划如何做到这一点，如何获得客户、对抗竞争、领导员工。

业务规划的过程就像规划一条从 A 到 B 的路线；你确定你在哪里，你想去哪里，然后你就可以开始规划自己的路线。如果你不能确定自己在哪里和想去哪里，你就永远无法找到一条路线；相反，如果你知道自己在哪里和想去哪里，一条好的路线就会提高到达那里的概率。

创立一家新公司是一项不确定的活动。所以，你可能会决定不走直线，因为有更长但更快捷的路线；你可能会被迫改道，因为意外的道路施工打乱了你的计划；你可能不会像期望得那么快到达目的地，因为汽车抛锚或者你遇到了一起事故。虽然没有什么是确定的，但计划可以改变，而做规划也应该为你提供关于最佳路线的选项。因此，做规划要成为一个持续的过程，如果发生意外，那么你还有这些选项可用。规划路线也会帮你估计所需的汽油以及购买汽油所需的钱，即所需的资源。业务规划过程很简单但也很系统，就像规划一条从 A 到 B 的路线一样。

新公司创立框架

图 1–3 提供了一个全面的框架，可以帮助你找出商业创意并对其进行开发和优化。它以一种为你提供最佳成功机会的方式，带你遍历新公司的整个规划过程。这本书阐释了规划过程中的每个阶段，旨在帮助你制订一份全面的商业计划，以此来获得融资。

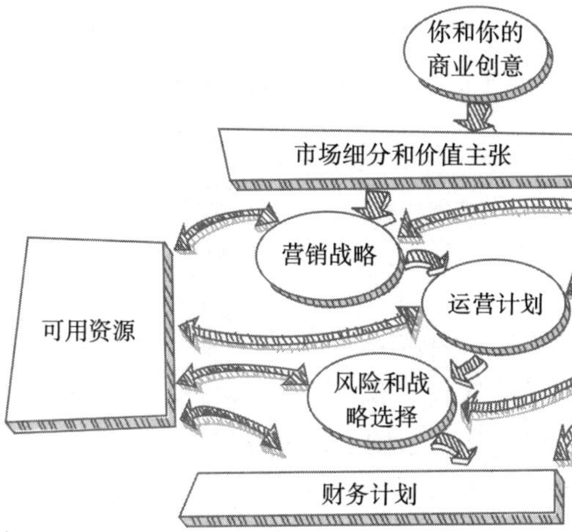

图 1–3 新公司创立框架

这个框架有七个组件，本书第二部分到第八部分会详细介绍每个组件。

你和你的商业创意（详见第二部分）。你和你的个人性格特征对于新公司的成功至关重要。你真的是一位企业家吗？这部分内容探讨个人抱负和性格特点，以及你给新公司带来的社会、人力和金融资本。如果你需要，那么这部分也可以帮你找出一个符合你的抱负的商业创意。

新公司创立框架的核心是开发一个良好的商业模式。事实上，一个创新的商业模式可以构成你的商业创意的核心。商业模式描述了你将如何向客户交付你的商业创意，从而实现你的商业目的并获得利润。除非你找到客户并说服他们购买你的产品 / 服务，然后交付给他们，否则就算你的核心商业创意很有价值，你也没有一门切实可行的生意。即便如此，你也必须说服他们，你的产品 / 服务好到了让他们一次又一次地想要购买。要做到这一点，你需要根据所需的和可以利用的资源来制订营销、运营和财务计划。你还需要识别出面临的风险，并尽量降低这些风险。

市场细分和价值主张（详见第三部分）。一个商业模式的核心是识别具有相似特征的不同客户群体（细分市场），以及每个细分市场购买你的产品或服务的动机（他们寻求的好处）。把这些好处聚合起来，就是你的价值主张。在制订这个商业计划之前，你需要了解你正在进入的市场和行业的结构，以及它们目前提供给客户的价值主张。

营销战略（详见第四部分）。你的营销战略描述了你如何把你的价值主张传递给你识别出来的每一个客户细分市场。交付价值主张的工具叫作营销组合——价格、促销 / 沟通、服务、分销渠道、品牌等。良好的营销战略帮你在你的市场里发展出相对于其他公司的竞争优势。这个部分需要涵盖你的核心战略，以及你用来启动公司和实现后续成长的战略。

运营计划（详见第五部分）。运营计划突出强调你在启动新公司时所需的现实事务。这些事务包括从法务到运营的问题，也包括合作机会。它应该识别出你为了确保成功而需要承担的关键活动。

风险和战略选择（详见第六部分）。创建新公司涉及承担风险，而商业模式应当梳理出你面临的主要风险以及如何降低或避免这些风险。它应该识别出支撑业务运营成功的关键要素，并在环境改变或者与预期相异时认可不同的做事方式，这叫作战略选择。这是很有价值的，因为环境可能改变，也确实会改变。

资源（详见第七部分）。这部分定义了你给公司带来的资源，包括人的、社会的、智力的和财务的资源，还有你所需要的资源。其中一个主要的成分是你把各种资源汇集起来并领导一个管理团队的能力。

财务计划（详见第八部分）。这个部分介绍了公司应该产生的利润以及它将如何使用利润。它介绍了公司现金流和所需的外部融资，这是一组财务预测——收入、相关成本和由此产生的公司财务结构。

新公司创立框架的每个部分都与框架的其他要素相关联，并且依赖于其他要素。例如，你需要落实你的营销战略，所以你需要适当的资源。这个框架是一个整体概念，它的各个部分可能需要进行修改，或者在开发过程中需要进行调整。

希望本书能鼓励你进行创新性思考，你的商业模式越创新，你就越有可能成功。创新的商业模式可能改变行业的面貌，创造出全新的市场，它们为你、你的客户以及社会创造价值。苹果推出 iTunes 改变了音乐的销售方式；eBay 通过开拓在线拍卖市场改变了商品的销售方式；格莱珉银行（Grameen Bank）改变了向穷人发放小额贷款的方式。

本书集中讨论了初创企业的特定需求——鼓励你创造性地思考如何将自己的产品 / 服务

创意转化为一种商业模式，以及如何去落实。新公司创立框架（见图 1–3）提供了一个按部就班的方法来开发和完善你的商业创意，规划你的初创企业，以及开发一个可以用来获取融资的商业计划。它的应用方法可以跟奥斯特瓦尔德（Osterwalder）和皮尼厄（Pigneur）的画布（见表 1–1）一样——用图形和 Post-it ™注释来开发你的新公司模型和方案。毕竟，形成一个商业计划的最大价值在于你所经历的规划过程，而有助于做成这件事的任何事情都是值得的。

表 1–1 **商业模式画布**

<table>
<tr>
<td rowspan="2">关键合作伙伴关系：
使商业模式运作起来的供应商和合作伙伴网络</td>
<td>关键活动：
你为了让商业模式运作起来所需要做的最重要的事情</td>
<td rowspan="2" colspan="2">价值主张：
为每个客户细分段创造值的产品 / 服务组合</td>
<td>客户关系：
你希望跟每个客户细分段形成的关系类型</td>
<td rowspan="2">客户细分段：
你希望接触到的不同人群或组织</td>
</tr>
<tr>
<td>关键资源：
使商业模式运作起来所需要的最重要的资产</td>
<td>渠道：
你如何与每个客户细分段沟通和接触</td>
</tr>
<tr>
<td colspan="3">成本结构：
你为了运营商业模式而将会产生的所有费用</td>
<td colspan="3">收入流：
从每个客户细分段产生的现金</td>
</tr>
</table>

商业计划书

尽管新公司创立框架是作为整体开发出来的，但在某些时候，这也需要形成一份正式的、书面的商业计划书。商业计划书是一份文档，它阐述了你的商业创意及其所基于的商业模式。这是你最终的路线图，展现了你需要做什么事情来启动和发展你的新公司。第 16 章给出了一个典型的用于外部目的（例如融资）的计划书格式。

用图 1–3 的新公司创立框架来制作商业计划书的最大好处是，它强迫你系统性地、详细地思考公司的未来；强迫你思考那些开放性的选项，证明你所做的决定，同时对你的行为的后果进行深思。这并不是说你能预见你将面临的所有问题，但这意味着你能更好地应对这些挑战，因为你对业务和市场有了一个透彻的了解。记住，制订计划的过程真的非常重要，一个真正的企业家会不断地完善和修改自己的计划——制定战略和开发战略选择，以应对不断变化的机会和威胁。从这个意义上说，你在制订计划时所学到的技能要比计划本身更重要。

实际上，由于环境的变化，大多数商业计划书的保质期不到一年。即使是一份很好的商业计划书也需要不断地更新，以反映创业过程中的学习。你不用总是重新写正式的商业计划书，而是可以把新公司创立框架作为一个非正式的画布，在画布上描绘成长过程的变化，对后果进行思考，评估你面临的战略选择。

案例洞察

eBay：开发商业模式

商业模式对所有公司的成功都至关重要，也是新公司创立框架的核心。互联网公司的盈利方式在很大程度上决定了它们的商业模式，通常有以下六种盈利方式。

- 直销模式。产品或服务在线上直接销售，如亚马逊。
- 广告模式。在其网站放付费广告，如 YouTube。
- 按点击付费模式。通过点击广告商的链接来收费，如谷歌。
- 订阅模式。客户订购在线产品或服务，如《泰晤士报》。
- 免费增值模式。基本服务是免费的，但对附加服务或高级服务收费，如 SurveyMonkey。
- 加盟模式。托管广告的网站根据销售额向在线零售商或其他想卖东西的人收取佣金，如 eBay。

可以说，最成功的采用加盟模式的互联网公司是在线拍卖商 eBay 公司。eBay 公司是由皮埃尔·奥米迪亚（Pierre Omidyar）在 1995 年创立的，自此，该公司就在全球范围内进行扩张，号称有数以亿计的注册用户，员工数量超过 15 000 人，营业收入约 80 亿美元。

eBay 公司的高毛利率完全是因为它依靠在网络服务器上运行的全自动软件的中介作用，使得成本和风险变得很低。客户包括买卖双方，他们自行完成所有的工作。卖家发起自己的拍卖，买家通过 eBay 的软件来出价，发货和付款由卖方和买方来安排。eBay 只是交易平台，它没有库存，尽量不涉及交易。然而，它从销售价格提取 7%~18% 的佣金，作为卖家使用它的软件的费用。每笔交易之后，买卖双方相互评分。每个用户的标识旁边都有一个带括号的数字，记录着正面评价的数量——由此鼓励诚信交易。这是一家真正的虚拟企业，它还出售在线广告位。

eBay 公司形成了一个良性循环，更多的买家吸引了更多的卖家，而更多的卖家又吸引了更多的买家和卖家——这就是“网络效应”。为了做到这一点，eBay 公司需要在其市场占据统治地位。eBay 业务的核心是软件而不是人。它收购了软件公司以获得其技术的独家使用权，并使拍卖过程更为高效。由此，它通过吸引尽可能多的拍卖交易，迎来了巨大的规模经济效益。考虑到这一点，它还进入了二手车等新领域，还帮小商户托管店面，让他们直接销售货品。另外，它还开始向公司提供收费的自有品牌服务。

2002 年，eBay 公司收购了 PayPal 公司，后者是在美国占主导地位的互联网支付服务提供商。两家公司彼此互补但又彼此依赖。实际上，拍卖几乎占到 PayPal 公司三分之二的生意。PayPal 公司可以让客户登记自己的信用卡或银行账户等细节，这样当他们在互联网上购物时，只要输入一个电子邮件账户和金额即可。和 eBay 一样，它也是完全自动化的，依靠的是软件而不是人，而且它也和 eBay 公司一样依赖“网络效应”。

eBay 公司的业务战略包括在全球取得市场主导地位，这往往是通过收购竞争对手来实现的。它已经扩张到包括中国和印度在内的数十个国家，仅有的扩张失败发生在日本和新西兰，雅虎公司在这里抢了先机，TradeMe 在新西兰仍然是占主导地位的在线拍卖网站。eBay 公司战略的另一个要素是利用它和 PayPal 公司之间的关系。eBay 公司的基本商业模式是从卖家产生收入。推动买家和卖家使用 PayPal，这意味着把买家也转变成了客户。对于每一个通过 eBay 网站注册的 PayPal 新用户，当这个新的 PayPal 账户被用于非 eBay 交易时，eBay 可以从别的网站获得收入。

问题：

1. 为什么效率对 eBay 很重要？
2. 为什么市场主导地位很重要？
3. 为什么收购其他公司是很有必要的？

小结

- 企业家是由他们的行动来定义的。他们通过创新、承担风险、把资源投入回报更高的领域，创造和 / 或利用变化来获得利润。
- 启动自己的公司是一项艰难的工作，许多人面临着创业的障碍，比如需要固定收入或缺少资金。除了自我雇佣的吸引力，他们也可能面临诸如裁减冗员这样的被动因素。
- 要成功地启动一家公司，你需要有创业的个人性格特征、一个好的商业创意、必要的技能和知识、一份计划书以及足够的资源。本书将帮助你开发这些东西。
- 图 1–3 概括的新公司创立框架帮你找出商业创意，并对其进行探索、发展和完善提供了一个全面的架构。它以一种为你提供最佳成功机会的方式，带你领略创立一家新公司的完整规划过程。它会形成一份正式的商业计划书——一份可以用作内、外部用途的书面文档，例如筹集资金。

- 框架的核心是整体的商业模式。你的商业模式越创新，你就越有可能成功。
- 制订计划的过程可能比最终的商业计划书更重要。它让你对意料之外的事情有所准备，深思可能出现的机会和风险，并帮助你开发备选方案。它也可以帮助你开发技能和框架，当你没有想到的事件发生时，这些技能和框架能够让你应对这些意外的情况。

PART2

第二部分

你和你的商业创意

N
E
W
VENTURE CREATION:
A FRAMEWORK FOR
ENTREPRENEURIAL
START-UPS

第 2 章

你为创业带来了什么

你的个人驱动力

你带给新公司最重要的东西就是你自己，理解这个意味着什么是很重要的。你首先要了解你的动力——是什么促使你自己创立一家新公司的？正如我们在第 1 章中看到的，人们可能出于不同的原因来创立不同类型的组织。你需要了解自己成为企业家的动机。你为什么考虑创业（被动和主动）？你创业的障碍是什么？你的个人动力是什么？你想让公司成为什么样子——是薪酬替代型、生活方式型公司，还是创业型公司？或者你希望它实现一些社会性或公民性的目标吗？换句话说，你的业务宗旨是什么？

当然，企业家经常先思考他们想要达成的一件事，然后在新机会出现的时候做出改变。很多企业家都是从一个看似没有增长前景的企业开始的，但是当机会呈现时，他们就抓住了机会。约翰·哈格里夫斯（John Hargreaves）是码头工人的儿子，14 岁就离开了学校，在利物浦摆摊销售玛莎百货（M&S）淘汰的次等服装（即不太完美的服装）。他接着在英国创立了马特兰（Matalan）服装连锁店，2009 年，他以 15 亿英镑的价格卖了这家公司。艾伦·休格因为在英国的电视节目《谁是接班人》（*The Apprentice*）里亮相而名声大噪，他创立了阿姆斯特拉德和维格伦（Amstrad and Viglen）电脑公司，最终成了百万富翁。又有谁会想到他最初是在伦敦东区[①]的市场里卖煮甜菜根的。

尽管如此，你还是需要把个人动机和驱动力跟你现在——而不是在 10 年以后，打算创

① 伦敦东区在历史上被视为伦敦的贫民区。——译者注

立的公司对应起来。除非你愿意并且能够付出额外的时间和资源，否则成立一家期望快速成长的公司是毫无意义的。当然，你必须承担和享受你的公司可能带来的任何结果，把大量的时间用于公司工作。

你还需要考虑任何可能影响到公司的个人限制（障碍），这些因素可能来自家庭或其他的承诺。重要的是，你的事业要符合自己的生活和生活方式。你需要在工作和个人生活之间有一个平衡。

你的资源

你也为创业公司带来了资本。你带来的财务资本也许有限，但它可能会比你认为的要多。有件重要的事情你要记住，你不一定要购买和拥有一项资源才能使用它。使用那些你并不拥有的资源，这叫作引导（bootstrapping）。企业家自己往往只承诺有限的资源，即他们可以承担损失的资源。他们想办法通过与别人合作来使用他们没有的资源。事实上，尽量减少你的资源拥有权，可以降低你的风险，而且让你拥有更大的灵活性——可以快速投入（或者撤出）新的机会。第 10 章将会向你介绍如何通过与他人合作来扩展你的业务范围。

然而，资本不仅仅是财务方面的，还有人力资本，如教育、培训和以前的管理经验或行业经验，以及社会资本——来自与个人朋友圈和商业联系人的接触（如图 2–1 所示）。你给公司带来的资本越多——无论是什么类型的，你成功的可能性就越高。

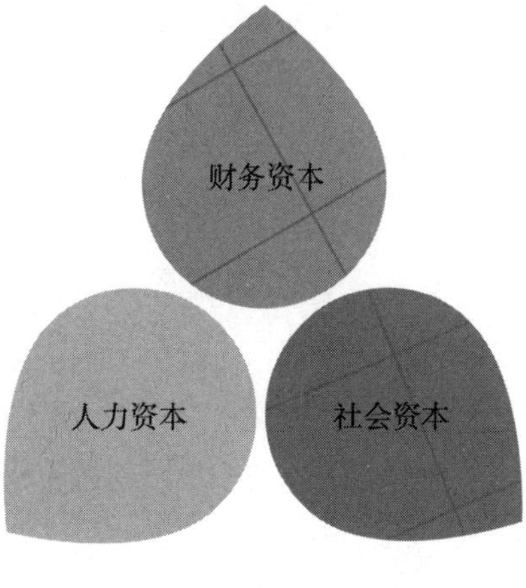

图 2–1　创业资本

人力资本对于任何公司都至关重要。对一门生意或行业的知识和经验都可以成为商业创意非常宝贵的来源。它也可以让你洞察在公司里将会面临的问题，了解其他人为错误付出的代价，也能避免自己犯同样的错误。如果你没有这样的经验，那么通过教育和培训可以让你有所警醒，并学到解决这些问题的技能。这就是为什么那么多人在开始创业之前会去接受培训——这提升了他们成功的机会。以教育和以往成就的形式展现出来的人力资本，会增加你在财务支持者那里的可信度。如果你能展现出成就，尤其是在你想创业的行业里的成就，那么价值就更大了。

社会资本跟你与人们相处的能力，即你的社交技能有关。它建立在关系的基础上，也是创业者做生意的核心，即你与客户、员工、供应商、银行和房东的关系。社会资本让你在生意上建立起自己与所有利益相关者的信誉，而个人的社交圈子让企业家和那些面孔千篇一律、穿着灰色套装的大公司经理人区别开来。这些关系可以建立在宝贵的人脉网络和个人信誉之上，带来关于新的机会或威胁的知识和信息。因此，这些网络可以增加你的灵活性，减少你面临的风险，或为你提供风险预警；它们还可能让你获得合作伙伴或找到资源；它们可能给你带来第一个客户，或者为你提供低成本或免费的办公空间；它们可能会提供专业建议和观点，而且往往是免费的；它们甚至还会为你提供银行不愿意提供的现金。

企业家的性格特征

你的个性是支撑你创业的个人动机，这构成了你创业的心理“推动力”。随着你的人生和社会经验的不断积累，你的性格特点也会随之发展，它是多种文化影响的产物。这些文化影响因素包括父母、民族、教育，以及我们身处的不同社会群体，它们塑造了我们，带我们成长。其中一些文化和亚文化可能鼓励创业，而另一些则会阻碍创业。研究表明，企业家具有某种可识别的性格特征或人格维度，使他们倾向于成立自己的公司，并帮助他们正确应对创业的不确定性。

对企业家性格特征的研究非常多，可以追溯到大约 40 年前。尽管这种研究面临着很多方法论的问题，但也提出了许多相互重叠的人格维度。根据众多研究得出的成果，图 2–2 总结出了五个主要的创业性格特征，每个特征都必不可少，只具备一种是不够的，需要把所有这些特征都结合起来。即便如此，你也需要拥有第 1 章里提到的其他要素。

对独立性的需求

企业家对自主性和独立性有很高的需求，这种情况最常见的就是“当自己的老板”或是“不愿意听命于人”。有人说，一旦你开始经营自己的公司，就不肯为其他人工作了。这也是谈到企业家的性格特征时最常被引用的话，而且得到了研究人员和顾问的认同。然而，对于不同的人来说，独立性意味着不同的东西：以不同的方式做事，处于你可以发挥自身潜力或控制自己命运的境地。

对成就感的需求

企业家对成就感的需求很高。然而，人们会以不同的方式来衡量自己的成就，这取决于他们是什么样的人。例如，对制作了一件美丽的艺术作品、雇用了第 100 个人或神奇地挣了 100 万美元而感到满足。对于许多企业家来说，财富只是成功的一个标志，这能证明他们的成就，但并不是他们的目的。让他们满足的是他们对成就的根本需求，即对他们的成功的认可。尽管他们可能对成就有"需求"，但这并不一定意味着他们要取得很高的成就，而只是在他们心里形成了一种驱动力。

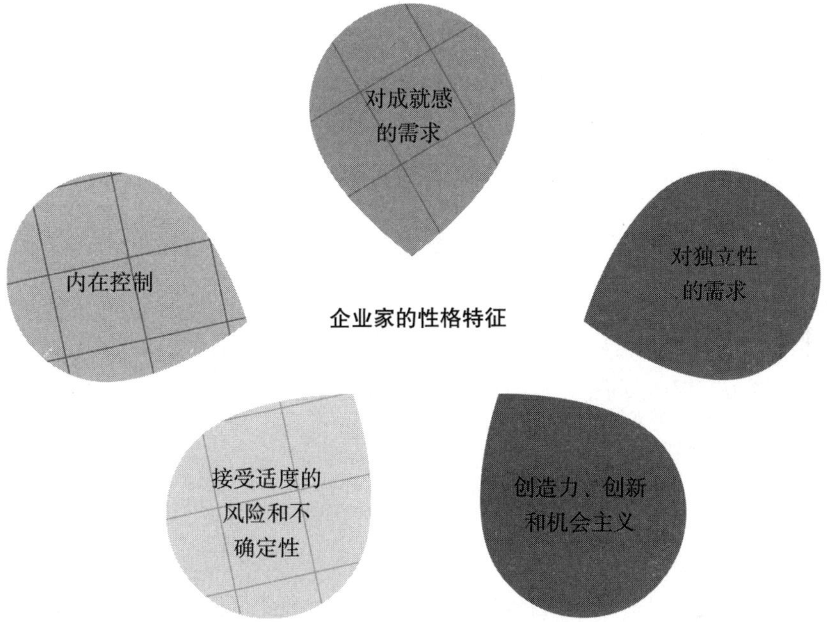

图 2–2　企业家的性格特征

内在控制

企业家具有强大的内在控制，即一种控制自己命运的信念。他们可能会相信运气，但不相信命运。他们相信能够自己创造命运——他们的动力和决心（出于对成就感的高度需求）会引导他们最终获得自己想要的结果，这是基于高度的自我效能感——对自己有能力承担一项任务的自信。所以，企业家的内在控制和高度自我效能感，解释了他们为什么会有高水平的动力和决心。然而，在极端情况下，他们强烈的内在控制也可能表现为一种控制欲，想要控制他们周围的每一件事和每一个人。

由于这种特征，企业家往往会很主动，而且更为果断。他们行动迅速，能够专注于工作。然而，这个特征也可能有其缺点。

企业家经常会轻易地转移注意力，例如被最新的市场机会所吸引。他们做事的节奏似乎是别人的两倍，不愿意或不能容忍分歧，也不肯等待别人完成任务。在人们看来，他们经常想掌握控制权。他们烦躁不安，很容易感到厌倦——肯定不像很多人那样有耐心。他们似乎每天工作 24 小时，工作已经变成了他们的生活，这两者几乎无法分开，难怪创业会把家庭和个人关系置于紧张的境地。因此，为他们工作可能很困难，而且他们无法容忍那些不认同他们热情的人。例如，已故的苹果公司创始人史蒂夫·乔布斯就是众所周知的“控制怪胎”，人们经常控诉他举止粗鲁、出言不逊、随心所欲和仗势欺人。他相信自己知道得最清楚，希望所有的事情都按照自己的方式来很快地完成。

创造力、创新和机会主义

具有创造力和创新能力是企业家的重要品质，但是在不同的环境中，创造力可能意味着不同的东西。对于企业家来说，创造力集中在商业机会上，他们发现机会，然后用创造力和创新来对它进行开发，以不同的方式做事情。我们将在本章后面的篇幅里探讨如何衡量创造力，并展示如何用创造力来形成第 3 章所提的好的商业创意。

接受适度的风险和不确定性

企业家愿意承担风险和忍受不确定性——对大多数人来说，这些事情可能压力非常大。他们愿意用自己的金钱、名誉和个人地位去承担生意失败的风险。然而，这并不意味着他们就是赌徒，他们会尽量避免或减少自己面临的风险，并为此上保险。我们将会在本章后面的内容里看到，他们会用一种独特的方法，例如通过从网络、同伴和风险分布获取知识和信息来减轻风险。他们用“内部信息”（真实的或想象的）来降低自己想到的风险和不确定性，他们从来不会真正相信生意会失败，而是完全相信自己能够影响结果——源于他们有高度的自我效能感和内在控制，他们真的相信自己可以在别人失败的地方取得成功。其中的挑战在于，要确保这种信念是基于真实的、可以验证的、可以和他人分享的信息。不同层次知识的问题被称为“信息不对称”，在筹集资金的时候，这是很重要的（见第 14 章）。

影响企业家性格特征的因素

第 1 章介绍了情境因素和心理因素是如何一起推动或吸引我们自我就业，同时制造障碍的。情境因素也会影响我们的性格特征的发展，而性格特征是这些心理因素的支撑。认知发展理论强调我们所处的背景对性格的影响，这种影响是多种多样的，是我们在生活经验中习得的；而我们的经验的形成会受到我们所处的不同群体的文化和亚文化，如民族、家

图 2–3 影响我们性格特征的因素

庭、宗教、工作背景等的影响（见图 2–3）。文化是支撑该群体的普遍规范、基本价值观、信仰和行为假设的基石。但看起来影响我们创业倾向的不只是文化，还有我们的生活状况和所处的人生阶段。

民族。民族文化看起来确实非常不同，它反映了隐含的核心价值观。然而，以任何有意义的方式来对其进行衡量都是极为困难的。最广泛使用的维度研究表明，在特定的国家，存在着显性的、可衡量的文化。这一点特别有趣，因为它可以让我们对所期望的最具企业家精神的国家的文化进行描述，比如美国——一个看重个人主义和物质财富的、成就导向型社会。我们可能会假设，与之具有相似文化的国家是鼓励创业的，而与这些维度极端相反的国家可能会抑制创业精神。

教育。很多研究发现，影响创业公司创立和成长的一个因素是教育程度。很显然，研究中存在持续衡量教育程度的问题。然而，特别是在美国，许多研究表明，创业的概率和高学历之间具有正相关性。对此你也许确实会有所质疑，因为比尔・盖茨、史蒂夫・乔布斯和迈克尔・戴尔都没有读完大学。其他国家的类似研究往往也支持这个结果，尽管没有那么强烈且并非始终如一。

年龄与合作。尽管创业活动在所有年龄组都是均匀分布的，但研究表明，中年或年轻企业家跟增长型公司相关性更高。青春可以带来创造力，而年龄则会带来经验和知识，以及非常宝贵的人脉资源。处于这两者之间的很多人则受制于养家糊口。增长型公司也更可能是由群体而非个人建立的，这些群体分享所有权以及由此带来的业务成功（或失败）。与群体合作创立公司，可以带来和年龄一样的优势——知识、经验和人脉。

移民和族群。观察结果告诉我们，移民到外国与创业呈正相关（一个强有力的推动因素），但关于族群的证据则参差不齐。英国的少数民族自雇率并不一致，南亚人（印度人、巴基斯坦人、孟加拉人等）和中国人的自雇率高于白人男性，非裔黑人和加勒比黑人男性的自雇率较低，通常与白人女性的自雇率不相上下。在英国，大约有 20 万家亚洲人开的公司，亚洲人被公认为是在英国最可能成为企业家的少数民族群体，而且在各行各业都是如此。

性别。虽然情况正在快速变化，但世界各地的女性开公司的可能性都比男性低。在英国，女性的自雇率差不多只有男性的一半，而且研究结果一致表明，无论怎样衡量——营业额、利润或创造就业机会，女性拥有的公司都很可能在业绩上比男性的差。

案例洞察

金色脆饼（1）：移民企业家

洛厄尔·霍桑（Lowell Hawthorne）和家人过去在他父亲位于牙买加圣安德鲁斯的面包店干活。1981 年，他和很多家族成员移民到了美国，并在纽约警察局工作。七年后，洛厄尔决定开始自己的事业，于是他把家人聚在一起，决定开始他们最熟悉的事情——开一家面包店。然而，首要问题就是他们无法从银行获得任何贷款。这家人顽强不屈，他们把能用的资源集中到了一起（其中一些家庭成员不得不把他们的房子再次抵押出去），筹集了 10.7 万美元，于是金色脆饼（Golden Krust）面包店在 1989 年开张了。

如今，金色脆饼以牙买加馅饼——由填充了辣的猪肉或鱼肉的酥脆的黄色长方形面团烤制而成——及特制酱汁而著称。但在公司成立后的头三年里，虽然它供应一系列牙买加风味的烘焙产品，但却从一家西印度连锁餐厅采购馅饼。直到供货商停止供应时，洛厄尔才被迫自己想办法做馅饼——去英国寻找做馅饼的方法。危机发生后不到一年，公司请了一位叫梅尔的厨师，采用了一套来自苏格兰的烘焙方法，从而使销售额首次超过了 200 万美元。到 1996 年，公司除了一个面包店，还拥有七家餐厅。

"作为一个移民，不了解这里的制度让事情变得更加困难……如果我是本地人，了解制度是怎么运行的，我想我们的经历会更轻松些。"

今天，金色脆饼仍然是一个家族企业，并且已经成为美国最大的西印度食品连锁店。它在纽约仍然有自己的生产基地，但也采用特许方式经营，美国有九个州超过 120 家餐厅在销售它的馅饼，年营业额超过 1 亿美元。它现在的利润大部分来自特许授权，这带来了预付费收入和餐厅按营业额的 5% 缴纳的特许权使用费。公司也把自己的馅饼批发给了诸如沃尔玛等大型分销商，并为纽约的学校和监狱供货，努力在西印度社区以外扩大客户群。

评估你的个人性格特征

通用创业倾向测试（General Enterprise Tendency, GET）第 2 版为你提供了一个测试你是否具有企业家性格特征的机会。这个量表有 54 个问题，按照前面强调的创业性格的五个维度来测量你的个性特征。虽然这不是决定性的，但它提供了一个评估你的创业潜力的指示性方法。它可以在线进行，只需要大约五分钟，结果会自动分析并生成一份详细的报告。

评估你的创造力

创造力对不同的人意味着不同的事物。通用企业倾向测试对你的创造力性格的观察并非是全面的。AULIVE 创造力测试提供了一个让你进一步对其进行思考的机会，这是一个包含 40 个问题的量表，在八个维度上对你进行评估，并把你的回答和其他具有类似背景的人进行对比。

这些维度如下所示。

- 抽象。应用抽象概念 / 创意的能力。
- 联系。在看起来没有关联的事物之间建立联系的能力。
- 远见。从空间、时间和其他人的角度来改变对情境的看法的能力。
- 好奇心。渴望改变或改善别人认为正常的东西。
- 胆识。超越常规界限的信心，也指别人认为你会害怕时，你打消这种看法的能力。
- 矛盾。同时接受互相矛盾的陈述并应对的能力。
- 复杂性。吸收大量信息，并对这些信息之间的关系进行处理和管理的能力。
- 毅力。已经形成了好的方案，还强迫自己继续努力寻找更多、更好的方案的能力。

企业家如何管理

对企业家性格特征的研究主要集中在他们对于创立和成功维持一家公司的倾向性上。然而，对创业的讨论越来越多地转向企业家实际在“做”什么，而不仅仅是他们“是”什么。成功的企业家会用许多富有特色的方法来做生意和进行管理，这些对你都很有意义。

关系

企业家善于与员工、客户、供应商以及生意中的所有利益相关者发展关系。这种与客户形成忠诚关系的能力促进了相关技术的发展，这种技术现在叫作关系营销。他们倾向于通过发展强大的人际关系来管理员工，而不是依赖于正式的结构和层级。拘泥于形式会降低灵活性，所以他们通常以非正式的方式来进行管理，通过自己的行为来树立榜样。这种形成很强个人关系的能力帮助他们发展合作伙伴关系和网络，这是他们创造的社会资本的一部分。关系基于信任和尊重，而且建立起来需要时间。这意味着，如果还没有建立这些关系，你就需要发展强大的人际交往能力。我们在第 14 章探讨创业领导力的时候会再回到这个话题。

战略开发

企业家制定战略的方式有所不同。他们常常被认为是凭直觉或几乎是异想天开在进行决策的。经济学家发现，很难理解他们的方法并为之建模。它当然不适合于诸如现金流贴现之类的“逻辑型”经济模型，其原因在于所有创业企业的核心——面临更大的风险和不确定性。其结果就是用一种不同的方法来开发战略和进行决策，这很合乎逻辑，但却很少被人理解。

对于想让自己的公司成为什么样子，成功的企业家会有一个强大的愿景。虽然在面对不确定的环境时，他们并非总是知道自己将如何实现愿景，但他们有着强烈的战略意图。与此相伴的是一个松散的或灵活的战略，以连续的战略制定为基础，即在机会或风险出现时，对如何才能最充分地利用机会或规避风险的可选项进行评估。通过创造更多的战略选择，他们增加了成功的机会，并规避了大多数风险。他们让尽可能多的选项保持尽可能长时间的开放。战略选择的数量越多，他们在不确定的环境中就越安全。不要犯错——企业家在很大程度上创造了自己的运气。

决策

企业家的决策方式和常人不同。尽管企业家有很强的长期愿景，但就像他们在制定战略时的做法一样，他们在决策时也采取渐进式的方法，这也是他们经常用来降低风险的一种办法。例如，成功的企业家往往会保持尽可能低的资本投入和固定成本，经常把一些活动分包出去。他们往往在机会被证明确实存在以后才会承诺投入成本，这可能是出于慎重考虑，也反映出他们的资源有限，从而使他们面临着在市场上失去先发优势的风险——这是个很困难的主观判断。因此，他们经常会用有限的市场投入进行尝试并从中学习。他们也把资产视为一种负债，而不是资产负债表中的财务资本，这意味着资产可能会限制他们所需要的灵活性，并让他们投入一个可能后来被证明不靠谱的行动。成功的企业家能够找出解决这些问题的方法——不为一个行动提供过度承诺并最大限度地减少资源投入的战略制定方法。他们从自己可以承受损失的资源开始，然后往前走。

减轻风险

尽管企业家对可测量的风险有所准备，但他们总是希望将风险保持在最低限度。通常企业家会采取多种方法来降低风险。他们主要通过知识和信息来做到这一点，这些知识和信息往往来自他们发展起来的个人亲密关系网络。他们也可能利用这个网络来形成合作伙伴关系，这会帮助他们分散公司的风险，同时还能利用合作伙伴关系的战略技能。在任何时候，对于一项新的冒险，他们只承诺有限的资源，即他们能够承受失去的资源，并在决策上采取渐进式方法，在每个决策点上评估信息和风险。最后，企业家很擅长把风险分散开来，例如通过把公司业务分成独立的法人实体，以使一个部分的失败不会危及其他部分的生存。我们将在第 11 章讨论降低风险的内容。

案例洞察

史蒂夫·乔布斯和苹果公司（1）：企业家的性格特征

史蒂夫·乔布斯因患胰腺癌于 2011 年 10 月 5 日去世，享年 56 岁。他是创业型领袖的典范，彻底变革了三个行业——计算机、音乐销售和电影动画。1976 年，他和史蒂夫·沃兹尼亚克（Steve Wozniak）共同创立了苹果公司。通过其创新的设计，苹果公司变革了计算机产业：带有电脑鼠标的 Mac 机、带有点击式转盘的 iPod，以及带有“用户界面”的 iPhone。如何让数字内容，尤其是音乐变得可销售而不是被盗版，苹果公司对此进行了变革。乔布斯的皮克斯（Pixar）动画工作室制作的诸如《玩具总动员》（*Toy Story*）这样的电影完全改变了人们对于计算机制作动画的观念。然而，史蒂夫·乔布斯并不是一个发明家，他是商业创意和市场之间的桥梁——企业家。他不仅创立了苹果公司，而且在一次激烈的董事会斗争之后，于 1985 年被迫离开了公司。1997 年他重返苹果公司，将其从破产边缘挽救回来，并在 2011 年成为世界上第二值钱的公司，市值高达约 800 亿美元。

史蒂夫·乔布斯的故事是硅谷英雄的故事。他出生于旧金山，生父是叙利亚人，生母是美国人，他被一对蓝领夫妇收养，在山景城这个位于旧金山的郊区、靠近如今被称为硅谷的地方长大。据说，他被亲生父母送养的事实，给他留下了一道深深的伤痕。上高中期间，他遇到了史蒂夫·沃兹尼亚克，后者正在帕洛阿尔托给惠普公司做一份暑期工作。高中毕业后，乔布斯很不情愿地去上了里德（Reed）学院，这是俄勒冈州波特兰市的一所文科学院，但他没有上必修课，而且一个学期之后就退学了。他留起了长发，做了一些当时的辍学生所做的事情，包括拜访印度的一位上师。他与禅宗的接触、对彻底的极简主义美学的专注，以及相信直觉，这些后来都成了他个性中根深蒂固的东西。然而，他从来没有实现禅宗所说的内心平静；相反，他总是受到当时面临的特定挑战所驱动。

史蒂夫·沃兹尼亚克是具有电子学天赋的人才，他用最少数量的芯片设计电路，做出了第一台苹果电脑。当时，沃兹尼亚克在惠普公司工作，乔布斯在雅达利（Atari）公司工作。苹果 I 型是一台面向爱好者的机器，它是乔布斯在父母家里用手工装配出来的，装在一个木箱里。他俩卖掉了很多个人财物，以获得创业所需的启动资金。乔布斯的角色是生意人，作为营销人员，他说服当地商店，为他制造电脑所用的零部件提供 30 天的信贷。他最终还说服了一位前英特尔员工迈克・马库拉（Mike Markkula）给公司投资并担任其第一任首席执行官。随后就是设计精美的、经典的 AppleII 型计算机，它内置彩色图形功能，有易于扩展的插槽，能够连接到电视机上。简单的设计、通俗易懂的说明书，以及对消费者友好的广告，确保了它的成功，直到 IBM 公司推出 PC。苹果于 1980 年上市，市场估值达 18 亿美元，这距它成立之初仅仅过了四年。

一年后，史蒂夫・沃兹尼亚克遭遇了一次严重的飞机事故，从苹果公司退休了。乔布斯接手了 AppleII 型的后续型号的开发，即苹果 Mac 机。苹果公司试图将 Mac 机打造成第一款面向大众市场的、封闭式箱型结构的电脑，它基于当前无处不在的鼠标和图形用户界面。这些并不是新的创意，它们是由施乐帕洛阿尔托研究中心（PARC）的科学家开发的，而且已经在高价位的电脑上尝试过了，但没有取得商业上的成功。Mac 的发布是后来标志性的史蒂夫・乔布斯产品发布会的开端。他和比尔・盖茨一同登台，后者承诺提供 Mac 版本的 Word、Excel 和 PowerPoint。它在美国的重要杂志上刊登了 20 页的整版广告，但影响最大的是电视广告。这则广告于美国 1984 年超级碗比赛期间播出，它把 IBM 跟乔治・奥威尔（George Orwell）的作品《1984》里的老大哥联系到一起。尽管发布很具有戏剧性，但 Mac 的销量并未达到预期，这标志着苹果开始衰落。1985 年，它关闭了六座工厂中的三座，裁掉了 1200 人。同年，史蒂夫・乔布斯被迫离开苹果。到了 1987，MacII 发布，它是一个传统三件式的电脑系统。

乔布斯被赶出了苹果公司，他对此愤愤不平，尤其这还是他两年前招募来当首席执行官的约翰・斯卡利（John Sculley）干的。斯卡利是百事公司的前总裁。乔布斯带了几个苹果员工，另成立了 NeXT 公司，生产一种瞄准企业和大学的高性能 Unix 工作站。它很昂贵，也很失败，于是公司转而销售操作系统，但也没什么起色。

1986 年，史蒂夫・乔布斯从卢卡斯影业（Lucas Film）公司买了一家公司，这就是后来的皮克斯公司。最初，该公司生产昂贵的电脑硬件，其核心产品是皮克斯图像计算机，这种系统主要卖给政府机构和医疗企业，但它从来没有受到过特别欢迎。皮克斯公司挣扎了很多年，为了证明自己的能力，它开始制作电脑动画广告。1991 年，它和沃尔特・迪士尼公司达成协议，制作三部电脑动画电影，其中第一部是突破性的《玩具总动员》。直到这一刻之前，皮克斯一直在走下坡路，它已经卖掉了自己的硬件业务。1995 年，《玩具总动员》上市发行，获得了出色的票房业绩，而乔布斯直到 1994 年还在考虑卖掉皮克斯。此后，一系列极为成功、屡获殊荣的电影，如《虫虫危机》《玩具总动员 2》《怪兽电力公司》《海底总动员》和《超人特工队》，使得迪士尼公司最终在 2006 年以 74 亿美元的估值收购了皮克斯公司，这让乔布斯成了迪士尼的最大股东。

与此同时，由于微软 Windows 95 的推出，PC 市场在 1995 年再次发生转变，Windows 95 促进了鼠标和图形用户界面的真正普及。此时，苹果公司正在苦苦挣扎，新的 Mac OS 系统开发很不得力。它被委员会管着，失去了创新的能力。苹果公司知道它需要一个新的操作系统，而且要很快拿出来，所以它转到史蒂夫·乔布斯这里，并为 NeXT 支付了一个非常夸张的价格。事实上，这成了一种反向接管，乔布斯在 1997 年以临时首席执行官的身份接管了公司。

乔布斯砍掉了薄弱的产品，简化了产品线。他把 NexTStep 操作系统改造成 Mac OS X 操作系统。他还开始打造特色鲜明、抓人眼球的苹果产品设计，先是泪滴形的 iMac，随后是便携式的 iBook。在 1997 年的苹果全球开发协会（Apple Worldwide Develops Association）会议上，乔布斯自己解释道："专注就是要说不……这种专注的结果就是一些真的很棒的产品，其整体比各部分的总和棒得多……我总是发现一件事，就是你从客户体验开始，然后回到技术工作上来，努力搞清楚你要把它卖到哪里去。这个错误我犯得可能比这个房间里的任何人都要多，我有伤疤来证明这一点，我也知道情况就是这样的。"

当乔布斯彻底改变方向，在 2001 年推出 iPod、在 2003 年推出 iTunes 音乐商店时，苹果公司的命运真正发生了改变，同时改变了音乐产业。该产业正面临 CD 销量的下降，主要是由于越来越多的音乐可以很容易地从像 Napster 这样的在线网站下载。从此，苹果公司开启了它的增长之路，这种增长随着 2007 年 iPhone 的发布得到了加强——这种智能但昂贵的设备，是手机、iPod 和互联网设备的结合。随后在 2010 年，又发布了 iPad ——一种没有物理键盘的平板电脑。到了 2011 年，苹果公司销售的 iPad 超过了 Mac 机。

当然，乔布斯在正确的时间和正确的地方，利用计算机的发展以及从模拟到数字技术的变化而获利颇丰。是他塑造了这些发展趋势，吸引到了客户。苹果公司产品的显著特点从来不是创新——那通常是来自别处，而是创新的应用，让产品用起来更容易、更简单，无论是物理产品的设计还是像 iTunes 这样的应用。所有的苹果产品都有与众不同的、引人注目的设计，而且价格不菲。支持它们的还有大规模的营销活动，乔布斯穿着黑色高领衫、牛仔裤和运动鞋，通过精心编排的、伪宗教式的舞台表演亲自发布产品，吸引崇拜的粉丝并获得大规模的全球新闻报道。在许多人眼里，乔布斯很享受这种摇滚明星般的状态。与此同时，苹果品牌也变成了一种标志性的东西。

我们将在第 13 章更详细地观察乔布斯的领导风格。

问题：

1. 乔布斯表现出了什么样的企业家素质或特征？

2. 他为什么这么成功？这种成功含有多少运气的成分？

小结

- 你需要定义个人驱动力和约束条件，这将影响到你想让你的公司变成什么样。

- 你为初创企业带来财务资本、人力资本和社会资本。通过与他人合作和“引导”，可以让初创企业的财务资本最小化；人力资本来源于你的教育、培训和以前的管理经验或行业经验；社会资本来源于你的社交技能和接触适当的专业网络。无论是何种资本，你给企业带来的资本越多，你就越有可能成功。

- 企业家有五个性格特征：对成就感和自主性的高度需求，还有内在控制、高度的创造力和承担适度风险的意愿。这些特征受到我们的背景和成长经历的影响，并以与我们相关的不同群体及社会文化为支撑。

- 创造力的质量可以从八个维度来衡量：抽象、联系、观点、好奇心、胆识、矛盾、复杂性和毅力。

- 企业家以一种独特的方式，通过关系而非层级来进行管理。他们发展与客户和供应商的关系，从而使他们能够建立起专业的网络，这反过来也让他们与其他人合作，获得能够帮他们降低风险的知识和信息。他们有很强的远见和战略意图。他们通过不断地运筹帷幄和形成战略选择来应对不确定的环境。因为他们在一个不确定的环境中进行运营，所以他们的决策是渐进式的，任何时候都只承诺有限的资源（即负担得起的损失）。

第3章

找出你的商业创意

新公司的类型

总体上有六种类型的新公司，如图 3–1 所示。你如何找到一个商业创意？这里的每种类型的新公司都能让你获得不同的启示，而且每种类型的公司都需要一个截然不同的商业模式，这会影响你的商业计划的复杂性。

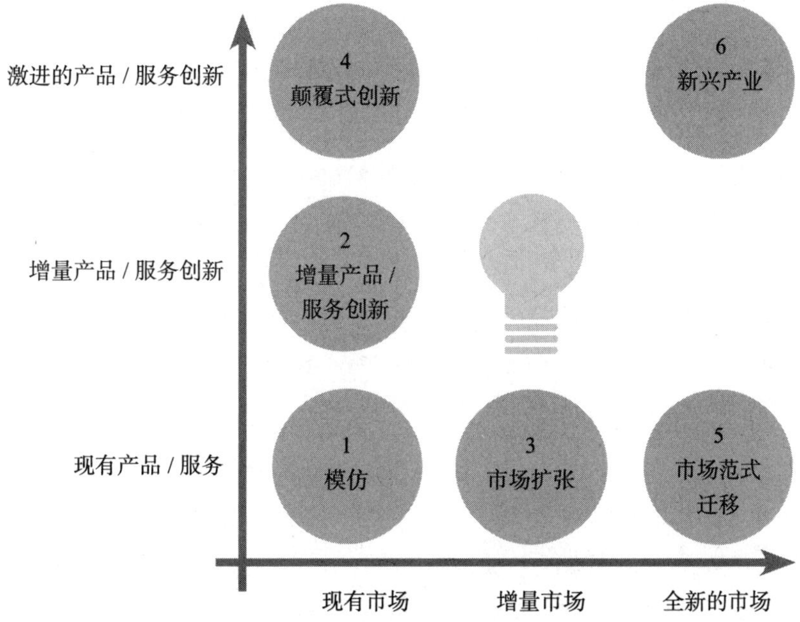

图 3–1　新公司的类型

1. **模仿**。你可以把相同的产品或服务引入现有市场。当然，在自由市场上竞争总是有余地的，但是除非你在某个方面比竞争对手好得多，否则你很可能只能在价格上竞争。如果你的竞争者规模大、知名度高、能够利用规模经济，这就是个问题了，因为低价意味着低成本。你可能会因此而苦苦挣扎。大多数模仿式的创业公司确实主要是在价格上竞争，因此盈利能力低，而且很少能成长起来。它们是薪酬替代型公司，大多数由企业主管理的小公司都属于此类。然而，每一家新公司都必须考虑自身的价值。例如，一家便利店 / 杂货店将要进入一个高度竞争的环境，而大型超市在这个环境中有着巨大的规模经济优势，可以在价格上更有效地参与竞争。但是，如果这是位于一处新地产的唯一商店，最近的超市在 15 公里以外，那么就有很好的机会赚取可观的利润……直到另一家类似的商店开张，毕竟进入这个市场没有什么壁垒。

2. **增量产品 / 服务创新**。如果你不想让你的新公司以价格为主要竞争手段，那么你要做的就是尽量找出市场上的差距，可能是通过改变产品 / 服务的要素，以某种显著的方式为客户增加价值。这避免了跟已经建立的企业直接竞争，至少可以在竞争对手出现之前，让你收取更高的价格。如果你能够保护自己在这项创新上的知识产权（详见第 9 章），那么你就可能让这个战略持续更长的时间。如果你能够为自己的产品 / 服务创造一个市场利基，那么你就拥有一个可持续的竞争优势，而且利润非常好——这就是创业型的公司。或者，你可以创立一家生活方式型公司，做自己喜欢的事情，同时带来足够的收入。这里的危险在于，根据定义，你是在跟成熟的公司竞争，对手拥有公认的品牌和分销渠道。竞争会很激烈，而且它们可能会模仿你的增量创新。

3. **市场开发**。另一种选择是寻找现有供应商目前没有服务到的新客户，例如，在不同的地区市场（包括国内和国际市场）。因为起源于较发达市场的新产品或新服务进入发展中市场的时间较晚，这为新公司提供了相当可观的机会。在任何市场，当引入新产品或新服务时，时机和当地知识是至关重要的。然而，这里的危险始终是原有市场的成熟供应商最终会进入这个新的市场，并且有足够的资源和市场形象来击败你。因此，挑战在于，要以足够快的速度行动，你才能在成熟的供应商试图进入之前主导这个新市场。

4. **颠覆式创新或发明**。将全新的产品 / 服务引入现有市场，尤其是如果你的创新得到了保护，这肯定会搅乱竞争，但又不是我们所有人都能做到的。它往往关系到技术的发展。虽然大多数公司都在不断地进步，对它们的产品和服务进行增量式创新，但发明是有风险的，而且需要投入时间和金钱。詹姆斯·戴森的气旋式吸尘器现在无处不在，与他不同的是，许多发明家未能使自己的发明商业化。例如，托马斯·爱迪生可能是有史以来最成功的发明家了，但他非常不善于把自己的发明引入市场，所以他的资助者不得不把他从他创立的每一家新公司里弄出去。然而，企业家往往能够把发明和市场机会联系起来。正如我们在第 2 章的案例洞察里看到的那样，史蒂夫·乔布斯从未发明过任何东西，但他变革了三个行业——个人电脑、音乐和电影动画，因为他能够为创新找到商业应用。

5. **市场范式迁移**。这是指通过挑战一个行业的整体营销战略赖以为根基的范式或惯例，创造出全新的市场。例如，低成本航空业的发展不涉及任何发明或创新，而仅仅是做事方式不同，即最大限度地降低航空旅行的成本和价格。在这个过程中，像美国的西南航空公司、欧洲的易捷航空公司和瑞安航空公司创造了在航空旅行业中从未存在过的全新市场。托尼·费尔南德斯的亚洲航空公司非常成功地把这种商业模式移植到了不同的市场（这属于市场开发）。

6. **新兴的产业**。有时候，全新的发明创造出全新的市场。蒂姆·伯纳斯－李（Tim Berners-Lee）在 1990 年发明了万维网，又创造了基于互联网的新市场，改变了我们购买产品和服务的方式。就像他之前的许多发明家一样，网络并没有为蒂姆·伯纳斯－李创造财富，而其他众多互联网公司的创始人，例如谷歌的拉里·佩奇和谢尔盖·布林或者亚马逊的杰夫·贝佐斯，都是利用他的发明创建企业并发了财的。同样，这也是企业家看到了发明的商业应用机会。数个世纪以来，都有新的产业问世——18 世纪的水力发电、纺织业和钢铁工业，19 世纪的蒸汽机、钢铁和铁路，以及 20 世纪早期的电力、化工和内燃机。这些创新是颠覆性的，而且难以预测，但造就了巨大的经济繁荣，最随着技术的成熟和市场机会的充分开发，最终逐渐走向没落。

你离创立一家模仿型创业公司越远（无论是沿着纵向还是横向），你可能需要的投资就越大，而且可能获得的利润也会越大。虽然由于竞争激烈，模仿型创业公司可能处境非常危险，但产品 / 服务创新或市场创新的力度越大，你面临的风险可能也会越大。在 20 世纪末，紧跟着互联网繁荣的就是一场互联网泡沫，那时候人们发现，许多创新都没有一个切实可行的市场。涉及颠覆性创新或市场范式迁移的创意很难找到，也很难将其作为一项业务来开展。我们在后面会更详细地进行讨论，而且会贯穿全书。

“尤里卡时刻”

在一个商业创意诞生时，这种“尤里卡时刻”很少是偶然发生的。它需要琢磨，而且可以被激发出来，尤其是当你积极运用发现技能的时候。成功的企业家能够以创新的方式来适配市场机会，他们会把机会和创造力以及创新联系起来。成功的创业公司，如谷歌或三星，也在以一种系统的方式寻找开发创新的办法，以适配商业机会。它们的成功并不仅仅是因为运气好。

产生好创意是个数字游戏：你产生的创意越多，你就越有可能看到曙光。据估计，即使是在开发阶段，每产生 11 个想法才会成功推出一个新产品，而完善这个创意也需要时间。这个创意不太可能完美无瑕，所以你需要在发布前和发布后去修改它。这同样适用于商业模式，也适用于产品 / 服务本身。这意味着需要在开发的每个阶段都制定和考虑各种可选方案，甚至在发布之后也要如此。

明白一个创意是否能赚钱的唯一确切办法，往往就是去尝试一下——启动业务，但要尽量降低你的风险。商业创意越是原创的和与众不同的，而且没有成熟的竞争对手，尝试启动这项业务就越可能是个好主意，因为关于这个创意的信息是不完备的。市场研究不太可能洞察到对一种全新产品或服务的需求，因为客户不了解如何使用它。史蒂夫·乔布斯是出了名的蔑视市场研究，尤其是焦点小组，他宁愿依赖自己的洞察力来了解市场需要什么。同样著名的是，亨利·福特曾经说过，如果他去问别人他们想要什么，他们会说“跑得更快的马”，而不是叫作汽车的“新奇”事物。

那么，你如何着手去寻找这些商机呢？如果你在寻找激进的生产 / 服务创新，或是想创造全新的市场，你必须自己创造的机会，因为不太可能有关于市场需求的证据。如果你在寻找增量产品 / 服务创新，或是想进入不同的增量市场，那么你可能会通过迎合一个当前未被满足的市场需求或是未来的市场需求来发现机会。发现机会比创造机会更容易，而且同样有利可图。

创造机会

创造一个以前不存在的商业机会，涉及激进的产品或市场创新，而且可能导致新兴产业的发展。这比寻找机会更困难，风险更大，因为不能保证市场需求最终会实现。这需要远见和充分的自信，而且可能会花费大量的时间和资源。这还需要高度的创新。然而，成功的回报也可能很高。

颠覆式创新 / 发明。这是产品、过程或市场结构的一个显著变化，发端于重大发明，可能对市场、产业，甚至经济产生大规模的颠覆性影响。例如，虽然亨利·福特没有发明汽车，但他彻底改变了汽车的生产和销售方式，从手工作坊转向生产线方式，从服务富有客户，转为生产让普通人买得起的汽车。他创造了一个新的商业市场。这涉及广泛的增量变化——产品和工艺、零件和工厂设计，以及他在工厂里组织劳动力的方式。这种颠覆式创新创造了我们今天所知的大众汽车市场。但是，福特是从何处获得他对未来的远见的呢？他是如何摆脱当时对于汽车应该如何制造、应该卖给谁的既定思想的呢？当颠覆式创新创造出全新的市场时，财富就会被快速创造出来（也会快速消失）。这种创新形式可以带来非常高的利润，但风险也很大。它需要创造性的想象力取得一个飞跃，从单纯的可能性到商业现实，这对许多人来说可能是很困难的。为了有机会看到曙光，大多数发明家需要和企业家合作。

如果你正在开发一个全新的产品或服务，那么你的商业计划需要解释清楚开发处于什么阶段，以及为了将其推向市场，还需要进一步开发什么。仅有基本的想法是不太可能获得融资的，即使有了一个原型，找到融资也可能很困难。开发所处的阶段越早，这就会越困难。因为这既不能保证产品会正常工作，也不能保证会有客户。即使它可以工作，你能阻止竞争对手复制它吗？在第 9 章，我们将概述你可以用来保护自己的知识产权的方法。

案例洞察

来自美国的古怪创业创意

有些商业创意确实来自机缘巧合，而它们的成功会迷惑我们大多数人。这里选了一些来自美国的最怪异的真实创业公司。所有这一切表明，你可以从大多数事情中赚到钱。

- 佐治亚州卡明的 HappyBalls 公司制作带有五颜六色面孔的汽车天线顶上装饰球。不要笑话——这是一家价值百万美元的公司。
- 伊利诺伊州新阿森斯的 Afterlife Telegrams 公司提供与死者联系的服务。他们收取一笔费用，为身患绝症的病人记录一条信息，当病人去世后，该公司把这条信息发给他的亲人。
- 旧金山的 eNthem 公司创作完整的企业主题歌。
- 西雅图的幸运许愿骨（Lucky Break Wishbone）公司销售塑料许愿骨，这样所有的家庭成员都可以有一个许愿骨，尽管事实上每只鸡或火鸡身上只有一块许愿骨。
- 纽约州亨廷顿的 SomethingStore 公司，你付给它 10 美元，它会给你寄送一件东西，可能是任何东西，但你不会提前知道那是什么。
- 奥斯汀的 WeightNages 公司每周向减肥者发送轻度的骂人话，鼓励他们坚持节食减肥。

- 纽约市的 Yelo 让纽约人可以在“睡眠舱”里小睡 20 或 40 分钟。
- 旧金山的 Throx 公司销售三双一包的袜子——想想看吧。
- 佛罗里达州朱庇特的游戏教程（Gaming-lessons）提供视频游戏的课程和辅导。
- 盐湖城的 barefootlist 让会员把他们去世之前想做的事列出清单，将其与别人的清单对比，并跟踪他们的进展。
- 纽约市的拥抱聚会（Cuddle Party）提供“有组织的、安全的工作坊，主题是界限、沟通、亲密和情感……这是一个实验室，你可以在这里试验那些让你觉得安全和良好的事情”。
- 密苏里州奥克格罗夫的 Neuticles 为被阉割过的狗提供睾丸植入。

案例洞察

Summly 应用程序：创造机会

尼克·达洛伊西奥（Nick D'Aloisio）出生于伦敦的一个富裕家庭，但他七岁前是在澳大利亚生活的。他在很小的时候就擅长使用电脑了。他的爱好就是用电脑来制作动画、电影甚至是应用程序。15 岁时，他发明了一种算法，并在此基础上开发了应用程序 Trimit，这个程序可以把长篇文章自动精练成短小的文字。

Trimit 在商业上的成功引来了众多良好的评论、广泛的宣传和成千上万的下载量。这使它吸引了维港投资（Horizon Ventures）的关注，该公司是亚洲首富李嘉诚旗下的一家风险投资公司。维港投资决定给这家公司投资 30 万美元，这让达洛伊西奥得以在伦敦招募到一个小团队，为 Trimit 开发一个全新版本，并在 2011 年 12 月推出了公测版 Summly。

Summly 为手机用户做新闻文章的摘要。如果他们有足够的兴趣，就可以在原始网站阅读全文。这个创意就是：这个应用程序为这些网站带来了手机用户的流量，并为这些内容开发了一个更广泛的、由年轻人构成的市场。

2012 年，达洛伊西奥获得了 100 万英镑的资金，用于进一步开发该应用程序。达洛伊西奥与斯坦福研究院等合作伙伴一起工作，设法获得了一群技术专家和名人的帮助和支持。完整版的 Summly 应用程序于 2012 年 11 月发布，当月它在 iPhone 的免费应用中排名第九，一年之内的下载量超过了 100 万次，并吸引了 250 多家出版商，其中包括新闻集团（News Corp）。

2013 年，17 岁的达洛伊西奥把 Summly 卖给了雅虎，据说成交价格为 3000 万美元。雅虎打算将该应用整合到自己的移动服务中，因此将其从应用商店中撤了下来。他们计划把摘要算法应用到更广泛的网络服务中，尼克和他的团队加入了雅虎来帮助其进行这项开发。

市场范式迁移。就像颠覆式创新一样，当企业家挑战传统的产品 / 服务营销方式时，这种情况就会发生。在大多数行业中，管理者们都认为影响业务成功的关键因素有很多。这些范式成了一个行业的主导逻辑的一部分。但环境会发生改变，管理者可能不会调整他们的思维方式。为了看到市场范式迁移的机会，你需要不断地质疑现状。你需要问这样一个问题："为什么事情是这么做的？"接下来再问一个问题："为什么不换一种方式做事情呢？"这种持续质疑现状的意愿是成功的企业家展示的五种基本"发现技能"之一，我们会在本章后面的部分来讨论这一点。有时候，以不同的方式做事情，可以为客户增加价值而不需要额外的成本（事实上，有时候以不同的方式做事情还可以降低成本），同时还能给你一个收取高价格的机会。你可以通过系统地观察行业惯例、客户惯例和绩效惯例，并不断地提问"为什么"和"为什么不"来完成挑战市场范式的任务。

要找到颠覆式创新或改变市场范式，你要能够"跳出框框"进行创造性思考；你要能够产生新的想法和获得新知识，形成对未来的远见，把市场机会和你的关键能力联系起来；你要能够挑战成规和接受新概念；在众多的新技术中，在多样化的、支离破碎的、地理位置通常分布广泛的市场中，你要能够应对快速变化的、截然不同的信息。你要能够经受不确定的政治环境和不稳定的监管环境，并规划出一条路来。在这些情况下，知识和信息是机会和创新的强大源泉。但是你要记住，创造机会是有风险的，因为不能保证市场会符合你对未来的憧憬。

案例洞察

Streetcar（现为 Zipcar）：市场范式改变

安德鲁·瓦伦汀在杜伦大学学习现代语言和人类学时，他和一个朋友建立了一个叫作"紫色调频"（Purple PM）的学生电台。毕业后，他加入了 P&O 航运公司并为其工作了六年，在此期间，他还攻读了在职 MBA 学位。2002 年，安德鲁和一个朋友布雷特·阿克（Brett Akker）一起决定成立自己的公司，而不是为别人打工。问题在于，他没有商业创意。于是，他和搭档开始系统地寻找合适的生意。在得到最终的创意之前，他们花了 18 个月的时间研究了许多想法，从有机食品到培训课程，不一而足，为此他们每周开两次会。

"我们研究了数以百计的想法。基本上我们就是在尝试寻找差距，所以我们研究社会在如何变化以及缺失了什么。我们的生意必须有潜力，能够扩大规模，并发挥我们的优势。我们一直找，直到找出符合我们标准的东西。"安德鲁说道。

最终的想法来自安德鲁在美国了解到的汽车共享俱乐部，但这是一个具有商业导向的俱乐部，基于人们对环境污染的顾虑，以及在市中心开车和停车的问题。这个创意是，汽车共享俱乐部的会员可以租用汽车，并且可以在短短的半小时内租到一辆车，这就取代了买车的需求。俱乐部收取一次性会员费，外加年度更新费用，然后会员就可以按小时租车。汽车停在很方便的地点，离居民区的街道很近，会员可以随时用一张智能卡打开车门，发动开走——这就省去了到一个办公室取钥匙和还钥匙的需求。会员可以随时通过网络或电话预约用车，汽车一天 24 小时可用。汽车干净整洁，保养良好，而且加满了油——随时准备出发。

"当我在国外看到类似的公司时就立刻想到，这是一个多么令人惊奇的想法啊。在英国已经有两家公司在运营这种服务，但它们的做法不是我们想象的那种方式。我们认为我们可以做得更有效。"

安德鲁和布雷特有了创意，他们花了四个月进行市场研究，组织焦点小组调查，测试商业模式，并通过财务预测来估算他们需要的资源。

他们创立的公司最初叫作 Mystreetcar，2004 年在伦敦南部的克拉珀姆成立。公司的成立动用了他们各自的积蓄，还有 6 万英镑外部融资和 13 万英镑租赁融资，购买了 8 辆第一批汽车。他们认为自己的竞争对手不是租车公司，而是汽车的所有权。它把汽车所有权（一种产品）转变为一种服务，许多人认为这是一种"更绿色的"替代方案，因为它鼓励更少的道路使用。原来的基本范式是，为了能短时用车，哪怕只是最短的旅程，也必须拥有一辆汽车，而这个商业模式挑战了原有的范式。

起初，安德鲁和布雷特每一件事都亲力亲为，他们几乎每天工作 24 个小时。清晨，他们在火车站和地铁站散发传单，最终得到了家人和朋友的帮助。他们接电话、帮会员注册、与他们会面、告诉他们如何使用汽车。他们甚至自己清洗和保养汽车，为会员提供 24 小时服务，所以一开始他们中的一个人必须每天待在电话旁边。3 个月后，他们有了 100 名会员，每个人都缴纳了会员保证金和一年的入会费，这样他们又以 30 万英镑的价格多租了 20 辆汽车。

2007 年，公司更名为 Streetcar，安德鲁和布雷特把公司 43% 的股份出让给一家风险投资公司 Smedvig，它投资了 640 万英镑。到 2009 年，Streetcar 的营业额达到了 2000 万英镑，在英国的六个城市拥有大约 1300 辆汽车。2010 年，美国公司 Zipcar（一家 2000 年成立的公司）以 5000 万美元收购了 Streetcar 公司，给了创始人 1700 万美元。

Zipcar 公司随后收购了类似的企业，即奥地利的 Carshaing 公司和西班牙 Avancar 公司。2013 年，世界第三大租车公司安飞士公司（Avis）以 5 亿美元的价格收购了 Zipcar 公司的股票——在其股价上增加了 50% 的溢价。当时，Zipcar 在美国和欧洲有 76.7 万名会员。

问题：

1. Streetcar 公司给它的客户带来了什么好处？这和汽车所有权以及传统的租车有区别吗？
2. Streetcar 公司是如何改变汽车所有权和汽车租赁范式的？
3. 为什么 Zipcar 公司要收购 Streetcar 公司，为什么安飞士公司要收购 Zipcar 公司？

发现机会

创造机会是很难的，有系统地发现机会则比较容易，而且工具和技术可以帮助你。这可能涉及增量产品 / 服务创新和市场拓展。机会的主要来源是变化。因此，如果你正在寻找机会，那就去寻找变化吧——技术、法律法规、市场和产业结构、人口统计、文化、情绪和时尚的变化，都会为企业家创造出可供利用的市场机会。正如我们已经观察到的那样，互联网是一个巨大的商机来源。因此，审视环境、寻找变化是商业创意的主要来源，本章后面介绍的一项技术——SLEPT 分析法可以在这方面给你提供帮助。

当然，机会也存在于市场无法满足客户需求的地方——由于懒惰、无知，或者仅仅是因为市场信息需要一定的时间才能发挥作用。企业家往往会更加贴近客户，倾听他们诉说，而且他们比成立已久的公司会更快地认识到市场机会，更快地采取行动。

在一个产业里，对价值链的分析（见图 3–2）也可能带来机会，特别是当市场范式受到质疑时。这背后的理念是，在一家公司为客户提供价值的活动链中可以找到成本或差异化的真正优势。价值链包括以下五个主要活动和四个次级活动或支持活动。

主要活动有：

- 进货物流（接收、储存和分散货物）；
- 运营（将输入物转化为最终产品）；
- 出货物流（收集、储存和把产品分销给客户）；
- 营销和销售；
- 售后服务。

支持活动有：

- 采购（采购消耗品和资本项目）；
- 人力资源管理；

- 技术开发（研发等）；
- 企业基础设施（综合管理、会计等）。

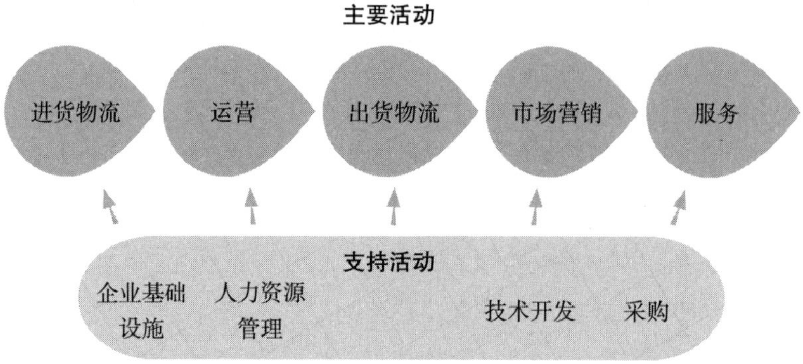

图 3–2 价值链

每个类别都可以分解成独立的活动，这些活动对特定的公司或行业而言都是独一无二的。通过查看与每个活动相关的成本，并尝试将它们与客户从该活动中得到的价值进行比较，你可以甄别出任何错配之处。当客户可能通过改变价值链而得到更大的价值时，只要这涉及成本增加，或者可以降低成本但不会影响客户价值，就存在创业机会。例如，低成本供应可能和靠近一家关键的原材料或劳动力的主要供应商有关。另一个例子可能是，一种高质量的产品受到低质量的售后服务的拖累——在客户价值上没有足够的投资。创业公司可以通过多种方式，尤其是通过发展它们与客户及供应商的紧密关系，来为客户增加价值。一个特别有效的创业战略就是，找出一个关系薄弱的行业部门，通过加强关系来创造价值。

另一个主要灵感来源是从世界其他地区引进新商业理念。好的创意需要时间来传播，而在世界范围内，利用一个创意的机会窗口是不一样的。一个创意今天在一个市场上可能是好创意，在另一个市场上则可能要过几年才可行。对于一些初创企业来说，互联网的普及使得开发海外市场真正成为可能。谷歌在俄罗斯的同类公司是 Yandex，它复制了谷歌的模式。在中国，你不是去访问 Facebook，而是去浏览微博。全球市场确实正在形成，机会到处都有。

案例洞察

TutorVista：**发现机会——开发供应链**

在印度，克里斯南·甘尼什（Krishnan Ganesh）于2006年成立了TutorVista公司。它提供的服务非常具有21世纪的特色。该公司利用互联网将美国和英国等高工资国家的学生与来自印度等低工资国家的私人教师联系了起来。这项服务完全依赖于互联网和个人电脑的广泛使用。TutorVista是一个中介，它雇用的兼职教师主要是学校的全职教师，他们在家里为TutorVista工作——这是一种远程的商业模式，可以使公司把资本投入和运行成本保持在最低水平，并最大限度地降低风险。教师资格经过审查，经得起监督。公司使用谷歌搜索广告直接销售其服务。当有人搜索任何课程的辅导老师支持服务时，就会出现一则TutorVista的广告。当他们点击网站时，就可以与员工谈论售后服务。到2011年，该公司仅在美国就覆盖了2000名学生，培生集团（Pearson）收购了该公司的控股股份。

然而，克里斯南并没有教育行业的经验。这个创意源于他在美国旅行的时候，十分震惊地听到媒体在争论"美国学校教育系统危机"时想出来的。他做了调查（询问"为什么"），得知美国的私人教师的收费是每小时40~60美元，而大多数人认为负担不起。这让他提出了一个问题："为什么不把工资水平较低的印度教师和美国的市场需求联系起来呢？"

案例洞察

OnMobile：**发现机会——正确的时间、正确的地点**

阿尔文·拉奥（Arvind Rao）在纽约的金融服务行业工作时，试图成立一家公司来为手机开发增值服务——铃声、壁纸和应用程序。这家公司名叫OnMobile，最初于2000年在美国成立，但未能找到市场。阿尔文没有认输，他带着自己的创意找到了印度的电话运营商，发现时机很完美。印度的手机市场正在迅速扩张。他很快就找到了一个又一个客户。到2011年，OnMobile已经成为印度最大的手机增值服务提供商。公司位于印度班加罗尔，如今已在世界各地设立了办事处。

产生商业创意

所有好的商业创意都是以有市场需求的商业机会为基础的。你可以通过全新或增量的产品或市场创新来创造机会，但是当你这样做的时候，存在市场需求的证据可能极少或根本没有。你的创新创造了一个以前从不存在的需求。然而，你可以寻找那些未能使客户需求得到满足的情形，由此来发现机会。如果你能引进产品或市场创新来迎合这个未得到满足的需求，你就可能找到一个可行的商业机会。如图 3–3 所示，要想成功，这两种方法都必须与客户需求挂钩。

图 3–3　产生商业创意

你可以通过开发技能来发现市场机会，在这方面有些技巧可以帮助你。你还需要有创造力。在上一章提到的 AULIVE 创造力测试中，你可以衡量自己的创造力。你可以通过开发某种思维方式来激发自己的创造力。这些技能被称为“发现技能”——关联、质疑、观察、试验和网络技能，既包括对你的世界有大体的感知、与你的世界发生关系，也包括提出质疑和愿意进行试验。从本质上讲，产生创意的过程包括三个阶段。

1. 确保你接触的想法、影响和人员尽可能多元化和差异化，确保你意识到这些影响并保持警觉。一般意义上的感知和开放性也很重要。大多数人即使在生命之旅中接触到了多元化的影响，也还是会用狭隘的思维来对待自己周围发生的事情。

2. 通过观察消费者的日常生活方式来识别市场机会，并质疑能否以不同的方式来更好地满足他们的需求。你需要实践本章概述的技能和技巧，这能鼓励你进行提问（“为什么”和“为什么不”）和试验；你需要思考你周围发生的事情，以及它们会如何影响未来；你需要质疑现状，问问为什么事情不能以不同的方式来做。

3. 开发和调整你的商业创意，以便有一个可行的商业模式。并不是所有的产品一开始都奏效，也并不是所有的创意在商业上都是可行的。钢制滑雪板的发明人霍华德・海德（Howard Head）在找到一个能持续工作的金属滑雪板之前，制作了大约 40 种不同的金属滑雪板。通过观察消费者的日常生活方式来识别市场机会，并质疑能否以不同的方式来更好地满足他们的需求，这是重要的第一步，但尝试连接以完善产品 / 服务和商业模式至关重要。

所有这一切都需要时间。你需要时间来进行深入思考，需要时间来孵化创意。孵化时间指你从事其他活动，包括睡眠在内的时间，让自己在潜意识里思考这个问题。你还需要时间在机会和自己的能力之间建立联系。这是一个偶然因素，但花的时间越长、潜在的联系越多，就越有可能萌生创意。这个过程如图 3–4 所示。

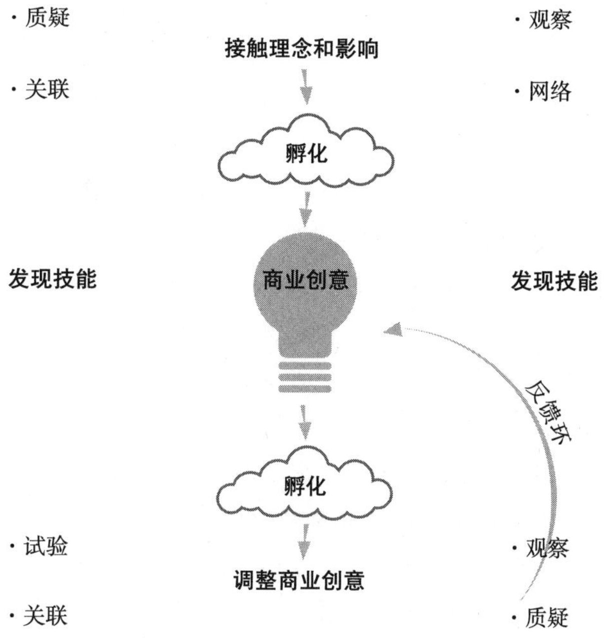

图 3–4 发现技能

案例洞察

MOMA!：发现未满足的需求的机会

汤姆·梅瑟尔（Tom Mercer）是贝恩咨询公司（Bain & Co.）驻伦敦的一名管理咨询顾问。他在上班之前，会在自己的公寓把果汁和燕麦混合起来作为早餐。但这需要时间，所以他经常上班迟到。然后他突然意识到，自己的问题其实是一个很好的商业创意——事先准备好混合材料，然后在伦敦周边的重要地点，比如车站，把它卖给通勤的人。这样，Moma 就在 2006 年诞生了。

现在，你可以在伦敦的车站周围看到 Moma 色彩鲜明的小推车。它们售卖 Oaties（冰沙和燕麦）、Jumbles（浸泡在低脂酸奶和苹果汁里的水果、燕麦）和 Hodge-Podge（用水果、香料、酸奶和燕麦片烹制的大杂烩）。汤姆花了五个月来开发他的配方。第一批产品是装在旧塑料瓶子里卖出去的，上面贴着标签。现在，他们在伦敦东南部的德普特福德准备好早餐，然后用车运到伦敦市中心，在早上6点15分到上午10点45分之间通过Moma的八辆小推车卖出去。2009年，有25个人为汤姆工作，其中包括10个货摊工作人员，他们主要是想挣外快的学生。在轮班结束时，司机会去接货摊工作人员和剩余的食物。

Moma的产品还在塞尔弗里奇百货（Selfridges）的食品厅销售，也供应给维珍航空公司的航班。汤姆计划开设更多的摊位，并通过互联网电商Ocado把公司的销售扩展到伦敦以外。

案例洞察

拿福能：发现和你的技能进行匹配的机会

当储明申（Cheo Ming Shen）从伦敦经济学院（London School of Economics）毕业时，他想趁着亚洲的互联网市场还不太发达，用新学到的技能在自己的祖国新加坡成立一家新公司。他说："我会寻找那些我认为可以在互联网领域工作的商业机会，然后去开发它，并把它推向市场，作为一项业务来销售。"

他之所以把自己的商业技能和互联网技能应用到自己的祖国，是源于他对当地有更多的了解。他观察到博客有很大的空间，于是就将它作为自己首次创业的基础。

由储明申和合伙人陈有添（Timothy Tiah Ewe Tiam）创办的拿福能（Nuffnang）是广告商和博客之间的一个中介。博主从每个访客那里收钱，拿福能按一定的百分比分成。按照这个简单的想法来成立一家公司几乎不需要什么资金，公司在第一年就盈利了。事实证明这家公司极为成功，业务扩展到了马来西亚、菲律宾和澳大利亚。现在，储明申和陈有添在新加坡拥有四家互联网企业。

案例洞察

Swarfega：**发现机会（没有用的产品的机会）**

并非所有的创意都能像最初设想的那样找到商业应用，而观察和关联可以改变发明的方向。Swarfega是一种绿色凝胶，是一种对皮肤安全的清洁剂。它现在广泛用于工厂和家庭，用来清除手部的油脂。但是，奥德利·威廉姆斯（Audley Williamson）在1941年是想开发一种洗涤丝绸袜子的中性洗涤剂，根本没打算将其用于清洗手部油脂。遗憾的是，由于尼龙的发明及其在长袜和紧身衣上的应用，丝绸袜子过时了，使得这种洗涤剂也过时了。后来，威廉姆森看到工人们用含有汽油、石蜡和沙子的混合物来洗手，导致手部龟裂和疼痛，他意识到自己的产品有了一个完全不同的商业机会。2004 年，他把自己创立的 Swarfega 卖了 1.35 亿英镑。

关联和网络

创造力是产生创意的基础，它的一个先决条件是关联性——大体上就是与世界上正在发生的事情之间的联系，以及对这些事情的认识。这会带来新的想法、知识和信息。阅读报纸、杂志、期刊、书籍以及上网都是被动的关联方式。本质上，这些都是一个社交过程，涉及与世界上不同观点的人进行交流。主动关联意味着和各种各样的人会面，即建立网络，这可能需要参加会议、俱乐部和研讨会，也可能涉及外出旅行。这不仅仅是去了解一个问题的不同方法或视角，也是让大脑接受这样一个观点，即做事情有不同的方式，从而培养一种开放和求索的心智。很多人几乎必然会让自己变得有创造性——去思考那些不可思议的事情。

因此，关联性超越了任何行业背景或市场环境。据说史蒂夫·乔布斯对书法的兴趣是苹果公司早期在其电脑上开发多种字体的源头。某些最佳商业理念有其社会根源，它们把社会需求和商业机会联系起来。同样，商业问题的解决办法或机会也可以来自不相关的学科。无处不在的维可牢搭扣（Velcro）是在 1941 年由瑞士工程师乔治·德梅斯特拉尔（Georges de Mestral）构思出来的，他的这个灵感来自大自然。在一次散步之后，他观察到牛蒡带刺的种子粘在了他的衣服和狗的皮毛上。他在显微镜下观察它们，发现有数百个细小的“钩子”钩住了衣服和皮毛的“圈圈”，由此他想到了把这两种东西结合在一起的可能性。

换句话说，对于一群人来说司空见惯的想法可能会激发另一群人的洞察力。这无非就是对源自任何地方的创意保持开放态度，而不只是往里看。LG 和贺曼（Hallmark）等公司制订了有效的计划，鼓励员工广泛接触各种来源的创意，有些来源非同寻常。这就是与他人合作能够如此有助于激发创新的原因之一。一个人让另一个人接触到不同的做事方式或不同的想法，由此产生了创造力的火花。

如图 3–5 所示，关联与前面提到的发现技能相结合可以让你更具创造性和创新性。这些元素将帮助你找到一个好的商业创意，并通过创新保持竞争力。

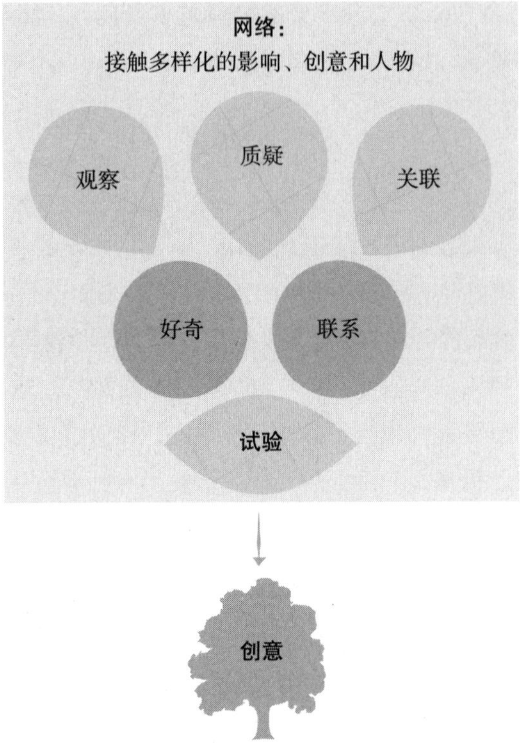

图 3–5　关联和发现技能

案例洞察

大奥尔蒙德街医院：联系

创新的想法可能来自不同寻常的源头。大奥尔蒙德街儿童医院（The Great Ormond Street Hospital for Children）观察到，迈凯轮和法拉利一级方程式的赛车只需六秒钟就可以在维修站调头，由此获得了灵感。医院的医生们发愁他们怎样才能缩短把病人从手术室转移到进行康复治疗的重症监护室的时间，急救移交的延迟可能会让病人付出生命的代价，于是他们联系了法拉利车队，看这个过程可以如何改进。法拉利车队的人解释说，它们的进站程序很简单，就是把最小的动作都提前计划好，可以用一张图表简单画出来。根据这个计划，法拉利车队的每一个成员都知道自己要做什么和什么时候做，这是以一种协调的方式进行的。法拉利车队的移交过程有视频记录。当医生们看到这些视频时，他们对某些环节的缺失极为震惊。法拉利车队的结论是，由于团队是不断变化的，需求是不可预知的，所以医院的移交团队需要一个它们能够理解和操作的简单方案——就像维修站一样。最终，法拉利车队帮医院设计了这个方案。

在商业上，网络非常重要，它可以为你提供市场信息、专业建议和意见，而且常常是免费的。正式的网络，像英国商会（Chambers of Commerce）和商务联系网（Business Links）、美国的小企业发展中心（Small Business Development Centers），以及行业协会所提供的信息都是非常宝贵的。网络还可以提供机会，形成正式或非正式的伙伴关系，以便你更好地利用机会。

产生创意的技巧

人们设计了很多技巧来帮助产生新的创意。产生创意是一个数字游戏——你想出的创意越多，就越有可能找到一个可行的方案。因此，值得把那些用来产生数量的技巧和改进质量的技巧区分开来。有些技巧更适用于发现机会，而另一些则更适用于创造机会。

头脑风暴

这是最被广泛使用的基本技巧之一，旨在产生数量可观的创意，以发现或创造机会。这种方法是以小组为单位来进行的。在这个环节中，你不要对想法进行质疑或批评，你要暂时中止怀疑。这样做是为了鼓励想法的自由流动，即发散性思维，使参与者提出尽可能多的创意。每个人心中都有很多想法等着说出来，但人们天生害怕在别人面前犯错误或显得愚蠢。在这里，犯“错误”和提出不可行的想法不仅是可以接受的，而且是被鼓励的。你可以从一个有待解决的问题或一个有待开发的机会开始，鼓励人们把想到的创意都写下来——没有“坏”创意。至少，所有的创意都是产生新创意的跳板。

案例洞察

百万美元首页：头脑风暴

百万美元首页（The Million Dollar Homepage）是一个单一的网页，它被分割成 10 000 个小方块，每块为 100 个像素点。小方块以每个像素点 1 美元的价格卖给广告商，形成了一个公司标识的蒙太奇组合。广告商们得到的承诺是，这个页面至少保持五年在线。这个首页的创意是阿历克斯·图（Alex Tew）在 2005 年想出来的，他当时是英国诺丁汉特伦特大学（Nottingham Trent University）的学生。他每天晚上睡觉前都会组织头脑风暴讨论会，并把所有人的创意都写在记事本上。这个网站只花了两天时间就建成了，花费了 50 英镑。阿历克斯把第一个小方块卖给了他的兄弟和朋友，并用这些钱来宣传网站。网站地址开始出现在互联网博客和聊天室中，随后，BBC 的一档技术节目在 2005 年 9 月播出了一则简短的专题报道。2006 年 1 月，阿历克斯已经是百万富翁了。

SLEPT 分析

SLEPT 分析是一种被广泛使用的、用来帮助思考在更广阔环境中的未来发展的工具，它反过来又可以用于探索因这些发展而产生的商业机会。这种分析着眼于相关领域可能发生的变化，这些领域的英文单词首字母缩写词是 SLEPT。

- 社会变化（Social changes），如人口老龄化、家庭工作者的增长、24 小时购物、高等教育者的增加、就业方式的改变、单亲家庭数量的增加等。
- 法律变化（Legal changes），如健康和安全、与就业相关的法律变化、食品卫生条例、专利法等。
- 经济变化（Economic changes），如经济衰退、经济增长、利率变化、通货膨胀、就业、货币波动等。
- 政治变革（Political changes），如地方或中央政府选举、政治举措（如价格竞争力、新增或改变的税收、合并和接管政策）等。
- 技术发展（Technological development），如互联网带宽的增加、与互联网技术的结合、计算机和芯片技术应用的不断增长、智能手机的使用增长、视频监控摄像头的使用增长等。

诀窍在于集思广益，看看这些发展变化可能会如何创造出目前还没有被发现的生意机会。以互联网的发展为例，电影和音乐能够通过下载获得，这就使 DVD 和 CD 销售店的生存受到了挑战，却为连接到互联网的新设备（笔记本电脑、平板电脑、智能手机等）和新服务（特别是小众服务）创造了机会。互联网购物的发展通常会使房地产开发商重新审视城镇中心的用途和结构，可能会导致商店重新设计满足客户需求的方式——大多数商店现在都有网站，许多商店除了常规购物之外也提供网上购物服务。

未来式思维

这是另一种技巧，也是 SLEPT 分析的延续，经常用于考虑未来的情况。在确定商业机会之前，这有助于你进一步了解已经确定的变化。你可以尝试以整体视角来看问题，在变化发生之后对未来的状态进行展望，可以再次使用头脑风暴法来识别商业机会。例如，考虑到互联网和智能手机的影响，你可能开始考虑五年后零售业的特定形态。实体零售业还会继续存在吗？如果是，那么它将如何与这些技术发展相结合？它会是什么样子，将位于何处，需要提供什么样的服务？它将如何吸引客户？这些问题连同更多的问题可能有助于你描绘它可能的样子，以及未来你需要做什么才能生存下去，进而繁荣发展。

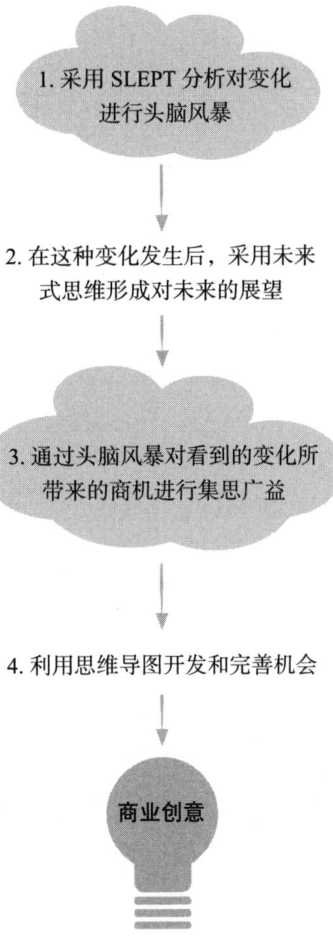

图 3–6　从变化中发现商业机会

这里忽略了当前行动的制约因素，通过这种方式，变化的障碍能被识别出来。有些障碍可能是永久性的或不可逾越的，但有些障碍可能并非如此。因此，在最初产生想法的阶段，不要约束反对意见，要忽略狐疑不决。只有在后面开始考虑障碍时才可以放弃选项。未来式思维的关键在于，不要想当然地认为未来必定会像过去一样。现在的变化是局部性的，而且常常是不连续的。

思维导图

思维导图就是从一个简单的原始想法引出相关创意的导图。思维导图有助于开发和完善一个商业机会，不管它是被发现还是被创造出来的。个人或团体都可以使用这种方法。和头脑风暴一样，你必须暂时中止怀疑，只是单纯地产生相关的创意，虽然这些创意在开始可能与原始想法的关系不大。它可以帮助你“跳出条条框框去思考”，并与原始想法建立起看似不显眼的关系。创造力就是在表面上毫不相关的事物之间建立联系，这种技巧是特别有用的。

图 3–6 展现了基于 SLEPT 分析、未来式思维、头脑风暴和思维导图技巧来发现商业机会和产生商业创意的四阶段的系统过程。

类比

这是一种以产品为中心的技巧。人们尝试用这种技巧将产品或服务的特征组合跟客户的利益等看似毫不相关的两者联系起来，从而提出解决问题的创新方案。因此，这种方法能够为客户提供更聚焦的创意，为尚未解决的问题创造机会。一旦确定了初始问题，就建议采用类比法。因此，类比法与市场中的机会有关，它的操作方式类似于头脑风暴。乔治・德梅斯特拉尔将牛蒡种子的特性与将东西进行黏合和分开的需求联系起来，就是类比的一个例子，这导致了维可牢的开发。

在建立类比的时候，你需要问一些基本的问题：

- 这种情况或问题使你想到了什么？
- 生活或工作中的其他领域有过类似的情况吗？
- 谁做了类似的事情，原理是否能普遍适用？

类比法常常包含“……很像……”这句话，因此你可能会问，为什么某个东西“很像”另一个。例如，为什么做广告很像做餐饮？因为在吃之前有太多的东西要介绍了。对于色泽和香味，甚至用餐的环境和氛围的期待，都与食物本身的味道和营养价值同样重要，它们为将要吃到的食物做了“广告”。

属性分析

这是另一种更聚焦的、以产品为中心的技巧，旨在推进产品改良和产品线扩展，用这种方法可以使产品达到其生命周期的成熟阶段。因此，它有助于发现因现有产品或服务不足而产生的机会。它采用基本的营销技巧，挖掘产品或服务的属性，进而发挥一系列功能，但最重要的是为客户带来利益。一种现有的产品或服务被分解为各个组成部分，然后用头脑风暴来研究如何改变这些属性。你需要关注这些改变能否给客户带来价值，没有什么是理所当然的。你可以用思维导图来发现和完善这些变化。

图 3–7 展示了在对现有产品或服务的属性进行分析的基础上，利用头脑风暴和思维导图的技巧来发现商业机会和产生商业创意的三阶段的系统过程。

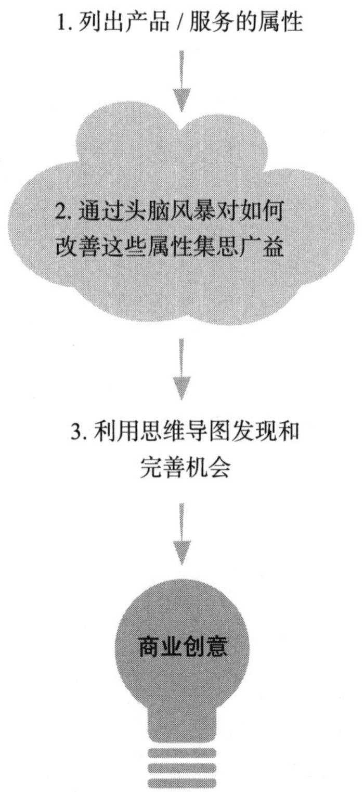

图 3–7　从现有产品或服务的不足中发现商业机会

例如，你可能会关注家用门锁，以确保家门不会被令人讨厌的入侵者打开。其好处是安全和减少 / 杜绝入室盗窃。但是你可能会丢失钥匙或者忘记锁门，而且有些锁很难或很不方便从里面打开。一个潜在的解决方案是，让门能够感应有人从外面接近，并自行锁上。它可以有一个反向的传感器——对于室内的人来说，当接近门时，门会自动解锁（可以集中激活或停用）。对于室外接近门的“友好”人士，外部传感器可以识别他们携带的“信用卡”式传感器，或者他们可以通过密码锁来控制门。锁可以连接到自动门上。

差异分析

这是一种以市场为基础的方法，用户可以根据消费者认为重要的维度来生成一张产品/市场属性的“地图”，分析竞争产品可能会在哪里，然后找出竞争少或没有竞争的差异之处。根据竞争程度的不同，这种方法可以用来发现或创造机会，尤其是重新定义市场范式。由于其中的复杂性，我们通常将这些属性分为两个维度。我们可以通过多种方式来分类。

- 认知图表（perceptual mapping）：把产品的属性放到特定的类别中。例如，甜点市场可以通过热和冷、复杂和简单来区分，然后把各种甜点映射到这两个维度上，如图 3–8 所示。问题在于，识别出来的“差异”是不是客户看重的——这意味着要了解他们是否看重被测量的维度。这是市场研究要尝试回答的问题。

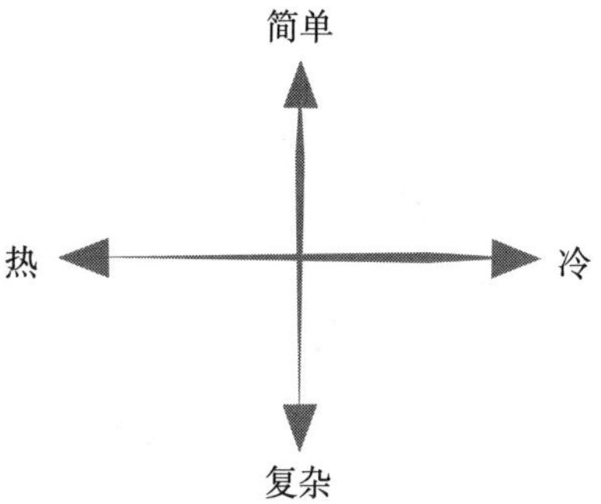

图 3–8 甜点的认知图表

- 非度量导图（non-metric mapping）：把客户发现的相似产品放到通用分组里，然后尝试解释之所以这样分组的原因。一个经典的例子就是它在软饮料市场的应用。软饮料产品可以根据广泛采用的通用分组来简单描述，“不起泡的”对应“碳酸的”，“调味的”对应“非调味的”。这里的关键也是找出合适的维度，为产品差异化创造机会。如果在认知图表的两个维度上映射软饮料，可能就无法发现市场上的任何空白。
- 积贮栅格（repertory grid）：利用市场调研对这种技巧的一种更系统的延展。客户被要求把一个市场中相似和不相似的产品进行分组，这通常是成对进行的，然后要求他们解释相似点和不同点。所有组的相似产品和不相似产品都会重复这个顺序。然后，这些解释被用来导出“结构”，描述人们对产品进行联系和评价的方式。这些结构形成了一个栅格，可以使用客户自己用的词汇来绘制产品图。

图 3–9 给出了一个三阶段的系统过程，目的是在对现有产品或服务的属性进行映射的基础上，通过头脑风暴和差异分析来发现或创造商业机会和产生商业创意。

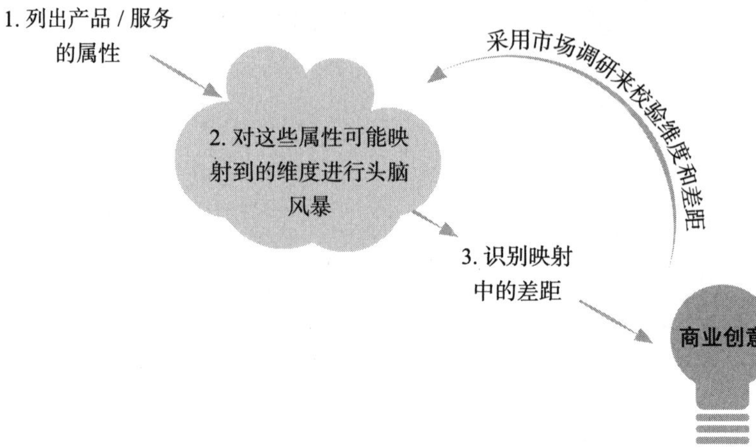

图 3–9　用差距分析发现或创造商业机会

商业创意可行吗

正如我们所看到的，你既可以创造机会，也可以发现机会。在这两种情况下，你的创意技能都必须与客户需求挂钩。本章谈到的用来产生创意的各种发现技能和技巧可以结合起来使用，以帮助你创造和发现商业机会。把产品或服务进行市场化的首次尝试往往会失败，因此可能需要一系列的反复试验和试错，这些都需要时间。在某个阶段，你需要考虑能否保护你的商业创意的“知识产权”。有很多方法可以做到这一点，本书的第 9 章会对此进行讨论。

下一步是看看这个创意是否可行，是否符合你的愿景。做一位企业家是否符合你目前的人生理想？你是否具备成为企业家所需的个人性格特征和能力？你具备所需的技能和资源吗？有时候这个创意也许很好，但你可能没有把它推向市场的合适人选。那样的话，你也许可以把它卖掉。

大多数人都是基于他们在以前的工作或兴趣爱好中获得的技能、经验或资质来考虑创业的。他们通常认为自己的雇主没有充分利用某些机会。有时，他们有了一个商业创意却无法说服雇主接受，所以决定自己尝试。他们往往在行业里有一定的人脉，自认为可以利用自己的优势。这些都是促使人们创业的“拉动”因素。同样，人们也可能被动创业，因为他们没有什么别的选择，例如被解雇了。不管你的动机是什么，你都需要诚实地评估你作为一位企业家的个人意愿。

你需要确保自己的产品或服务有市场。通常你会有竞争对手。你将如何与他们竞争？

你有什么不同？你能像现有的公司一样迅速把这个创意变现吗？你需要测试自己的商业模式，并愿意对其进行修改，以最好地适应市场。最后，这些机会在五年后仍然会存在吗——你的商业创意是可持续的吗，或者在几年之后要对它进行改造吗？好的商业创意有一个商业机会的窗口，动得太早或太迟都不太可能成功，它会有一个有限的生命周期。你还需要评估生意的商业可行性。它会盈利吗？它能获得资金支持吗？虽然你可能会试图通过各种形式的市场测试来评估可行性，但最终你能评估商业可行性和财务可行性的唯一方法就是制定一套财务预测。图 3–10 展示了这个过程。

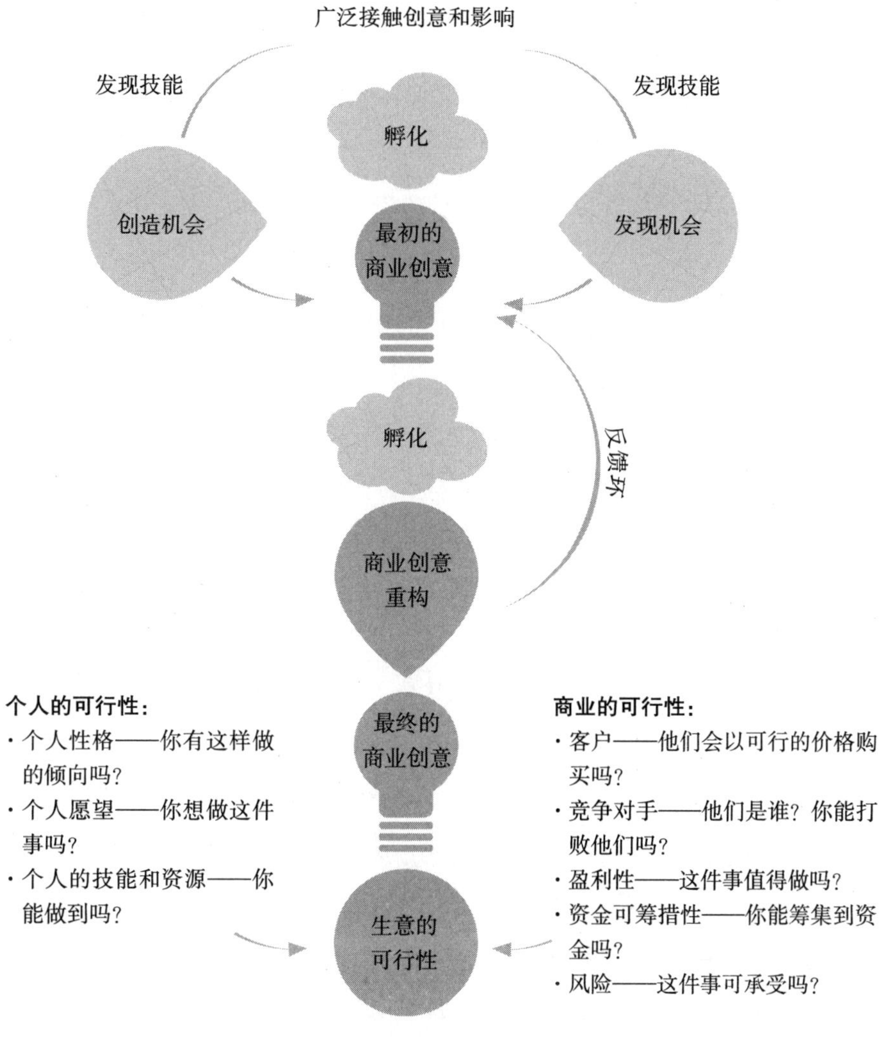

图 3–10　商业创意的可行性

好商业创意的特征

最好的商业创意会带来高利润，同时风险很低。遗憾的是，这样的机会很少。不过，这里有个清单，列出了一个好创意的 12 个特征。

1. 有确定的市场需求 / 空白。如果这个创意在商业上可行，那么它就必须满足一个明确的市场需求。
2. 有确定的客户和营销战略。如果你不知道自己在卖东西给谁，那么你就不知道该如何卖给他们，这意味着你可能不会成功。你需要系统地建立起你的商业模式。记住，你可能会面对不止一个细分市场。
3. 没有或几乎没有竞争者。你的产品 / 服务和市场越创新，竞争者就越少，通常定价也会越高。然而，要记住，没有竞争对手也可能是因为产品 / 服务没有市场。
4. 不容易被复制。如果可以，那就保护好你的知识产权。然而，快速进入市场并建立品牌声誉往往是最佳保障。
5. 不断增长的市场。在一个新的或有成长性的市场而非衰退的市场里启动一桩生意总是更容易些。当然，你也可能是正在开创一个面对全新市场的生意。
6. 高利润。你的产品 / 服务和市场越创新，你的利润就越高。
7. 固定成本低。较低的固定成本意味着，当成交量减少时，风险会比较低，这会让你拥有灵活性。高利润和低固定成本的组合意味着盈亏平衡点低。盈亏平衡点是用来衡量企业面临的财务风险的；相应地，安全边际则用来衡量企业越过盈亏平衡点的幅度。本书第 11 章会展开讨论这三个财务特征。
8. 资金需求量低。资金需求越低，启动越容易，如果这个创意行不通，那么你的损失也就越小。
9. 能够融资。如果你自己没有足够的资源，就需要项目足够新颖，以吸引融资。
10. 有可以被监控和降低的可识别的风险。根据定义，初创企业的未来是不确定的。识别风险是了解如何监控并降低风险的第一步。
11. 具备可利用的管理技能。你需要具备适当的管理技能。如果不具备，那你就需要获取这些技能，或招募具有这些技能的员工或合伙人。
12. 有可扩展性。小项目通常容易取得进展，但较大的项目可能会存在问题。在这种情况下，你需要看一看是否可以把这个项目分解成更小的项目，当最初的想法被证明具有可扩展性后就能实施。这个观点就是，尽可能长时间地避免尽量多的风险，但要确保你不会错过市场窗口期。这完全是一个判断市场条件变化的问题，所以你需要保持灵活性，并仔细考虑当项目可行性得到证明后，你将如何扩大规模。

我们会在第 5 章着重讨论商业模式。当你开发商业模式时，这些特征大多会变得显而易见。在经历这个过程的时候，你需要保持灵活并开发战略选项。如果优先选项的结果没有吸引力或者不成立，你就可以回过头来考虑其他选项。你的商业计划书将提出最好的商业模式。

小结

- 有六种新公司的模式：模仿战略、增量产品 / 服务创新、市场扩张、颠覆式创新、市场范式迁移和新兴产业。
- 模仿战略意味着你必须主要进行价格竞争，这也意味着公司很可能盈利能力低、增长潜力有限。其他模式都涉及产品或市场的创新——或多或少使产品 / 服务或市场发生改变。
- 好的商业创意来自创造机会或发现机会。创造机会包括产品创新或市场创新——从增量创新到激进的创新。
- 激进的创新包括创造前所未有的新商机：开发颠覆式创新、市场范式迁移和 / 或新兴产业。这都很难，都有不小的风险。
- 你可以通过质疑行业、绩效和客户的惯例来挑战行业范式。
- 你可以通过分析变化来发现机会。变化造就机会。这些机会可能涉及增量产品 / 服务创新或市场创新。
- 变化的表征是：意料之外的事情，不协调，基本流程中存在不足，产业或市场结构发生变化，人口结构发生变化，以及观念、情绪和意义发生变化。
- 对行业的价值链提出质疑，看看可以用哪种有意义的方式在哪里（为客户和 / 或公司）创造附加价值，这些地方也存在机会。
- 有些技巧可以帮助你发现机会，如头脑风暴、SLEPT 分析、思维导图、未来式思维、类比、属性分析和差距分析。图 3–6、图 3–7 和图 3–9 展示了如何系统地利用这些技巧来产生商业创意。

- 开发创意涉及创造性。你可以通过发展自己的发现技能来提高创造力，这些技能包括关联、质疑、观察、试验和网络。
- 关联性是创造力的先决条件，它会产生新的知识和信息。网络是开发关联性的一个重要因素。
- 决定一个商业创意是否可行的因素包括审视你自己的愿景和能力，以及评估这个创意的商业可行性。

PART3

第三部分

市场细分和价值主张

New Venture Creation:

A Framework

for

Entrepreneurial Start-Ups

第4章

理解你的市场 / 行业

定义你的市场 / 行业

除非你正在开创一个和你的新公司一样全新的行业，否则你很可能面对的是一个已有的市场或行业，销售类似的商品或服务。了解这个行业是至关重要的，因为这会让你洞察你的潜在客户，了解如何接触他们，以及你可能面临的竞争。事实上，了解一个行业中的企业的短板也可以带来商机。大多数行业都有一些基本的结构性条件，这些条件影响着行业内部的竞争程度。然而，在一个行业中，各家公司的盈利能力可能千差万别，这意味着你的选择和战略执行同样重要，这些可能比选择行业更加重要。面对既定的竞争，模仿型公司必须找到某些独特的竞争优势。

行业分析的第一步是描述行业结构的关键要素。

然而，定义你所在的行业可能比想象的要困难。行业是指供应市场的任何一组公司，但市场很少是同质的。毕竟，它们是由需求各不相同的客户组成的。汽车行业包括很多细分市场——两厢车、家庭轿车、豪华轿车、跑车、SUV 等。汽车在每一个细分市场中都互相竞争吗？捷豹（Jaguar，一家英国的豪华轿车和跑车生产商）和标致（一家法国的两厢车和家庭轿车生产商）是竞争者吗？在细分市场之间有着明确的市场边界，所以还有一个问题，一个细分市场中的一辆汽车和一家生产商在多大程度上与另一辆汽车和另一家生产商竞争？类似地，一家本地的便利店 / 杂货店可能不会直接与大型超市发生竞争，尽管它们都属于食品零售业。因此，市场的地理边界也可能适用。这里的划分标准是可替代性——客户是否愿意走一段路去超市呢？

因此，一个行业很可能包括多个细分市场。划出你的行业边界以及其中的市场细分，也是一个判断问题。这是一个至关重要的判断，它将决定你认为自己会和谁竞争，而且很可能决定你将要制定的营销战略。判断取决于你的客户的准确身份，以及他们购买类似产品或服务的意愿，这个内容我们将在下一章进行讨论。

描述你的市场 / 行业

为了描述你的行业和 / 或市场，你需要了解一些术语。以下的市场 / 行业类型对于身处其中的公司以及新进入者创造机会有着重要的意义。

一般来说，在一个新兴或成长而非衰退的市场中进行销售总是更容易些，但如果你的市场是全新的，那么销售可能就会很困难。支持者可能更倾向于新兴市场而非全新的市场，这是因为他们有证据表明需求确实存在。

第一种类型表述的是市场 / 行业在其生命周期中的阶段（见图 4–1 所示）。

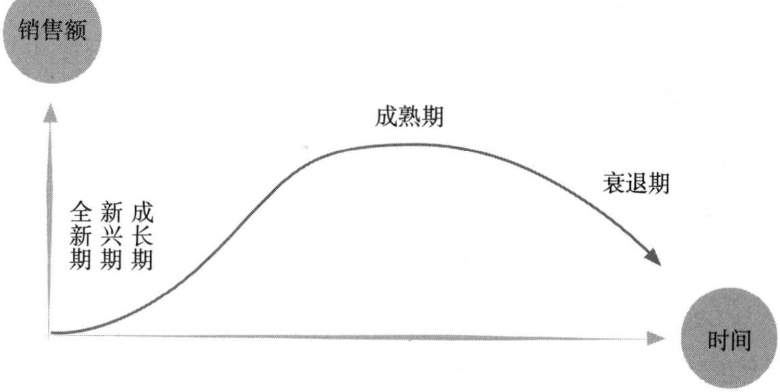

图 4–1 市场 / 行业生命周期

全新期（市场范式迁移）。这是源自市场范式迁移或激进创新的新市场。市场没有得到证实，需求也很难估计，工艺和程序有待开发，而且没有竞争者。

启示：

- 高风险，但也有高回报的潜力；
- 客户难以识别；
- 没有竞争者；

- 获得先发优势非常重要；
- 有机会支配市场；
- 营销成本很可能非常高昂（客户可能不了解产品 / 服务的好处）。

新兴期。这是一个需求得到证实的市场，但其规模仍然不确定。市场在增长，工艺和程序尚未完全建立，而且仍然没有主导品牌或市场领导者。

启示：

- 竞争者很少；
- 客户开始被识别出来了；
- 先发优势仍然很重要；
- 工艺和程序尚未有效运行，有机会重新定义；
- 仍有机会支配市场；
- 营销成本可能仍然很高；
- 进入壁垒可能正在形成。

成长期。这是一个有需求并且需求正在增长的市场，市场研究表明它是有吸引力的。随着新的竞争者进入市场，工艺和程序还在发展中，竞争很激烈，因为公司要打入市场并获得市场支配地位。主导品牌和市场领导者开始出现，同时有些公司正在破产。

启示：

- 竞争者越来越多；
- 很可能出现产品 / 服务的延伸；
- 确定了购买模式；
- 在一个激烈竞争的市场中，营销战略咄咄逼人；
- 主导品牌开始出现；
- 竞争性定价；
- 市场看起来不错，但进入可能为时已晚，除非产品 / 服务有重大创新。

成熟期。这是一个已经确立的市场，特征显而易见。它的规模很大，但增长缓慢或没有增长，有既定的工艺和程序以及购买和重复购买模式。很少有新客户进入市场，竞争者是确定的，创新有限，行业可能是碎片式的，也可能是统合式的。

启示：

- 成熟的竞争者（市场可能是碎片式或统合式的）；
- 可能采取防御性定价（赶上或击败新进入者）；
- 难以进入市场，竞争激烈；
- 基于现有产品 / 服务进行创新的机会；
- 基于工艺或售后服务进行创新的机会；
- 基于既定的营销流程进行创新的机会。

衰退期。这是一个显而易见的衰退的市场，工艺、流程和购买模式都是成熟的。客户和竞争者的数量在减少，因为薄弱的产品线被放弃，产品范围变窄。没有创新，行业可能是碎片式或统合式的。

启示：

- 市场的预期寿命有限；
- 产品范围减小；
- 通过成为主导者（可能是收购竞争对手）来统合市场的机会；
- 如果竞争者的数量减少意味着需求仍然很高，可能就有机会建立利基市场；
- 可能有机会通过重新设计生产工艺来降低成本，以应对市场需求的减少；
- 可能有机会以"处理价"从正在破产的公司那里买进股票，然后卖掉公司来盈利；
- 进行激进的产品 / 服务创新的机会。

第二种类型表述的是竞争者的密度。

碎片式。这个市场有大量规模相似的竞争者，通常属于一个处于成熟期或衰退期的行业。

启示：

- 成熟的竞争者；
- 竞争性定价，有限的盈利能力；
- 有机会统合产业并成为市场领导者（可能是通过收购竞争对手）。

统合式。这个市场存在几个大的竞争对手，通常属于一个处于成熟期或衰退期的行业。

启示：

- 成熟的竞争者；
- 可能采取防御性定价（赶上或击败新进入者）；
- 进入壁垒可能很高；
- 除了激进的产品或市场创新以外，很少有创业机会。

在一个碎片式而非统合式的市场中创业要容易得多。然而，随着行业的成熟和衰退，合并往往会发生，这就是一些机会开始出现的时候。

本地、区域和全国。这往往是一个全新的或新兴的市场，假以时日可能成为全球性的市场。

启示：

- 沿着地域逐步推广可以优化营销组合，但代价是失去先发优势；
- 在较小的地域市场中获得市场主导地位更容易；
- 随着时间的推移，有些市场（例如基于技术的市场）可能在地域上从发达国家向发展中国家扩展。

全球。这个市场从一开始就是国际化市场。

启示：

- 竞争者在国外市场很快成熟起来；
- 如果其他初创企业遵循本地性、区域性或全国性的战略，外国的初创企业就有机会；
- 基于互联网的新公司有机会在创业期就"走向全球"；
- 在创业期就"走向全球"，可能代价高昂；
- 有机会一个国家一个国家地进行扩张，酌情提供不同的产品 / 服务。

传统上，在一个本地市场创业并逐步扩展客户群比较容易，但由于互联网的发展，建立全球性初创企业容易多了，它们的产品或服务可以在全球针对规模很小的、特定的客户群进行销售。有时候，本地化思维也可能意味着让竞争者进入，从而使一个好的商业创意丧失机会窗口。

研究你的市场 / 行业

你可能打算把你的产品 / 服务卖给个人或企业客户。基于案头的市场研究既可以帮助你评估市场的规模和增长，也可以帮助你了解个人或行业客户的概况。个人客户概况可能包括个人特征（人口统计学特征），比如年龄、性别、社会经济群体、职业、家庭位置、家庭生活阶段等。类似地，行业客户概况可能包括业务类型、规模、位置、技术性质、信誉等。这可能涉及理解客户购买的原因、地点和时间、已经建立的分销渠道的结构，以及可能对行业产生影响的经济趋势和其他环境趋势的性质。要记住，你需要了解市场或行业中的惯例，即使你打算改变它们。显然，对于一个成熟的市场 / 行业，你可能会找到这些信息，但对于全新或新兴的市场，研究则面临更多的问题。

基于案头的研究廉价而快捷，通常是获取背景信息的好办法。然而，它并不具体针对你的业务，而且可能不完整或者不准确，抑或是过时的。市场、部门和行业的信息一般会刊登在报纸、贸易杂志、行业调查和报告、贸易期刊或名录中，其中很多都可以从互联网上获取。有些网站会提供各种信息，但在英国，信息的主要来源是大英图书馆（British Library），这里存放着英国大多数全国性和区域性的经济和商业数据信息。案头研究可以提供关于产品开发、客户需求或特征、竞争者和市场趋势的信息。然而，对许多初创企业来说，本地信息比区域信息或全国信息重要得多，这些本地信息可能来自商会和其他本地化的帮助和咨询来源。

通过间断的创新或挑战市场范式的手段来估计一个全新市场的规模几乎是不可能的。然而，正如我们刚才所讨论的，即使是对一个既有市场的某个细分领域的规模进行估计都可能很困难，市场研究只能提供这么多数据。尽管你想推出一款新的智能手机应用程序，并且全世界有超过 10 亿部智能手机，但这个事实与你的愿景并不完全相关。你的应用程序可能是英文的，这就限制了市场规模，而且它可能只适用于一种操作系统。还有渠道的问题，即应用程序将通过什么渠道来销售。所有这些因素都限制了你所争取的市场，甚至在你考虑是否可能实现你的目标市场渗透率之前，这些限制就已经存在了。

你可以用价值或销量（单位）来衡量市场规模，但需要区分不同类型的市场，如图 4–2 所示。

1. 潜在市场（potential market）是指一般市场的规模，客户可能有兴趣购买某种产品（例如，10 亿部智能手机）。

2. 总体有效市场（total available market, TAM）是你有希望参与的市场的规模——那些处于潜在市场的客户可能有兴趣购买你的产品。它反映了竞争性产品的总销售额（例如，针对某一特定操作系统的英文应用程序）。

3. 可服务有效市场（served available market, SAM）是你在总体有效市场中希望服务的目标细分市场（例如，特定的应用程序功能）的规模。

4. 渗入市场（penetrated market）是你所获得的可服务市场的规模。

在考虑了人口统计学、地理、语言、技术等约束后，可服务有效市场就是你瞄准的细分市场。因此，你的市场份额等于渗入市场除以可服务市场。如果你正在寻找资金，你的支持者肯定希望你描述你的总体有效市场和可服务有效市场，并估计它们的规模和趋势。他们希望你能够解释和证明，你将如何获得你的渗入市场率。

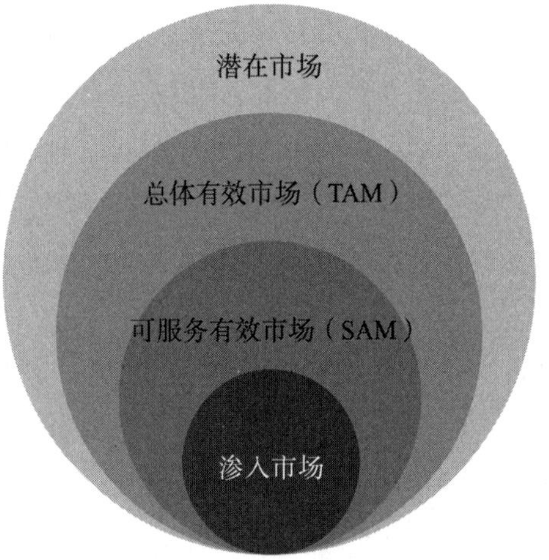

图 4–2 市场规模的定义

波特五力模型（Porter's Five Forces）可以作为一个有用的工具来研究一个行业的结构，评估其竞争程度，从而评估其利润潜力。这里的核心问题主要是相互竞争的公司之间的较量，其基础是竞争者的数量（碎片式对应统合式）、行业增长（生命周期阶段）和产品差异化程度。你的客户在市场中的相对力量非常重要（客户的数量越少，他们的购买力越高）。如果你要把产品卖给大型连锁超市，它们可能就会挤压你的利润。在这个行业里，竞争者能否轻易建立壁垒，还是存在进入壁垒？除了新进入市场者的威胁之外，还有来自替代产品的威胁。客户有多大可能停止购买你的产品 / 服务？波特的分析方法的关键是产品差异化和内在的转换成本，即转换到另一个产品的成本。你可能会怀疑在一个竞争激烈的行业中创业是否明智。然而，你想在一个竞争度很低的行业中立足可能也会非常困难，因为你的竞争对手的集中度很高，营销力量也很强。他们对你的进入会做何反应？更重要的是，如果新进入者和 / 或替代品的威胁很低，你将如何进入市场？

你的支持者会期望你对市场 / 行业及其趋势有一个透彻的了解。如果你正准备推出一种新产品，他们不仅会期望它像你所说的那样切实可行，而且还可能期望进行一些市场测试来评估客户对它的反应。与竞争对手的产品相比，他们会期望评估你的产品的优势和劣势。

识别你的竞争对手

和了解你的市场 / 行业同样重要的是识别你的竞争对手，你应该能够说出它们的名字。竞争者有以下三种类型。

- 直接竞争者。它们提供类似或相同的产品或服务。这些是最重要的竞争对手，因为它们直接参与竞争，你需要了解自己有何不同、如何比它们更好，以及你如何说服它们的客户转换到你这里来。
- 间接竞争者。它们提供相近的替代品。如果你有一种创新的产品或服务，可能就没有直接竞争者，但你仍然需要说服那些正在使用“较差的”竞争产品或服务的客户，让它们转换到你这里来。
- 未来的竞争者，即那些将来可能进入你的市场的竞争者。如果你的新公司成功了，就会引来竞争者。你需要考虑他们可能是谁，以及如何反击他们。

案头研究也许可以让你评估现有竞争者的产品 / 服务、规模、利润、运营方法和分销渠道等。最终，你必须判断出它们是否和你一样正在对同样的客户群体发力，以及他们的价值主张的质量如何。你有什么不同？你如何让自己的竞争优势可持续？这些都是我们将在下一章要讨论的问题。

你还应该评估竞争对手对市场的影响力。如果客户改变它们的购买来源，有时候就会面临转换成本。这些转换成本越高，就越能阻碍竞争者进入市场。一般来说，你面对的竞争对手越少，你的业务成功的可能性就越大。然而，在某些情况下，竞争者太少可能也是一件坏事。如果你进入一个高度集中的市场，那么可能就会出现少数竞争者联合起来阻碍进入的情况。高集中度也可能意味着竞争对手是规模更大、实力更强的公司，由于现有玩家占据主导地位，市场的进入成本也增加了。在进入一个由大公司主导的市场之前，你需要深思熟虑，因为它们有稳固的市场地位和成熟的资源来击退新进入者。最后，竞争者很少也可能仅仅是由于市场太小和 / 或没有吸引力。

不过，随着持续的创新，或者当你凭借自己的产品 / 服务挑战市场范式时，可能就会没有真正的直接竞争，至少在市场迎来新进入者之前是如此。这将使得我们重新审视市场准入壁垒，尤其是你的产品 / 服务可能享有的法律保护。同样，如果你正在寻找资金，你的支持者会期望你透彻了解你的竞争对手（无论其真实与否），以及它们的优势和劣势。毕竟，你将在市场上与它们展开竞争。

行业的未来

归根结底，你对行业分析是为了预测未来，即你可能面临的威胁和机遇。除非存在结构性原因，否则一个行业当下的盈利水平不太可能很好地预示未来，因为竞争者很可能会被吸引到行业中来。因此，你需要了解当前的行业和市场结构，然后看看它们会如何改变。

我们在上一章用来找出商业创意的技巧也可以用于分析行业的未来，比如你进入市场五年以后的趋势。

1. SLEPT 分析可以用来识别环境对行业的未来影响（你应该已经这么做了）。
2. 你可以把这些影响因素应用于你通过研究行业识别出来的大体趋势。这个行业是在扩张还是在收缩，是统合式还是碎片式？竞争在加剧吗？产品的差异化更大了吗？
3. 可以用未来式思维的技术建立一种场景，思考直接竞争者和间接竞争者对你进入市场可能做何反应，以及未来的竞争者可能来自何方。这一切会如何影响行业？如何影响你？
4. 你可以进行头脑风暴，探究你对这些趋势和竞争对手的可能反应。你可能采取什么战略？你需要修改或更改关于你的产品 / 服务的创意吗？你需要识别新市场和进入新市场吗？

场景规划（scenario planning）是一种试图评估未来状况对公司可能产生的影响的技术。我们可以通过 SLEPT 分析识别出被植入场景中的变化趋势和驱动力。这些状况必须是可能的、在逻辑上一致的未来，它们建立在你的公司的关键影响因素的基础上，通常包括一种乐观的、一种悲观的以及一种“最有可能的”未来。然后，备选行动方案或战略可以和这些场景相匹配。实际上，这些场景被用来测试你的初创企业的战略的敏感性。它们还可以对环境现状的假设提出挑战。在 2008–2009 年的金融危机之后，乐高公司开始将场景规划作为其制定年度预算过程的一部分，用这个方法为公司识别出来的每一种“危机”场景制订相应的应急计划。

案例洞察

诺和诺德——糖尿病与肥胖症 2025 年：场景规划

2006 年，丹麦的跨国企业、世界领先的糖尿病治疗方案提供商诺和诺德（Novo Nordisk）公司委托另类未来研究所（Institute for Alternative Futures）为糖尿病和肥胖症设计四种场景，这两种疾病在西方世界被视为一对即将到来的孪生流行病。目前，美国有 2080

万人患有糖尿病，研究估计，除非采取行动，否则这个数字到2025年将增加一倍以上，达到5000万。设计这些场景旨在展示各种行动的影响——如果继续保持当前的发展态势，这对孪生流行病会变得多么严重，阐明避免危机的可选方案，并说明只有学习如何应对糖尿病和肥胖症的挑战才能够在完善医疗保健体系中起主要作用。从一个场景开始对现状进行一种假设推演（其结果是2025年美国将有5000万糖尿病患者），在随后的每个场景逐步纳入更多的糖尿病控制因素，阐述这些行动的后果，第四个场景展现出的是最全面的控制方法。

用这种方法审视未来，应该能让你看到五年后可能面临的一系列风险和机遇，你需要思考如何应对它们。反过来，如果风险或机遇的确成了现实，那这样做就可以让你形成可能采取的战略选择。你能够识别的战略选择越多，你的灵活性就越大，它们是你和潜在投资者的真正价值源泉。展现出较多选择和/或机会的公司比那些选择和机会较少的公司更有吸引力。同样地，与那些使用方式有限的资源相比，可以以多种不同方式使用的资源更有吸引力，这样的资源更值得拥有，而不是去租借或购买。

案例洞察

比尔·盖茨和微软：展望未来

1995年，在比尔·盖茨卸任微软公司首席执行官的五年前，他写了一份非常具备前瞻性的内部备忘录：

> 接下来的几年，互联网的发展将确定我们的行业在未来很长一段时间的方向……我经历了互联网发展的几个阶段，越来越明白它的重要性。现在，我把互联网的重要性定为最高级。在这份备忘录中，我想明确表达，我们对互联网的专注对微软公司的每个部门来说都至关重要。自从1981年IBM个人计算机问世以来，互联网就成了最重要的一个发展。

到了2013年，微软公司还未能成功地聚焦于互联网的重要性，所以落后于竞争对手。随着Windows和微软Office的销售额急剧下降，微软公司宣布了一项“意义深远的公司重组”，使其能够更迅速地应对变化，“把整个公司聚焦于一个单一战略上”涉及解散产品部门并重组成工程、市场营销、先进战略和研究等职能部门。这个动作是否太小、来得太晚？只有时间才能证明一切。

你对当前和未来竞争的审视应该也会开始形成一系列关键成功要素（critical success factors）——它们是确保你生存下去和成功所需的东西。它们可能来自你的场景规划，而且在你开发自己的商业模式时也肯定会被放大和发展。你要回答的问题有：

- 竞争的驱动因素是什么？
- 竞争对手遵循的行业、绩效和客户惯例是什么，它们对客户有多重要？
- 竞争的主要方面是什么？
- 竞争有多激烈？
- 你如何能够与众不同并获得竞争优势？

对于成功至关重要的下一个考虑因素是：谁将成为你的客户？他们想要什么？以及你将如何说服他们购买你的产品或服务？这些都是我们将在下一章讨论的问题。

案例洞察

亚马逊、苹果、Facebook、谷歌和微软：定义一个市场

在飞速发展的、由技术驱动的互联网世界里，市场和行业之间的界限正在变得模糊，有时候会难以识别竞争对手。当真刀真枪的斗争是为了一个尚未被正式定义的新兴市场时，情况尤其如此。数字时代的五大巨头——亚马逊公司、苹果公司、Facebook、谷歌公司和微软公司之间的战役就是如此。在撰写本书的时候，这场争斗仍在进行中。在过去，这些公司提供硬件、软件和各种服务，每一项内容都"不离本行"，并专注于其核心市场。然而，通过 Wi-Fi 和 4G 进行连接的平板电脑和智能手机等新硬件，以及以应用程序的形式呈现的新软件正在打破这些壁垒。

这场战役的目的是成为一切数字化需求的唯一提供者，在最佳的在线平台——一种数字化的公用设施，全天候地、随时随地为我们的"需求"提供多种多样的服务。回报不只来自可能购买的商品或服务的利润，还包括用户的数字化足迹（通过他们的 IP 地址来识别），即他们上网冲浪和购买的习惯——喜欢什么和不喜欢什么，包括一天之中在互联网上花费的时间，甚至他们的位置。所有这些信息都是实时、自动收集的，对广告商和销售人员都非常有价值，可以让他们在特定的时间、特定的地域范围提供有针对性的广告。比如：

- 亚马逊知道你在阅读什么；
- 苹果知道你买了什么；
- Facebook 知道你喜欢什么；
- 谷歌知道你想要什么；
- 微软知道你住在哪里。

这些公司的目标是提供“通过互联网服务”的最佳在线平台。它们提供的服务越多，可能吸引的客户就越多，获得的广告收入也就越多。然而，五大巨头中的每一家都是以新的产品和服务，以及截然不同的优势和核心竞争力，从不同的已有市场进入这个新市场的。

亚马逊发端于图书在线销售，现在它几乎销售所有的东西。然而，随着 Kindle 的推出，图书实现了在线购买和阅读，它因此进入了硬件市场（制造被分包出去）。亚马逊的彩色触摸屏 Kindle Fire 预装了你的亚马逊账号，这招很管用，它不仅使用起来更容易，而且附带了社交网络，将你和其他购买相同书籍和电影的人联系了起来。亚马逊还提供了一个新的应用程序商店、在线支付系统、电视和电影流媒体，以及云计算设施。

苹果已经成为一个标志性设计师品牌，提供从电脑到 iPod、iPhone 和 iPad 的高价优质的电子产品。它还将 Twitter 整合进了所有的苹果设备中。苹果通过 iTunes 重新定义了音乐的销售方式，又通过 iBooks 重新定义了书籍的销售方式。它也为其设备提供了一系列应用程序。它还推出了可以上网的苹果电视，通过 iTunes 来销售电影和电视节目；可以让客户在苹果的服务器上存储数据和信息的 iCloud。苹果公司还坐拥 1000 亿美元现金——这比其他四家公司中的任何一家都多。

谷歌不仅是一家公司的名字，而且还成了一个动词，用来描述我们在互联网上搜索信息时所做的事情。除了信息搜索外，它还提供地图、图像和许多其他服务。谷歌 Gmail 的市场地位已经确立，而 Gmail+ 旨在使其更加社交化，这就与 Facebook 形成了直接竞争。谷歌公司有自己的 Chrome 网络浏览器。2012 年，它的安卓操作系统比苹果的 iPhone 拥有更多的用户，占到了全球智能手机销量的一半以上。它还和一系列合作伙伴制造手机和平板电脑，其中包括三星和 HTC，而且它在 2012 年并购了摩托罗拉的消费者事业部。它现在以 Google Nexus 的品牌名称制造自己的智能手机和平板电脑。此外，它还有谷歌音乐（Google Music）提供音乐下载，现在又拥有了 YouTube，你可以在上面观看和租借电视节目和电影，它还计划推出谷歌电视（Google TV）。它有自己的在线支付系统——谷歌钱包（Google Wallet）。

Facebook 这个无处不在的社交网站对自身进行了改进，现在提供了类似 Google+ 的许多功能。2013 年，它推出了一个“更广泛、更社交化”的电子邮件系统，（据说）可能会让 Gmail 显得“老气横秋”。它也即将推出自己的 Facebook 手机，可以把最新的照片和状态一键上传到 Facebook 页面。它与影视网站奈飞（Netflix）、Spotify（音乐流媒体）和 Zynga（电脑游戏）结成了战略联盟，打算推出 Facebook 电视、Facebook 电影、Facebook 音乐和 Facebook 游戏。它甚至有 Facebook 信用币，这是一种用于电脑游戏的虚拟货币。它推出了自己的内部搜索服务，该服务基于 Facebook 用户提供的数据而不是计算机算法。它的部分资金来自 2012 年 Facebook 的上市，估计当时筹集了超过 50 亿美元。

微软的成名早于其他四家公司，是从提供无处不在的 Windows 操作系统和微软办公软件开始的。它也有电子邮件软件 Outlook Express。许多计算机出厂时就已经安装了它的软件，包括互联网浏览器——这成了某些反垄断行动的主题。它还提供诸如 Azure 等服务器应用程序和云计算服务。它有包括 Xbox 视频游戏在内的娱乐系统、手持式 Zune 媒体播放器、以及基于电视的互联网机顶盒 MSN TV。微软还向市场上销售个人电脑硬件，包括鼠标、键盘和游戏手柄控制器。可以说，它错过了互联网革命，也就是从那时起，它一直在追赶，经常通过并购来扩张，比如靠必应（Bing）进入搜索引擎领域。它还收购了视频通信公司 Skype，并与诺基亚结成战略联盟，用自己的操作系统 Windows Phone 来生产智能手机。它也效仿苹果，开始开设自己的零售店。

所有这一切都带来一个问题，即这种竞争趋同会走向何方？将来会有一个赢家吗？我们会将这个新行业称为什么呢？

问题：

1. 这五家公司起初来自什么行业 / 市场？
2. 为什么这些市场会趋同？
3. 这个新行业 / 市场可能会是什么样子？

小结

- 对于你将要经营的业务所处的市场或行业，你需要辨识并且能够描述其特点。然而，很难判断如何划定边界。
- 案头研究既便宜又快捷，它还可以帮助你估计你的市场规模。
- 你的总体有效市场是你的潜在市场规模，即那些可能有兴趣购买你的特定产品的人。这反映了竞争性产品的总销售额。你的可服务市场是你在总体有效市场中希望服务的目标细分市场的规模。你的渗入市场是你实际获取的可服务市场的规模。你的市场份额就是你的渗入市场除以可服务市场。
- 波特五力模型将帮助你评估成熟行业内的竞争程度。
- 在一个行业内，单个公司的盈利能力差别很大，这意味着你的战略选择和战略执行同样重要，可能比你对行业的选择更加重要。

- 你对行业进行分析是为了预测未来，即你可能面临的威胁和机会。你可以采用诸如SLEPT分析、头脑风暴、未来式思维和场景规划等技巧来帮助自己做到这一点。

- 你的分析应该会促成一系列风险和机会以及战略选择，如果这些风险和机会成为现实，你可能会采取相应的战略选择。你能识别的战略选择越多，你的灵活性就越大。它们是你和潜在投资者的真正的价值源泉。

- 你的分析也应该会形成一系列关键成功要素，也就是你为了确保生存和成功所需要做的正确的事。当你开发自己的商业模式时，这些因素会被放大并得到发展。

NEW

VENTURE CREATION:
A FRAMEWORK FOR
ENTREPRENEURIAL
START-UPS

第 5 章

构建你的商业模式

识别你的细分市场

商业模式在新公司创立框架中居于核心位置。构建你的商业模式的第一步，是为你的商业创意确定细分市场和核心价值主张——你的客户是谁、他们想要什么，以及他们为什么要从你这里购买。一家公司只有为客户提供符合其实际需要的价值主张或能为其解决实际问题才能取得成功。最初的目标市场，也应该是那些因其他解决方案没那么令人满意，所以需要你的方案来帮他们解决问题的客户群体。当客户都是个体的时候，通常可以按某种有意义的方式，如通过识别他们的不同需求或问题，对他们进行分组，这就叫作细分市场。

正常情况下，只有通过分组才能经济地与客户交流。对于一家初创企业而言，关键是要识别出三四个明确定义的、重要的、规模可观的细分市场，并将有限的资源聚焦于这些细分市场。然后，就可以根据这些不同细分市场的客户需求制定营销组合、营销和沟通战略。当然，你不会拒绝那些不属于这些细分市场的客户，这只是关乎你如何将有限的资源集中在可能获得最大回报的地方。

进行细分市场的方法有很多，并没有一定之规。细分市场以客户的产品 / 服务需求，也就是他们正在寻找的利益，来匹配客户群体。细分可以是任何一个或一组描述性的要素。个人客户的描述性要素可能包括个人的人口统计学信息（如年龄、性别、社会经济群、职业、家庭生活阶段等）、地理位置、用来把产品推向市场的分销渠道等。企业市场的描述性要素可能包括业务类型、规模、位置、技术性质等。你寻找的是具有相似需求的客户群，他们可以按某种有意义和有用的方式来进行识别和描述。你寻找的是一个市场空白，即某个特定的能够被满足而又没有得到满足的细分需求。

一个细分市场要能成立必须具有如下特征。

1. 具有明显不同的需求，以区别于其他细分市场。没有这一点，细分市场的边界很可能过于模糊。

2. 规模足够大，或愿意支付足够高的价格，使该细分市场在商业上具有吸引力。还可能出现的情况是，市场之所以存在空白是因为它在商业上不可行。

3. 可到达。市场空白可能在现实中并不存在，因为传播渠道或分销渠道到达不了这个细分市场。

4. 可以防御竞争对手。如果这个细分市场无法防御竞争对手，例如，这是一个大宗商品市场，那么随着竞争的加剧，价格和利润就会迅速降低。

细分市场的规模各不相同。量身定制的产品或服务对应的细分市场越精细，客户的满意度可能就越高，但成本也可能越高——价格也是如此。我们都喜欢个性化服务，而终极的细分市场就是由一个客户构成的。

然而，它也许不是一个在商业上可行的细分市场。趋势是朝着市场细分越来越精细的方向发展的，特别是由于互联网更容易将客户与不同地域范围的类似需求联结起来。面向狭小的细分市场的公司可能面临的危险是过度依赖小客户群。如果客户的口味变了，细分市场可能也就消失了。

定义你的价值主张

价值主张是指客户为什么从你这里而不是从另一家公司购买产品或服务。客户购买一种产品或服务是因为它提供了某种利益，或者为他们解决了某种问题。一种产品或服务的各项特性必须结合起来，给客户带来利益，否则他们就不会购买。不同的细分市场可能在寻找不同的利益。一辆汽车的各项特性结合起来提供了交通运输的利益，但客户并不仅仅是在寻找交通工具，不同的客户有不同的需要，这就是为什么汽车有各种类型且制造商为数众多。

有一种广泛使用的、用来描述产品或服务的特性的技术，即营销组合，或者简称为“5P”，代表产品 / 服务（功能规格、设计等）、价格、促销（或传播）、销售地点（包括分销渠道）和人员（或相关服务）（如表 5–1 所示）。客户购买的不是特性，而是所有这些特性能够为客户带来利益，从而增强了价值主张。客户购买的是一揽子营销组合，所以这个组合必须是一致的——强化客户正在寻找的整体效益。营销组合的强弱取决于其最薄弱的环节。例如，对一个高质量产品定了一个低价，可能会危及销售，因为它传递了一个混淆的信息，并引发了可信度的问题。高质量的产品可以收取高价，但营销组合的其他要素仍然需要与此相一致。

对于一家缺少资金的初创企业来说，创始人就是整个营销组合的核心。必要的话，他在营销上可能亲力亲为，并进行面对面的营销。他们可能利用自己的人脉关系来寻找客户和供应商，并可能与客户建立牢固的个人关系，以确保重复销售。这可能成为一种独特的竞争优势，使初创企业比大公司更能为客户增加价值。实际上，一个特别有效的创业战略就是，识别出一个客户关系薄弱的部门，并通过加强客户关系来创造价值。长远来看，这种关系可以发展成一个独特的品牌。客户关系是营销组合和营销战略的一个重要组成部分。

尽管营销组合中的任何单个要素可能并非独一无二，而且往往很容易被复制，但这些单个要素组合起来可能产生某种独特的、与众不同的东西。独特之处就在于这个组合，而非个别要素，这可以提供一种胜过竞争对手的差异化优势。如果这种组合足够独特，那它可能会挑战现有的市场范式。建立一个抓住要素的独特性品牌，这本身就可以为价值主张增加价值。如果将客户的转换成本置于价值主张中，那就可以劝阻他们从竞争对手那里购买，从而增强你的竞争地位。或者你也可以不把成本置于你的价值主张中，从而为忠诚客户提供额外的好处。

表 5–1　营销组合

产品 / 服务	价格	促销	销售地点	人员
· 质量	· 标价	· 传播	· 位置	· 关系
· 性能	· 折扣（数量、忠诚度等）	· 广告	· 布局	· 服务
· 设计	· 拍卖	· 公共关系	· 分销渠道	· 建议
· 新颖度	· 协议价	· 口碑	· 零售 / 批发	· 支持
· 颜色	· 付款条件	· 展会和展览	· 互联网	· 合作伙伴关系
· 规格	· 特价	· 赞助	· 电话	
· 技术参数	· 差别定价或分段定价	· 竞争	· 面对面销售	
· 定制化		· 销售点展示		
· 包装		· 品牌		
· 便利性				

核心价值主张

有人认为，只有三种核心价值主张可以提供实现可持续竞争优势的基本途径，如下所示。

- 低价格 / 低成本。这里的客户最看重低价。在这种情况下，低价只能通过低成本来实现，如果可以实现规模经济，那么公司就必须迅速实现，这样才能生存下来。这些产品几乎都是大宗商品。
- 高度差异化。比起价格来，这里的客户更看重营销组合的其他要素，因此愿意为溢价买单。产品 / 服务质量往往是差异化的一个关键要素，但你提供的产品 / 服务利益越多，你就越有办法区别于竞争对手。
- 客户聚焦。第五个 P（人员或服务）在这里非常重要，而且要确保为客户提供的产品 / 服务是为他们的具体要求更加贴身定制的。客户聚焦的关键在于与他们保持紧密关系的能力，与之相伴的是有效的市场细分。

每一个核心价值主张都有不同的业务要求，如表 5–2 所示。业务要求是你需要掌控的东西，否则你就会面临无法交付你的价值主张的风险。业务要求往往会转化成你的企业的关键成功要素，也就是你必须做的正确的事情，而它们的成果可能与关键的里程碑联系在一起。这些业务要求可能相互矛盾，特别是在低成本 / 低价格和其他两个主张之间。因此，有些大公司基于不同产品线的价值主张，对自己的活动进行分门别类的处理，成立聚焦于那些有特殊核心价值主张的产品的独立机构。这样，这些规模较小的组织的管理者就有了明确的业务要求。

表 5–2　　**核心价值主张和业务要求**

低价格 / 低成本	高度差异化	客户聚焦
· 通过规模经济维持成本领先 · 不断压低成本 · 实现高销售量 · 提高效率 · 标准化	· 了解差异化优势的基础 · 构建在差异化优势基础上 · 建立进入壁垒 · 打造品牌 · 不断创新 · 鼓励创意和创新	· 与客户保持紧密关系 · 与客户需求保持联系，理解客户需求的变化 · 保持客户忠诚度 · 最大限度地销售给现有的忠诚客户（范围经济） · 打造品牌

案例洞察

易捷航空（1）：低成本/低价格战略

有一家公司成功地遵循了低成本/低价格战略，这就是易捷航空公司（easyJet）。它是由伦敦商学院毕业的MBA学生斯泰利奥斯·哈吉–艾安诺（Stelios Haji-Ioannou）创立的。1995年，他从他的父亲——一位希腊船王那里借了500万英镑来创立公司。易捷航空公司复制了美国西南航空公司的商业模式，改变了行业的市场范式，从而在欧洲开创了一个低成本航空旅行的全新市场。公司改变了欧洲的航空旅行市场，击败了许多模仿它的竞争对手，如今它是一家行业领先的欧洲航空公司。易捷航空公司在2000年上市，这给斯特利奥斯带来了2.8亿英镑的利润。

在创立公司七年后，斯泰利奥斯仍拥有公司29%的股权，他意识到自己不适合管理一家上市公司。他更适合做一位连续创业者，所以在2002年，年仅35岁的他辞去了董事长的职务，接替者是时年62岁的柯林·钱德勒爵士（Sir Colin Chandler），此前在伦敦的金融机构从业，曾担任过维克斯防务系统公司（Vickers Defence Systems）董事长、史密斯集团（Smiths Group）副董事长和Thales的总监。

低价格的一个核心战略就是把成本压低，这对易捷航空公司及其竞争对手来说有着诸多含义。该公司的飞机是租用的而非自有的。低成本来自两个驱动原则——第一，让资产"大汗淋漓"，或者说是最大限度地利用资产；第二，高效率地运营。易捷航空公司是"点对点"飞行（平均航程约1000千米），不必像英国航空公司（British Airways，简称英航）这类传统航空公司一样担心联程航班和网络问题。易捷航空公司的飞机每天飞11个小时——比英航多了4个小时。他们的飞行员每年飞行900个小时，比英航的飞行员多了50%。就运营效率而言，这意味着如下特征。

- 飞机从低成本机场起飞。这些机场通常不是目的地的主要机场，也可能离目的地有一定的距离。
- 飞机的行程排得很紧，快速周转是至关重要的。低成本航空公司的目标是只留25分钟来卸下一组乘客并装载另一组乘客，这比传统对手少用了一半时间。
- 飞机必须准时起飞和到达（他们不会等乘客），因为延误会给时间表带来可怕的连锁反应。不过，准点率参差不齐，在某些航线上，廉价航空公司和传统航空公司做得一样好。
- 系统中没有"懒散懈怠"。易捷航空公司承认，在盖特威克机场和希思罗机场，有"一架半飞机"的闲置产能，而英航则有一打的飞机在待命。如果一架飞机出了故障，这会导致航班取消和长时间延误。

- 和传统的竞争对手相比，易捷航空公司的乘务员更少，而员工排班是一个重要的后勤问题。
- 所有的操作和流程必须精简，并尽可能简单。

就客户服务而言，这意味着如下特征。

- 没有纸质机票，没有座位预订。
- 只有一种舱位，这意味着每架飞机上有更多的座位，但没有诸如免费饮料、膳食或指定座位等“额外服务”——所有的额外服务都必须付费。
- 行李限重低于传统航空公司，行李延误或遗失没有赔偿。
- 不保证中转，因为飞机可能晚点。
- 登机和下机一般不用登机桥，因为这会增加成本。
- 集中于点对点航班，而传统航空公司倾向于集中在中心辐射式交通。

人们关于低成本航空公司的担忧之一是，为了削减成本，它们会不会在安全性方面进行妥协？英国航空飞行员协会声称，低成本航空公司的飞行员为了达成航班时刻表而试图抄近路。业内人士都知道，1996 年，美国的低成本航空公司瓦卢杰公司（Valuejet）有一架飞机坠毁，机上 110 人全部遇难，随后它就破产了。然而，通过与业内一些知名的维修商合作，易捷航空公司把安全性提升自己的第一优先考虑要素。和其他低成本运营商一样，它只运营一种型号的飞机，这带来了采购、维修、飞行员培训和飞机使用的经济性。

易捷航空公司已经开始不再只聚焦于低成本运营，也在谋求增加客户价值，例如飞往更接近大城市的机场。亚洲航空公司现在被视为世界上成本最低的航空公司，紧随其后的是瑞安航空公司——易捷航空公司的竞争对手之一。有趣的是，瑞安航空公司对自己的准点率非常缺乏信心，以至于它建议乘客不要预订联程航班。

人们一般认为，易捷航空公司有一个出色的品牌战略——起初是围绕其创始人所做的公共关系宣传，而且它拥有业内最佳的网站之一。它积极推广自己的品牌和进行广告促销，使客座率最大化。它认识到，飞机必须有较高的客座率在经济上才合算。为此，它在定价上特别有创意，鼓励真正想捡便宜的人在白天搭乘非热门航班，并宣传提前预订享有更便宜的票价。易捷航空公司的互联网虚拟票务业务一直位居前列，现在它所有的机票都在线销售。这意味着它不需要给旅行社支付佣金，旅客办理登机手续可以更快速、更高效。它的网站被推举为行业典范，是很多公司的模仿对象。对于每个访问其网站的旅客，易捷航空也尝试通过提供机场停车、汽车租赁、酒店预订等其他服务来获得更多的销售。

在一个快速增长的市场中会出现规模经济，竞争者为了夺取市场份额，在欧洲市场进行了激烈的价格战。易捷航空公司积极并购竞争对手（例如在2002年收购了Go Fly航空公司），购买新航线和降落权，使自己拥有了全面覆盖欧洲的网络，并确保自己所需的规模经济——这一点可能很难保证。如今，低成本航空业已经很成熟了，进入市场比以前难得多。亚洲航空公司在2002年进入该市场，复制了成功的低成本模式，但它进入的是一个没有竞争者的新市场。

问题：

1. 从所给的信息中，用新公司创立框架为易捷航空公司找出尽可能多的商业模式。在其价值主张中，竞争优势的关键要素是什么？
2. 对易捷航空公司的业务要求是什么？说明这些要求是如何实现的。
3. 描述易捷航空公司的核心价值主张瞄准的细分市场。它可能无法吸引哪个细分市场？
4. 和客户满意度相比，低成本有多重要？哪个更重要，为什么？你如何对核心价值主张进行妥协？
5. 如果你开始对自己的核心价值主张进行妥协，你必须走多远才能使它不再成为核心？

在同一个行业中，如果市场足够大而且类型众多，不同的价值主张就可以并存。例如，像美国西南航空公司、易捷航空公司和亚洲航空公司这种低成本航空公司的商业模式，就和达美航空公司、英国航空公司、阿联酋航空公司等旗舰级运营商的商业模式很不一样。戴尔公司和苹果公司都在个人电脑市场取得了成功，但它们采取完全不同的战略来服务不同的细分市场。成功当然没有黄金配方。

然而，竞争对手通常会尝试复制成功的价值主张，而事实也往往证明，今天新颖的商业创意，到明天就成了常态。所以问题就是，差异化的要素能维持多久？需要不断地审视对抗竞争对手的绩效表现。价值主张需要不断地加强、改进。最终，也可能需要对它们进行变革，而这么做就涉及一家公司的核心技能、能力和竞争力，以及它应该采取的战略。

案例洞察

戴尔公司：改变你的价值主张

戴尔公司同时采纳低价格/低成本和客户聚焦的价值主张（直接销售和允许客户配置自己的计算机）。在提供物有所值的电脑方面，戴尔公司是市场的领导者，因为它整合了自己的供应链和网上零售业务。它这种完全集成的价值链——一种C2B的商业模式，意味着客户可以配置自己的电脑并在线下单，同时供应商可以实时获取订单和交付，因此戴尔公司能够保持基于及时盘存来获得库存，让装配线不停地工作，并使自己的成本最小化。它们把这个整合价值链中的很多创新注册了专利，但最终竞争对手也能模仿这样的技术发展并整合其供应链，以实现类似的成本节约。戴尔公司差异化优势的这个要素现在已经不那么有效了，问题在于戴尔公司与客户的直接关系现在是不是比它的低价格 / 低成本主张更有价值。如果是，那么戴尔公司可能也想直接向客户销售其他数字消费电子产品和办公自动化设备。实际上，它已经开始这样做了。还有，它为什么不把更多的装配工作分包出去，而把关注点放在客户看重的直接关系这个核心优势上呢？它已经开始做这么做了，也引发了许多关于戴尔的活动范围和其业务领域性质的问题，但这并无新意。亚马逊从在线销售他人生产的有形产品（书籍、CD、DVD 等），到在线销售虚拟物品（电子书和音乐），再到销售其自有品牌的电子书 Kindle（并非由它自己制造），用于书籍和音乐的购买和消费。正如我们在上一章所看到的，它现在是个“大数据”公司，正在努力成为我们一切数字化需求的唯一提供商。

利基营销战略

同时提供高度差异化和客户聚焦的公司，据说有一种利基营销战略。市场聚焦涉及对相对极少的客户进行深入的需求了解，因此有更大的余地来实行差异化。这通常包括瞄准较小的市场，因此对较小的企业来说有更多的机会。相关研究告诉我们，这是初创企业最有可能成功的战略，因为它们可以收取更高的价格，也更可能维持其差异化优势，因为较小的细分市场不会吸引竞争对手，至少在最初阶段如此。更有甚者，互联网意味着市场利基可以是全球性的，因此在可能清楚地识别出少数客户的需求的同时，这个细分市场的全球规模可能是相当巨大的。一旦初创企业统治了一个利基市场，它就可以迈向另一个利基市场。

通常，价格和营销组合的其他要素之间存在着一种权衡取舍。其他要素越强大、越有特点、越不同，通常你的要价就越高。有太多的小公司主要靠价格来竞争，因为它们不理解其他要素是如何为客户增加价值的。它们认为，与竞争对手相比，自己的营销组合中的其他要素差异化不足。

一家生产汽车零部件的小公司发现自己竞争不过一家大型跨国公司，后者一直在降价。它确定自己无法依靠卓越运营或低成本的价值主张来生存下去，决定要重新考虑一番了。它对客户和市场进行了研究，发现高技术规格的产品有很多机会，其中质量和供应商的信誉比价格更重要——这是一种产品领先和差异化的价值主张，因此它决定改变自己的战略。

事实证明，小批量和高价格的专业产品是一个更可持续的战略，而且随着时间的推移，它能够和自己的一些老客户建立起紧密的关系，并成为一个有名的利基玩家；否则它就可能处在一个高度竞争的行业。

案例洞察

国都电声：利基市场

英国的国都电声是一家总部位于亨廷顿的家族公司，在产品差异化方面做得非常成功，它面向一个规模很小但利润丰厚的细分市场。最初它是由彼得·沃克（Peter Walker）在1936年创立的一家“声学产品制造公司”，生产“公共广播”系统。如今，它的银灰色的、造型古怪的音频设备看起来与众不同，而且音质也超级棒。当日本的“竞争对手”每年推出新型号时，国都电声却一成不变，经久不衰。它最早的静电式扬声器已经投产28年了。国都电声是质量、可靠性和原创性设计的代名词，但它们并不便宜。目前的型号售价超过3000英镑，而且70%的销售额来自出口业务，特别是美国、日本和欧洲的一些国家。

案例洞察

逃往海角：利基市场

“逃往海角”（Escape to the Cape）是沙希德·易卜拉欣（Shaheed Ebrahim）于2010年在南非创立的公司。在南非，旅游业是个竞争激烈的行业，但该公司提供的是开普敦周边的差异化导游业务。沙希德花了约4000美元注册了自己的公司并拿到了一个域名，然后依靠一笔32 000美元的抵押贷款，买了一辆七座巴士，他给巴士配备了最新的互联网技术。除了专业导游，巴士还配备了Wi-Fi，客户可以免费借用平板电脑来上网收发电子邮件，登录Facebook或Twitter，给他们的家人和朋友发送电子邮件以及旅途的照片和视频，他们甚至还可以用Skype和亲友交谈。每个座位都有给移动设备充电的设施，巴士上有冰箱，提供各种饮料，包括免费的冰水。沙希德赢得了南非2011—2012年度旅游新锐企业家奖。

案例洞察

摩根汽车公司：利基市场

摩根汽车公司是通过收取更高的价格来产生更高利润率的。它成立于1909年，是世界上最古老的私营汽车制造商，制造典型的英式跑车。每一辆摩根汽车都是手工打造的，看起来就像是来自20世纪30年代。每一辆车都不相同，车身颜色和皮革内饰的搭配有35 000种选择。公司制造一辆汽车需要七周时间，它们还会邀请客户到工厂来参观整个制造过程。摩根每年大约只卖500辆汽车，半数销往海外，需求超过了供给，这让公司在变幻莫测的市场面前有了缓冲。在利基市场中，摩根是一家独一无二的汽车制造商。

设定价格

定价是营销战略的一个关键要素，与其说它是一门科学，不如说它更像一门艺术。你可能对自己的产品有一个标价，或者对不同的细分市场有不同的价格。或者，你也可以对自己产品的价格进行竞拍或谈判。你可以根据购买类型提供折扣，比如按照购买量、忠诚度，甚至是即时付款来打折。在销售的时候，可以提供特价。

基本原则是，为一种产品或服务收取的价格应当反映出给客户提供的一揽子好处的价值。对于不同的客户以及在不同的情况下，价值可能会有所不同。例如，拿紧急情况下的管道工作的价格与常规情况来对比，溢价反映了客户的房子免于水淹的好处。然而，正如营销组合所反映的那样，应急服务的特点必须反映客户正在寻求的好处：便于电话召唤、24小时快速有效的服务、清理、保险索赔方便等。类似地，一家诸如易捷航空公司这样的廉价航空公司，对于本质上相同的服务，即从一个地方到另一个地方的交通，可以通过提前预订或非高峰票价收取不同的价格。然而，竞争公司通常会对类似的产品或服务有一个现行的收费标准。

在定价决策中，一个要素是你的成本。很多人采用所谓的成本加价或全成本定价法，这需要知道生产产品或交付服务的总成本，并将其除以预期的销售数量，得到平均成本，然后在这个上面叠加一个目标加价。有些成本是固定的，通常称为管理费用，不会随着销售数量而变化（例如设备折旧、租金和部分工资）。因此，如果没有实现预期的销量，那么会发生什么情况呢？同样的固定成本要由更小的数量来分摊；这意味着你需要收取一个更高的价格来覆盖管理费用——这个战略本身可能导致销量下降。如果数量大于预期，则情况正好相反。

另一个基准是产品或服务的可变成本，即生产一个额外单位的成本（例如材料成本、零部件成本和计件劳动）。一般来说，你不能只按照可变成本来收费，因为这样你没有收回那些固定的管理费用。除非价格高于可变成本，否则就没有生产的动机，因为卖出的每一个额外单位都会造成一份额外的损失。然而，如果你想对不同的细分市场收取不同的价格，那这些价格可以和你的可变成本一样低，只要你收取的平均价格高于全部成本。你的可变成本越低，你在定价中的裁量权就越大。这就是为什么低成本航空公司的非高峰票价可以比高峰票价低得多。当飞机没有满舱时，非高峰时段搭载乘客的额外变动费用是非常低的。

因此，定价是一个判断问题。图 5–1 显示了定价的范围。短期价格的最低值是根据可变成本设定的，但长期生存能力是根据全成本价格设定的，客户所得价值的平均值必须高于这个价格。然而，这可以由面向不同细分市场的一系列价格组成，其中一些可能低于全成本（A、B、C 市场段）。

由于降价总是比提价更容易，所以不要把你的产品 / 服务的价格定得过低，这一点很重要。你收取的价格应该反映出客户所得的价值（如图 5–1 所示）。然而，如果客户表现出对这个价格的抵制，那么你可以提供一次性试销折扣，但这要跟你的启动战略相一致（见第 7 章）。通过这种方式，你就建立了市场价格，并且可以在适当的时候取消折扣。如果你可以针对具体的客户这么做，那就可以帮助你建立实际的客户所得价值。当你随后尝试取消折扣时，你可以重新评估对需求的影响。不过，对于大多数产品或服务来说，往往是价格越低，销量越高。问题在于，这是否会带来更高的利润——情况并非总是如此。

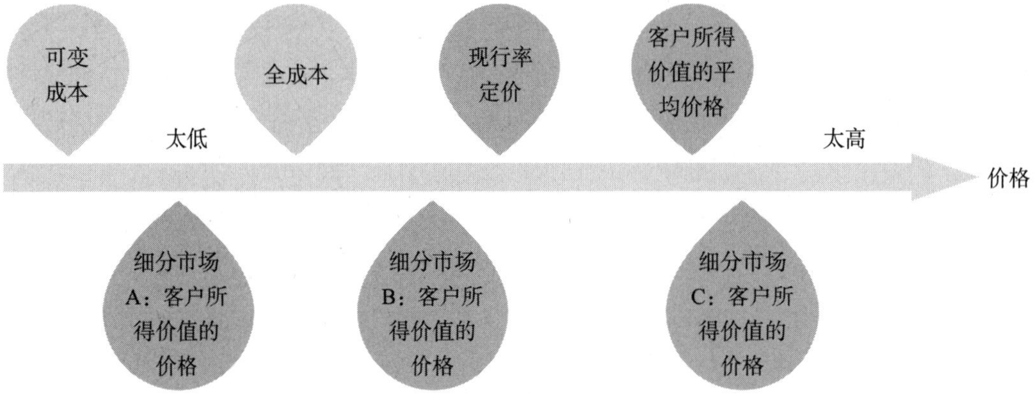

图 5–1　定价范围

价格与销量

需求对于价格变化会如何反应，这是由需求的交叉弹性决定的。产品或服务的差异越大，需求就越缺乏价格弹性——价格变化对销量的影响不大。产品或服务越是大宗商品，销量受到价格变化的影响就越大。价格弹性听上去可能是一个高度理论性的概念，但它的实际应用很重要。

表 5–3 显示了由于价格降低，需要增加销量来保持相同的盈利水平。这取决于减价前的

边际贡献率（销售价格减去可变成本，以销售价格的百分比来表示）。如果边际贡献率只有20%，而你受了诱惑降价 15%，那你就必须增加 300% 的销量，即销售额翻两番，才能赚到和以前相同的利润。利润率越高，影响越小，但即使是 40% 的边际利润，你仍然需要增加 60% 的销售额。

表 5–3 **减价对利润的影响**

		边际贡献率		
		20%	30%	40%
降价	–5%	+33%	+20%	+14%
	–10%	+100%	+50%	+33%
	–15%	+300%	+100%	+60%

反之，表 5–4 显示了在价格上涨的情况下，销量下降可以维持同样的盈利水平。在边际贡献率为 20% 时，可以看到，价格上涨 15% 会使销量减少 43%，仍然会产生同样的利润水平。当然，影响越小，边际利润就越高。但是，如果你同时削减管理费用（工作少了，为什么要维持同样的人员规模），你应该会看到利润增加。或者，你可能会决定重新安排这些管理费用来提高服务水平，以便为更高的价格进行辩护。无论是哪种方式，较低的销量可能都意味着股票持有和其他资本成本将会减少，这在资本稀缺时是一个重要的考虑因素。

表 5–4 **涨价对利润的影响**

		边际贡献率		
		20%	30%	40%
涨价	+5%	–20%	–14%	–11%
	+10%	–33%	–25%	–20%
	+15%	–43%	–33%	–27%

从这些表格中可以看出，如果你从事利润率微薄的工作，降价可能会导致销量的增加，但也可能导致利润下降。另一方面，尽管涨价会降低销量，但也可能导致利润增加。表 5–3 和表 5–4 显示了低利润率如何使你易于受到价格竞争的影响，而高利润率给了你更大的价格裁量权，可以让你进行差异化定价（图 5–1 中的细分市场 A、B 和 C）。

这些计算强调了理解与你的生意相关的成本的重要性。你的财务结构影响着商业模式、你所需的资金和你面临的风险。我们将在第 11 章讨论这一点。

了解你的客户

专注于你的细分市场的需求，并向每个细分市场提供与众不同的、差异化的价值主张，这是你制定营销战略的核心。营销组合的要素与其所瞄准的细分客户有关，这些要素共同构成了公司的营销战略。营销战略将价值主张传递给目标细分市场。营销战略就是一系列相关的任务，它们具有一致性，并提供了方向性。

例如，有一种笔是廉价的一次性圆珠笔，买来就是用作一个简单的书写工具。很显然，它对于最终客户的核心价值主张是基于低价格 / 低成本，而笔的制造商需要推动成本的降低和销量的提升。这种笔在销量超过 100 支以上的售价是几个便士，但在单独销售的时候则高得多（尽管成本仍然很便宜）。这些笔往往有一个低成本的、功能性的塑料壳，通常会有一个笔帽。两个最终的细分市场可能是个人客户和对笔有需求的组织的员工，这些细分市场的特点以及通向这些市场的路线如图 5–2 所示。笔的制造商需要了解这两个细分市场所寻求的利益。客户在寻找一种写起来令人满意，可以方便地买到，也很便宜的一次性笔。如果新技术可以造出更便宜、更方便的信息书写或传递方式，那这些客户可能都会停止买笔——由于智能手机和笔记本电脑的出现，这种情况正在发生。

然而，笔的制造商也需要了解通向市场的路径，如图 5–2 下部分所显示的。分销渠道对这个产品很重要，而且每个渠道都在寻找不同的好处，通常是利润和产品的可得性。如果制造商没有得到他们正在寻找的好处，那么他们也许永远不会向最终用户提供产品，无论这种产品有多好。

考虑一下面向单次购买的个人客户的市场途径（细分 1A）。购买的便利性是他们的首要考虑因素，对广告或促销没有期望，也不存在服务需求，因为笔很可能是基于自助式服务来销售的。营销组合的其他要素相对而言并不重要，所以来自类似的笔的制造商的价格竞争很激烈。这些客户通过像报刊亭或文具店这样的零售商来买笔，零售商通过批发商来批量买入。就像批发商一样，零售商追求的好处也是利润——这意味着它们的边际利润越高，产品就越有吸引力，它们也就越有可能突出地展示这支笔。实际上，它们可能会被说服只囤积这支笔，而不是囤积竞争对手的笔（这叫作“供应推动”）。然而，边际利润必须足以让批发商和零售商都感到满意。由于“免费”的销售点展示，零售商可能被鼓励购买这些笔。同时，及时交货、交付的可靠性提升、配送时间的改善，可能会让批发商既降低自己的库存成本，又能减少库存——这有助于区分这家制造商和其他制造商的真正好处。

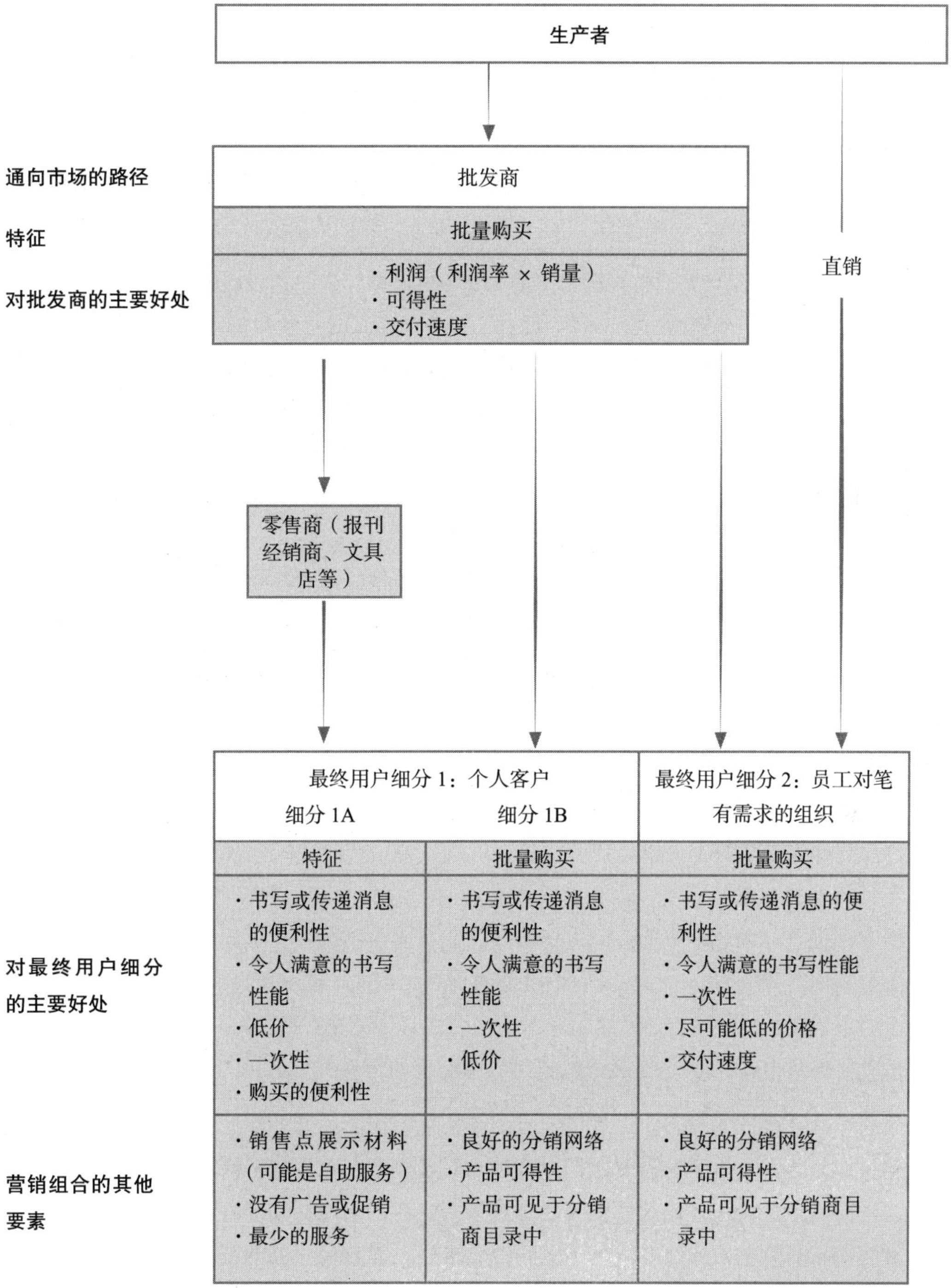

图 5–2　营销一次性圆珠笔

个人客户（细分 1B）和为员工购买的组织（细分 2）可能从批发商那里批量购买这些笔。他们期望得到比零售价更低的价格，以及快速、可靠的交货。通过这种分销渠道销售的笔，不需要销售点展示材料，但可能需要不同的包装。根据购买的数量，可能会有折扣。批发商可能需要为目录、网站、广告和直销队伍进行投资。在目录或网站上，这支笔必须突出展现，或至少易于被发现。笔的制造商也可能决定直接向这些最终用户销售，但他们必须投资于目录、网站广告和直销队伍，而这可能不是他们的核心活动。

刺激最终用户需求的一种方法是直接向最终用户做广告，并说服他们从分销商那里寻找产品（这叫作“需求拉动”）。只有当他们寻求的是高度差异化的产品（例如通过品牌化），这种做法才是有效的，所以对这种笔不太可能起作用。产品的差异化越小，这种战略越可能奏效。然而，创新性的初创企业可能会决定绕过既有的分销渠道，直接销售给最终客户。不过，这可能涉及额外的成本（广告、分销、递送等），也许在商业上行不通。

分销渠道

一次性笔的例子强调了一个事实，即客户购买的是好处而不是特点，你也必须理解提供给最终用户和分销商的好处。你必须量身定制自己的营销组合，以适应链条上每个环节的客户和消费者的需求。这就是你的营销战略应该以一种连贯、一致的方式表达出来的内容，营销组合的每个要素都需要与其他要素相一致。你的营销战略会影响你的商业模式的其他要素，包括从运营计划到你需要的资源。它将决定成本和收入，并影响你将面临的风险。

你需要仔细斟酌分销渠道。使用零售商、批发商或代理商可以扩大你的市场覆盖，但链条上的每个环节都很重要，而且每个人都在寻求好处，其中利润可能是最重要的要素。你并不直接控制你的分销渠道，但你会影响它们，而它们则侵蚀你的利润。另一方面，如果你决定直接销售给客户，那你的收入可能会更高，但成本也会更高。直销成本可能包括：你自己的直销队伍、开发自己网站的成本、在线和 / 或电话销售团队、广告和邮递 / 交货成本。消费品和企业对企业（B）销售的典型分销渠道如图 5–3 所示。

分销产品或服务并没有什么最佳方式，正如我们在上一章看到的那样，如果客户看重差异化，那么与竞争对手不同就能让你获利，而且你可以在足够长的时间里避免被竞争者抄袭。易捷航空公司和其他低成本航空公司坚持让客户只能在线或电话预订航班，从而改变了乘客购买机票的方式，并切掉了任何中介机构以及它们可能的利润。当然，其他航空公司已经抄袭了这条通往市场的捷径。

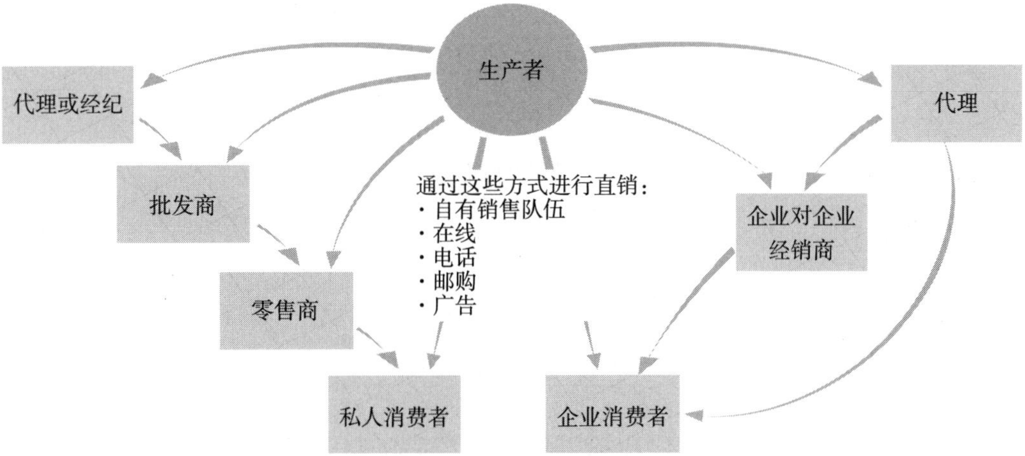

图 5–3　分销渠道

理解客户和消费者利益

不是所有的笔都一样，也不是所有的客户都是产品 / 服务的消费者，有些笔是客户买来作为礼物送给最终消费者的，而我们也还是要提供好处给客户和消费者。尽管礼品笔必须具有书写的基本功能，但它可能看着很不一样，而且营销战略也非常不同，其价值主张是基于高度差异化而不是低价格。图 5–4 显示了两个细分市场及其所寻求的好处。市场路径可能与一次性笔相同，不过这次零售商可能是礼品店或百货商店。较小的礼品店可能会通过批发商来进货，而百货公司可能直接从制造商那里购买。和一次性笔的例子一样，零售商和批发商都在寻求利润，但这次利润是来自较高价格的较小批量。

无论是对于客户还是对于消费者，这款笔都必须功能齐全、制作精良、质量上乘、设计雅致。营销组合的其他要素也很重要。这款笔具有卓越的品牌声望来保证质量性能，它会被放在一个有吸引力的礼品展示盒中，在节日时会有广告推广，将被描述成某种珍贵的礼物，体现出接受者的“价值”。如果在商店出售，那它可能会被放在一个玻璃展示架里，只有在店员的帮助下才能拿到。如果卖给一家机构，那么这家公司可能希望有机会把自己的名称印在笔上，来和这个品牌形成关联，尽管它们仍然可能期望得到批量订购折扣。

这里的要点是，客户想花一笔钱，比如花 50 英镑买一件名牌礼物给消费者；这件东西传递给他们的一个信息是关于客户对于“价值”的感觉的。品牌及其所传达的信息可能比笔本身的功能更重要，这是他们寻求的好处，低价跟这个信息以及所追求的好处并不一致。一盒 500 支廉价的一次性笔并不是可以用来替代的礼品，尽管它们很可能比昂贵的笔用得更久，但它们没有提供恰当的好处。竞争则来自其他需要花费 50 英镑、传达类似信息的礼物。

针对每个目标细分市场，通过一套连贯一致的营销组合，把一系列好处放到一起，这就是有效的营销战略的关键所在。这并不容易做到，没有什么蓝图让你对照着上手，因为大多数产品 / 服务及其市场都各不相同。尽管对行业进行研究可以让你知道竞争对手目前是怎么做的，但这并不是对未来的保证。事实上，敢于用不同的方式做事情是非常有好处的。

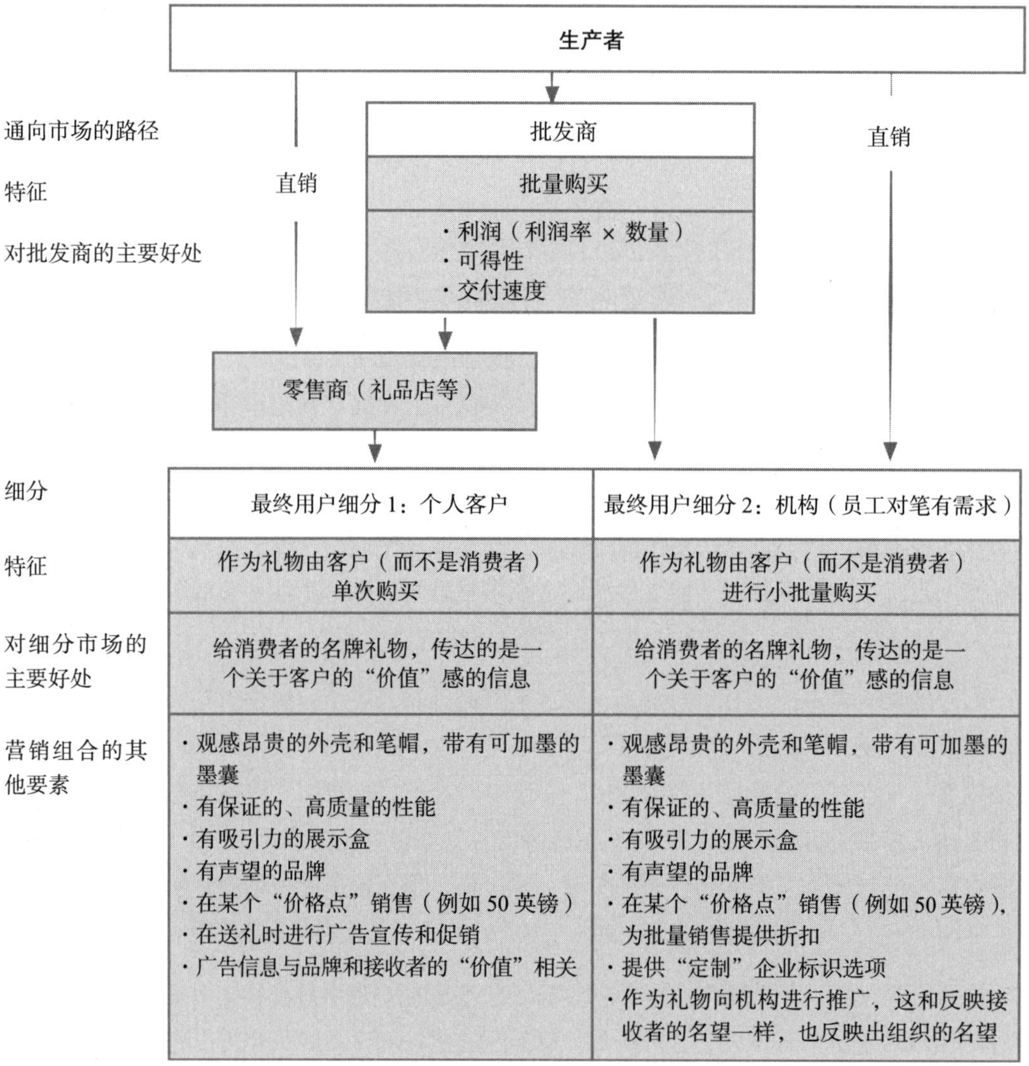

图 5-4　营销一款作为礼品的钢笔

案例洞察

帕铂酒吧：理解客户的价值主张

你可能会认为酒吧（即出售食品、酒精饮料和非酒精饮料的酒吧）是一个成熟和安全的机构。然而，它必须应付任何零售店面都面临的全部挑战。特别是，它面临着固定成本高的问题，这与其物理位置和服务人员有关。即使没有客户，酒吧也需要支付这些费用。为了弥补这一点，毛利率可能很高（60%~70%），因此运营的当务之急就是全天吸引客户。

为了应对这个挑战，一家英格兰的商业街酒吧连锁店制定了一套两级营销战略来帮助本地酒吧经理，一级是公司层面的，一级是酒吧层面的。每个酒吧都位于黄金地段、商业街、城镇中心地带，靠近购物中心和写字楼。每个酒吧都很大，在不同的区域有不同的座位、照明等，可以改变氛围，瞄准许多不同的细分市场。酒吧连锁店需要在全天最大限度地吸引客户。表 5–5 总结了本地酒吧战略，在一天中的不同时间针对不同的细分市场，它突出了针对每个细分市场的价值主张，以及吸引这个细分市场所需要的营销组合要素。

表 5–5　　酒吧营销战略

细分	购物者	办公人员	养老金领取者和无业者	办公人员	学生	常客	年轻人，喜欢泡酒吧的人
时间	11:00~17:00	12:00~14:00	14:00~17:00	17:00~19:00	任何时间	19:00~22:00	21:00~24:00
男/女比例	10/90	40/60	90/10	60/40	50/50	60/40	60/40
价值主张	舒适、安全、物超所值的饮食场所	快速的、物超所值的午餐场所	舒适、安全、物超所值的打发时间场所	在工作之余会见朋友的热闹环境	会见朋友的轻松场所，物超所值	会见朋友的友好场所，饮食物超所值	时尚、热闹的朋友见面场所

续前表

细分	购物者	办公人员	养老金领取者和无业者	办公人员	学生	常客	年轻人，喜欢泡酒吧的人
营销组合							
主要产品	咖啡、茶、软饮料和食物	食物、多种饮料	酒精饮料	多种多样的酒精饮料	酒精饮料	食物、多种饮料	多种多样的酒精饮料
服务	友好	快速	低优先级	友好	低优先级	友好	快速
价格	物超所值	有竞争力	低价啤酒	有吸引力的“欢乐时光”	物超所值	物超所值	低优先级
氛围	安全、干净、舒适	干净舒适	温暖，提供电视、报纸	愉快、热闹	轻松、安全	友好，第二居所	热闹、愉快的音乐和促销
位置的重要性	高	高	低	高	中等	中等	高
关键成功要素	安全、干净、舒适的环境	快速的服务，物超所值的食物	低价啤酒	愉快、热闹的氛围，提供“快乐时光”	与其他学生在一起的轻松、安全的环境	友好的服务和氛围，物超所值的食物，被认为是“常客”	热闹、愉快的氛围，有音乐和促销

注：该酒吧是一家真实的企业，但名字是虚构的。

案例洞察

露诗：高度差异化战略

当你走在英国或别的国家的任意一条商业街上时，你可能会突然被一种非常独特的甜美气味所吸引，环顾四周，你留意到散发出这种气味的明亮、诱人的店面——一家叫作露诗（Lush）的商店。尽管露诗无处不在，但它是在1994年才创办的。如今它已经在50多个国家拥有了超过800家商店，其创始人马克·康斯坦丁（Mark Constantine）已经是千万富翁了。它仍然是一家私营的家族企业，七个股东全都在露诗工作。

露诗的创始人马克·康斯坦丁经历了一个典型的跌宕起伏的创业故事。马克出生于1953年，17岁时被母亲和继父赶出家门，最初在英国多塞特的树林里艰苦度日，后来搬到了伦敦。他找到了一份理发师的工作，并开始在自己的小卧室里开发天然美发护肤用品。他的雄心壮志是创立一个制造和销售天然化妆品的公司，但直到23岁他才偶然取得了第一次成功。他研制出了“看上去有点像你刚拉过一泡屎”的奶油状洗发水，并卖出了1200英镑的产品，这是他的第一家公司“康斯坦丁和韦尔”（Constantine and Weir）的真正起点。马克及其太太茉和伊丽莎白·韦尔（Elizabeth Weir）一起创立了这家公司，伊丽莎白当时是一位美容师，现在是露诗的零售总监和股东之一。这家公司建立的道德品牌形象，尤其是他们反对动物实验，使得马克备受赞誉。

在1988年，马克将康斯坦丁和韦尔公司以600万英镑出售，随后把钱投入一家新公司Cosmetics to Go，这是他在经营的一家邮购公司。这家公司从未盈利，而且在1994年破产了。没了钱又要养家糊口，马克开始在普尔的一家商店出售破产后折价的存货。这就是露诗的开始。

露诗有七位创始股东，包括他的妻子茉和伊丽莎白·韦尔。British Ensign Estates的彼得·布莱克（Peter Blacker）和他的财务总监安德鲁·格瑞伊（Andrew Gerrie）提供了新的注资，安德鲁现在是露诗的董事会成员。他们给了“适度的金额”，但马克在当时很聪明地设定了这些投资的退出价值，以便其可以被买断。马克从未忘记过自己早先的沉浮，公司的使命宣言（很显眼地挂在店面的墙上）有一个部分是这样陈述的：“我们相信有犯错误、失去一切和重新开始的权利。”

露诗不只是通过自己的商店来制造和销售化妆品。营销组合的独特元素可能单独来看都很小，但加起来就让它和竞争者有了显著的区别。尽管化妆品总是传达出一种“感觉不错”的情绪，但露诗还是为这个价值主张增加了一个环境和社会责任的维度。

- 它的手工香皂、洗发水、沐浴露、润肤液、泡泡浴液和香水都是100%从植物中提取的，83%是纯素的，60%不含防腐剂。它们根据商店的订单来小批量生产，原料取自世界各地工厂里的新鲜有机果蔬、植物精油和安全合成原料，产品超过四个月就不在商店出售了。除了不在产品中使用动物脂肪，露诗还反对动物实验，只是由人类志愿者测试其产品。而且，露诗也不从开展、资助或委托进行任何动物实验的公司采购物品。

- 露诗商店的独特氛围源于他们坚持使用最少的包装——这对环境无害，而且对于返还五个以上产品容器的客户，露诗会提供免费面膜。这样做是为了让其包装100%可回收或者可以生物降解。
- 露诗商店是有趣的场所，店内店外经常有促销和活动。露诗支持的很多活动都围绕着动物福利、环境保护、人权和气候变化展开。
- 像气泡弹这样的产品像水果一样堆叠起来，而肥皂等其他产品像卖奶酪一样堆放在货架上，包在蜡纸里按重量出售。这些诱人的、鲜亮的展示给露诗商店带来了老式市场摊位或糖果店的感觉。
- 商店的员工都是热情的年轻人，他们训练有素，为人们提供全面的产品信息，其中包括在露诗制造产品的人的名字，他们不是“销售”，而是帮助人们选择产品。
- 露诗将其约2%的利润捐赠给慈善机构，支持许多直接行动团体。例如，“愚蠢的飞机”（Plane Stupid），这是一个反对英国机场扩张的团体；以及“海洋守护者”（Sea Shepherd），这是一个反对日本捕鲸船的团体。它经常推出专门支持这些团体的产品。它推出了一种“慈善盆”（Charity Pot）润肤露，把全部收益都捐给了多赛特野生动物信托基金（Dorset Wildlife Trust）和苏门答腊猩猩学会（Sumatran Orangutan Society）等慈善机构。

露诗从来不做广告，它的增长是自然的。它在海外以各种合资企业开展业务，包括美国、日本和澳大利亚。它是《星期日泰晤士报》100家最佳公司榜单的常客。该公司总部仍然位于多塞特郡的普尔，在第一家商店上面的一个小办公室里营业。茉仍然在设计化妆品，她的儿子西蒙是香水部门的负责人，另一个儿子杰克负责在线营销，女儿克莱尔为露诗捐助的慈善机构“缓刑”工作。康斯坦丁夫妇25年来一直住在同一栋房子里，马克没有驾驶执照，也从未拥有过一辆汽车，他经常骑自行车上班。

问题：

1. 从所提供的信息中，尽量用新公司创立框架来描绘露诗的商业模式。在它们的价值主张里，竞争优势的关键要素是什么？

2. 把露诗尝试对自己进行差异化的方式列出来。

3. 道德伦理在这里起到了什么作用？为什么它对露诗很重要？

4. 请记住这是一个零售业务，露诗在运营中的当务之急是什么？

小结

- 商业模式是你如何将你的商业创意传达给客户，以达到你的商业目的。商业模式是新公司创立框架的核心。你为自己的商业创意定义细分市场和核心价值主张来构建商业模式，这些都会用于我们的营销战略。

- 你需要为你所确定的细分市场定义自己的价值主张，这总结了产品 / 服务所提供的好处，由其特性支撑，并受到营销组合的加强。

- 核心价值主张是：低价格 / 低成本、高度差异化和客户聚焦。

- 在同一个行业中，不同的价值主张可以并存，诉诸不同的细分市场。

- 你为自己的产品 / 服务所设定的价格应该反映给客户带来的价值，但它会受到你的成本和“现行费率”的影响。对不同的细分市场收取不同的价格是有可能的，这反映出产品 / 服务对于每个细分市场的价值。在设定这些价格时，你需要了解自己的成本结构，并且能够估算出需求的价格弹性。

- 营销战略由营销组合要素构成，因为这些要素与其目标客户细分有关。这就是采取一系列相关任务，它们具有连贯性和方向性。营销战略将价值主张传递给这些目标细分市场。

- 你可以直接销售给客户，也可以通过分销渠道来销售。如果你通过渠道销售，就可能会获得更广泛的分布，但你会丧失利润，而且可能失去对客户沟通的控制。

- 当你在分销渠道中为中介机构提供激励措施来销售你的产品时，就会发生“供应推动”。当你为最终用户直接制定激励措施时，他们就会通过分销渠道来“拉动”产品，这就会发生“需求拉动”。

PART4

第四部分

营销战略

第6章

价值观、品牌和客户忠诚度

愿景和价值观

明白你为什么想开一家公司以及你想从中得到什么，这很重要；同样重要的是，你的公司反映了你的愿景和价值观。毕竟，你会花费大量时间去用心经营它，而且它在很多方面也是你和你的个性的延伸。大多数人都发现，很难在那些与自己的价值观和信仰不同的组织中生活。事实上，这是人们创立公司的一个常见原因。为什么你要成立一家公司？这是我们在第2章考虑过的问题，本章会正式开始阐述原因。这将为你形成公司的愿景，以及它所基于的价值观，还会向你展示强大的、有道德的价值观如何增加公司的价值，而且可以作为一件宝贵的工具，用来创造一个清晰的品牌形象。在第13章，我们将会说明，有志于发展业务并成为一个成功的创业领袖是至关重要的。

价值观

价值观就是核心信念。你为企业设定的价值观决定了你如何运营和待人。价值观很可能具有一个道德维度。历史上，维多利亚时代的许多最成功的企业，如吉百利（Cadbury）公司、巴克莱银行（Barclays Bank）和John Lewis公司，都是基于贵格会（Quaker）的价值观的。价值观是认知过程的一部分，它会帮助你塑造和发展你的企业文化。共同的价值观形成了一种纽带，将组织结合在一起——让人们步调一致，并提供激励。具有强有力价值观的组织倾向于招募那些能够认同这些价值观的员工，从而使之得到加强。价值观也有助于与类似的客户和供应商建立纽带，这样能够巩固一个强大的品牌形象。

你对价值观的表达不只是用语言，还要实践你所宣扬的一切，即“身体力行”，因此，那些不真实的价值观很难装出来。当你没有这样践行的时候，你会被抓住的。价值观是没有商量余地的，需要通过员工的认可和奖励来强化，它需要被嵌入公司的系统和结构中，让每个人都能清楚地看到你表达的意思。每个组织都会发展出一种独特的文化，反映了某些根本的价值观，即使这些价值观从未被明确过。如果你不把你的价值观明确下来，就会有被误解的风险，而最后你会得到一种让你不满意的组织文化。这就是为什么许多成功的公司会真实地写下它们的价值观。在你创立公司时，你的价值观也需要体现在你所采取的战略中——这是你的企业社会责任的道德基础和政策。

案例洞察

露诗（2）：价值观

我们在上一章看了露诗的案例，其创始人具有某些强烈的道德信念，这反映在他们的生活方式和公司价值观里，如下所示。

- 我们坚持只从那些不在动物身上进行试验的公司那里购买原料，我们只在人类身上测试产品。
- 我们发明自己的产品和香水，极少或完全不使用防腐剂或不环保包装；我们只用素食原料手工制作，并告诉你它们是什么时候制成的，以保证你用的都是新鲜制成的。
- 我们信奉快乐的人制造快乐的肥皂，我们亲自试用我们的产品，我们致力于让妈妈们感到自豪。
- 我们享受漫长的烛光浴、享受淋浴、按摩，愿芬芳充满世界，我们相信，人人都有权犯错误，即使失去一切也能重新开始。
- 我们相信我们的产品有良好的价值，我们应该盈利，还有客户永远是对的。
- 我们还相信“新鲜”和“有机”这样的词汇在营销上还有诚实的含义。

愿景

为公司设定一个愿景是很重要的，公司可能变成什么样，这对于你和所有利益相关者的动机都很重要。你为公司设定的愿景应当以你的商业目的为基础。愿景是一个共同的心理意象，表达了一种理想的未来状态，即你的企业将成为什么样的——一个新的、更美好的世界。它必须引人入胜、令人向往，它会吸引人们，让人精神焕发，包括你自己也会这样。然而，它必须足够现实、可靠和可信——需要努力去争取并可以实现。它通常是定性的而不是定量的（那是目标的作用）。愿景看上去像是一种激励和动员，超越了逻辑和契约关系。它更感性而不是那么严谨，它是某种触动人心的东西。它为人们在组织内部的存在赋予了最基本的人类渴望——意义和目的感。它可以是内在的，指导组织以某种方式把事情做得更好，比如提高客户满意度或增加产品创新。它也可以是外在的，例如，战胜竞争对手。

案例洞察

易捷航空（2）：使命

我们在上一章看了易捷航空的案例，其使命陈述如下："为我们的客户提供安全的、有价值的、点对点的航空服务。在一系列欧洲航线上，提供稳定可靠的航班服务，以及对休闲和商务市场有吸引力的票价。为了实现这一目标，我们将致力于让我们的员工得到发展，与我们的供应商建立持久的关系。"

使命

商业目的的正式陈述叫作使命陈述。使命陈述表述了企业想实现什么目标，以及如何实现它。因此，使命陈述常常通过引用产品 / 服务、价值主张、客户群体及其所得利益来定义业务范围。这让你不会迷失在没有竞争优势的市场，它阐明了战略选择，并为目标的设定提供指导。它往往包含了组织所秉持的价值观。就像愿景陈述一样，使命陈述应该言简意赅。

案例洞察

星巴克（1）：改变使命

使命陈述也可能包括愿景，并随着时间推移而发生变化。例如，当星巴克公司还是一家初创企业时，其使命是：把星巴克建成世界上最优质咖啡的首要供应者，在我们成长的同时保持毫不妥协的原则。

2008 年，当创始人霍华德·舒尔茨回归正处于艰难挣扎中的星巴克时，其使命变成了这样：激励和创造人文关怀——每人、每杯、每个社区。

你的企业的愿景和使命必须与你的价值观一致。三者齐头并进、互相加强，为你的战术提供指导。如图 6–1 所示，在一家创业公司里，尽管战略和战术可能快速改变，但愿景和价值观是持久的。它们一起形成了一个"路线图"，即使有一条路被挡住了，这也会告诉公司里的每个人，你要往哪里去，以及你如何到达那里。

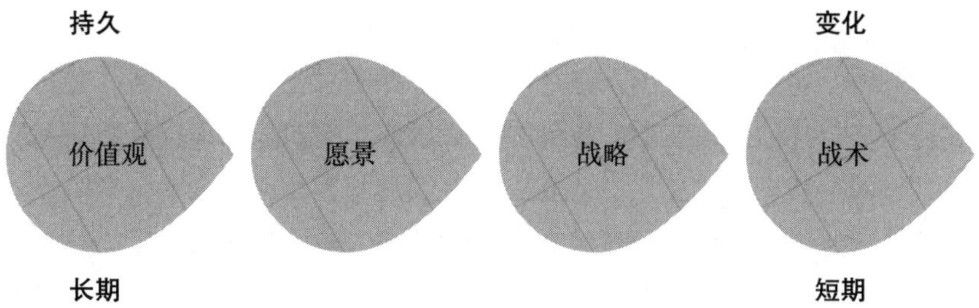

图 6–1　价值观、愿景、战略和战术

案例洞察

金色脆饼（2）：使命、愿景和价值观

我们在第 2 章看了金色脆饼的案例。

其使命陈述如下：

- 以方便的餐具和合适的尺寸，为消费者提供地道、美味的牙买加馅饼和相关的加勒比菜肴；
- 在每个接触点为客户提供出色的客户服务和可靠的可预见性；
- 为员工提供有回报的、有趣的、梦寐以求的环境；
- 成为我们所在社区的企业公民，让他们能够以我们为荣；
- 为股东提供上佳的投资回报。

其愿景是：

- 金色脆饼的存在是为了向世人提供加勒比风味的美食。

其价值观是：

- 我们的客户是我们成功的核心；
- 诚信、价值观和乐趣是我们生意方式的标志；
- 所有的利益相关者都应从他们与金色脆饼的合作中受益。

提升客户忠诚度

你的价值观和愿景是为你的企业创造身份标识的工具。如果这种身份标识对客户有吸引力，它就能创造价值。至少，一个明确的企业身份标识意味着客户知道他们在买什么，而且如果他们喜欢，这个身份标识会促使他们重复购买。但身份标识的作用远不止于此，正如我们所看到的，客户购买一个产品 / 服务是因为营销组合为他们提供了他们认可的一系列好处。这些好处既可以是物质的，也可以是心理的。例如，一个成功的独家交易商可能会提供一种可靠的、友好的服务，使它们有效地区别于竞争对手，它们与客户建立的个人关系体现了它们所提供的服务的可靠性和友好性，而这种关系巩固了由此产生的客户忠诚度。挑战在于将这种关系扩展到了个人业务之外。

这反映了一种动向，不是把客户视为与之做公平交易的某个人，而只是将其看作某个销售对象。这是发展“价值观驱动型营销”的一部分，它追求的是积极利用客户来帮助销售现有产品 / 服务和开发新产品 / 服务。这是建立在与客户建立良好关系的基础上的——一种以彼此的切身利益为基础的关系，在这种关系中，客户和公司是以某种方式互相帮助的。关系是建立在良好的沟通基础上的（我们将在下一章探讨这个话题），而在一个大的范围里，技术使这一点变得更容易了。事实上，互联网和社交媒体的发展使其在全球范围内成为可能，而且负担也可以承受得起。

然而，能够传达信息只是挑战的一部分，另一部分是有信息可以传达，这就回到了你的价值主张上。但价值主张可能很复杂，而将其简化的办法之一就是创造一个品牌，把价值主张及其所代表的以及公司所主张的一切都装进去，这样客户脚本就是为它们所编写的，表达更容易。这是创造可持续竞争优势的途径，也是像苹果这样的公司凭借其品牌形象取得的成就。基于价值观的营销包括拥有强大的品牌形象和良好的客户关系，它利用这些内容让客户和公司互惠互利。品牌的优势请参见表 6–1。

表 6–1　　品牌的优势

对客户	对产品 / 服务生产者
· 产品 / 服务更容易识别 · 价值主张的沟通更清晰 · 为产品 / 服务评估提供帮助 · 减少采购风险（供应的同质性） · 可以为产品 / 服务创造附加的兴趣点或特点	· 传达价值主张的情感面 · 促进产品 / 服务忠诚度 · 帮助目标市场营销 · 防御竞争对手（创造差异化优势） · 可以收取更高的价格 · 在分销渠道中增加分量

案例洞察

星巴克（2）：利用紧密的客户关系进行创新

2008 年，当霍华德·舒尔茨回归并取得星巴克的控制权时，他热衷于创新。他的办法之一是利用紧密的客户关系来群策群力。通过访问星巴克创意网站，任何人都可以发布关于产品、体验、服务、位置、社区建设和社会责任的创意，但是这个网站不只是一个虚拟的意见箱。星巴克有一个“提问日”，用来获取对新创意的市场反馈。“星巴克创意伙伴”（Starbucks Ideas Partners）管理着这个网站，用问题和创意来回应人们。这些伙伴随着时间推移而更换，但他们来自参与创新的各种团队，如开发食品饮料的研发团队，还有开发店内数字招牌或手机应用程序等新的客户沟通方式的移动与新平台团队。

密切的客户关系可能对星巴克很有价值，但糟糕的客户关系则会损害品牌并导致销售损失。2012 年，人们发现了星巴克自 1998 年以来在英国仅仅缴纳了 860 万英镑的税（相比之下，当年它的全球净收入达到了 2.53 亿英镑），由此造成的威胁会严重损害这些关系。面对英国议会委员会，以及在一场对其 700 家英国门店采取抵制的行动面前，星巴克公司不得不变更某些费用的税务处理，使其向低税率的国家输送利润。结果，它在 2013 年支付了 1000 万英镑的税款。星巴克聆听了外界的呼声，该公司在某种程度上重建了它与英国客户的关系。

创建身份标识

差异化的意思是在业内被客户广泛认可的某些维度上独树一帜。这可以是基于产品或服务，可以是有形的（看得见的产品 / 服务特性，如功能、质量、设计、性能或技术等）和 / 或无形的（如状态、排他性等客户需求）。当差异化不仅仅基于可复制的有形因素，而且是基于不可复制的无形因素时，往往更有持续性。因此，例如，梅赛德斯 – 奔驰（Mercedes Benz）汽车和香槟王（Dom Perignon）通过产品质量和市场地位在其各自的行业来让自己形成差异化。Hi-Fi 制造商 Bang & Olufsen 公司依靠的是市场地位和设计美学。英国零售商露诗通过其明亮而有趣的购物环境、新颖的产品和道德伦理价值观来对自己进行差异化。即使是主要在价格上竞争的公司也试图让自己拥有差异化，而且不仅仅是通过品牌标识。戴尔公司也许没有差异化产品，但它试图在交付速度、个人系统配置的独特性和其他服务元素方面进行差异化，同时仍然保持着有竞争力的价格。麦当劳拥有一个辨识度很高的品牌，与之相关联的是物有所值的餐点，但它也试图通过一致性和服务质量（速度、清洁等）来对自己进行差异化。因此，你可以以不同的方式对这些东西进行“绑定”，来对自己进行差异化——只要客户看重“捆绑”，而他们自己又不容易创造这种“捆绑”。

差异化增加了成本，所以给客户的好处在客户看来比成本更重要，这是非常必要的。同样必要的是，产品或服务可以清楚地辨识出不同之处。在这个方面，设计是一个重要的元素。良好的设计有助于增进产品的功能表现，还能使产品与众不同。好的设计在审美上是令人愉快的，它能传达出功能传达不了的情感。

清晰的品牌化可以取得同样的效果。品牌代表产品或服务对客户的价值主张。它告诉你，你在买什么，反映了你想从购买中得到什么。例如，梅赛德斯－奔驰、捷豹和宝马的品牌告诉你，你在买一辆车；但更重要的是，它们都传达了质量和地位的信息。维珍是理查德·布兰森的化身：盛气凌人、创业进取、与众不同、反建制。因此，有效的品牌是情感化的，它对心灵和头脑的吸引力一样大。然而，许多所谓的品牌远远落后于对价值观和美德的即时认同，只不过是些代价不菲的徽标而已。巴克莱、壳牌或英国电信的品牌，除了公司卖什么的信息之外，还能传达什么？品牌应该不仅仅是标识所售产品的徽标，还应该代表所售产品的身份，即角色的个性。就像你不仅仅是一个头、一个身子、两条胳膊和两条腿一样，任何产品 / 服务也都是如此，应该高于其各个部分的总和。挑战在于创造品牌形象。

设计和品牌为一个差异化的产品增加了额外的层次（如图 6–2 所示）。产品 / 服务的功能品质可以通过设计美学得到增强，并被与品牌相关的情感价值所加强。你跟竞争对手形成差异化的点越多，你的竞争优势就越可持续。苹果把高品质、易用性与优雅的设计、时尚和令人向往的品牌融为一体，还有高昂的价格。

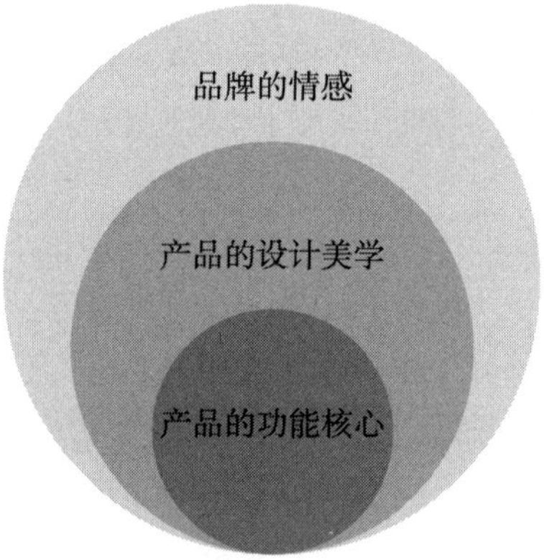

图 6–2 差异化的层次

案例洞察

俏江南：创建身份标识

20 世纪 90 年代，张兰用 20 000 美元积蓄在北京开设了自己的第一家川菜馆。它在豪华的环境中提供高质量、高价位的菜品。从开第一家餐馆起，张兰就意识到，一家餐馆并不只是提供食物，食物的呈现是很重要的——它不但要好吃而且要好看，服务必须是一流的，室内设计必须与收取的价格相配，并能创造恰当的氛围。位置也很重要，她的第一家餐厅的选址就很成功，吸引了许多客人前来光顾。创建清晰的身份标识和品牌是帮助张兰拓展连锁店的关键要素，她试图创建一个对其目标市场（“商务白领”）有吸引力的品牌。她选择了一个京剧脸谱作为俏江南的标识，来呼应她希望在品牌中体现的质量与奢华这个主题。

道德伦理价值观与企业社会责任

在企业界，道德伦理价值观不仅会转化成一个组织的文化及品牌，而且还会转化为战略和行动。这些战略和行动具有一种伦理的和社会的维度，而不仅仅是利润的维度。商业道德、社会责任和环境可持续性等方面，现在已经被包含在所谓的企业社会责任（CSR）中，现在人们普遍接受这样的看法，即许多商业行为都会产生负面的社会和环境作用。公司对于企业社会责任的实践有一个道德层次，如图 6–3 所示。基本的企业社会责任首先是为公司提供利润，其次是符合法律法规，最后是可以自由支配。企业社会责任是企业基于伦理道德规范，渴望对社区和整个社会做出最好的贡献。幸运的是，这种层次结构并不总是矛盾的，在许多形式的企业社会责任中，都可能有商业利益。

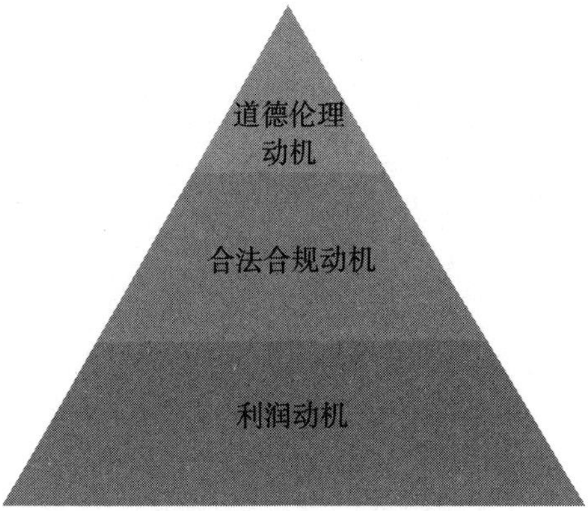

图 6–3 企业社会责任的道德层次

企业为什么要有一个强有力的企业社会责任政策？这在商业上有三个很充分的理由。

1. 增进销售，提升品牌形象和客户忠诚度。尽管任何产品都必须首先满足客户的关键购买标准——质量、价格等，但一个强大的企业社会责任品牌有助于差异化，从而增进销售和提升客户忠诚度。客户越来越容易被拥有强大的企业社会责任形象的品牌所吸引，而在区分一家公司和另一家公司的过程中，企业社会责任也成了一个关键要素。一个强大的企业社会责任品牌甚至能为一个组织创造自己的利基市场。例如，英国的合作银行（Co-operative Bank）有着悠久的企业社会责任史，它已经让自己变成了一个合乎道德和注重生态的投资者，其投资政策成了客户在选择银行时最常受称道的理由。另一方面，糟糕的企业社会责任形象会严重损害销售，英国石油公司（BP）在发生了 2010 年墨西哥湾的石油泄漏事件后，就发现了这一点。

2. 降低运营成本和提高生产率。可持续性关乎衡量和控制输入，许多环境倡议也因此关乎降低成本（例如减少和循环利用废弃物、更好地控制建筑物温度或减少农药的使用）。雅虎公司仅仅是把服务器所在空间的窗户打开，以便让热空气释放出去，就节省了 60% 的电力成本。2004 年，通用电气公司启动了一个旨在使经营更具可持续性的“更绿色”项目，到 2008 年，这项计划已经节省了 1 亿美元的成本。减少废弃物的成本节约可以从原料使用、制造工艺、包装要求、运输需求、维护、处置方法的使用等方面来考虑。

改善工作条件、减轻环境影响或增加员工参与决策的行为，可以提高生产率。例如，人们已经看到，在供应链中改善工作条件的行为降低了商品的残次率。许多社会活动能够提升员工的积极性，减少缺勤率和员工流失率，越来越多的大学毕业生在做出就业决定时，通常会把企业社会责任问题考虑进去。关爱员工也会带来回报。据《新闻周刊》报道，作为美国唯一一家从未裁员的航空公司，西南航空公司是 2010 年美国最大的国内航空公司，其市值相当于美国所有国内竞争者的总和。

3. 改进新产品开发。关注企业社会责任问题可以带来新的产品机会。例如，汽车制造商正在努力寻找化石燃料的替代品，同时开发越来越经济的传统发动机。与可持续性相关的创新往往具有系统性的重大意义——以整体和整合的方法来进行创新管理。除了降低成本，通用电气公司的可持续发展计划产生了 80 个新产品和服务，2004—2008 年间带来了 1700 万美元的收入。

案例洞察

阿贝尔和科尔公司：利用企业社会责任创造差异化优势

阿贝尔和科尔（Abel & Cole）公司可能是英国最大的有机食品送货商，但它一开始并非如此。1985 年，基思·阿贝尔（Keith Abel）在利兹大学（Leeds University）学习历史和经济学，靠上门卖土豆赚点钱。他是一个很好的推销员，这意味着他卖土豆可以收到比超市更多的费用。基思前往伦敦城市大学（City University, London）学习法律。不幸的是，他没能通过司法考试，于是他决定还是和朋友保罗·科尔（Paul Cole）合作，回去卖土豆赚些钱——当时还没有有机食品的概念，就是为了赚钱。一个德文郡的农场主伯纳德·高维尔（Bernard Gauvier）找到他们，推销他的有机土豆。这些土豆的成本更高，但一周之后基思就意识到，没有人在意价钱。他决定调查一下有机产品和非有机产品之间的差异，就去看他的定期供应商在他的土豆上喷洒了什么。基思对自己看到的事情感到非常震惊，有机食品的想法开始慢慢地进入他的意识，他开始“推动”生意的有机部分——毕竟他擅长销售，而且是把产品送到客户的门前。客户的反应是要买更多的，而且还要更多其他的东西。伯纳德说服了基思和保罗，开始把有机蔬菜放在一个箱子里打包售卖。到 1991 年，阿贝尔和科尔转向只卖直接从农夫那里收购的有机蔬菜。

20 世纪 90 年代，销量开始大增，他们开始雇用员工。不幸的是，在销售额增加的同时，亏损却在不断增加。当未偿还债务引发了税务局对他们的破产威胁时，情况变得最为糟糕。保罗决定离开并成立自己的批发公司，基思决定重新参加司法考试，而且通过了。随后基思意识到，如果他被宣布破产，他就不能从事法律工作了。在基思面临失去家庭住宅的威胁时，他的岳父彼得·契帕雷利（Peter Chipparelli）决定拉他一把，彼得当时是美孚石油公司的南美洲董事长。这件事有可能让基思专注了起来，因为他开始接受建议，首先接受了他的岳父的建议，然后接受了社会企业家阿兰·希克斯（Alan Heeks）的建议。阿兰还给他推荐了自己22岁的女儿埃拉。她为了获取经验而前来工作并留了下来，仅仅三年后就成了执行董事。

公司的成功是源于其营销组合的一致性，它主张符合道德的、注重生态的形象是孜孜不倦地培育出来的。蔬菜是有机的、符合时令的、来自当地（从来不用空运）以道德的方式种植的，被装在可回收的硬纸箱里，用黄色的生物燃料货车进行派送，附带的一份简讯包含生动的蔬菜传记，并介绍了如何处理盒子里一些不太常见的蔬菜。公司引以为豪的是，它为此前长期失业的人提供了工作，并给他们发放奖金以减少浪费。它坚持给慈善事业捐赠。客户可以把家门钥匙寄存在公司，这样蔬菜盒就可以被安全可靠地送到客户家里。产品价格高，但也并非高得离谱，因为“中间商”已被摈除在经销链条之外。客户是中产家庭，从阿贝尔和科尔购物对他们而言无疑很时尚。

2007年，私募股权公司凤凰股权合伙投资公司（Phoenix Equity Partners）买入了该公司的股份，公司估值超过4000万英镑。然而，2008年的经济衰退造成了损失，随着消费者勒紧裤腰带，销售额急剧下降。2008年，阿贝尔和科尔公司亏损了1380万英镑，这导致公司债务的主要持有者劳埃德银行（LIoyds Bank）通过债转股取得了控制权。基思·阿贝尔继续管理控制公司，不久就买回了公司。到了2011年，它又盈利250万英镑，销售额是930万英镑。2012年，公司被拥有180年历史的家族企业威廉杰克逊食品集团（William Jackson Food Group）收购，贝西姨妈（Aunt Bessie’s）的约克郡布丁（Yorkshire puddings）就是这家企业生产的。基思继续保有对公司的管理控制。

案例洞察

环保电力：环境的机会

戴尔·文斯（Dale Vince）曾经是一个新潮的嬉皮士，随着一支和平车队游历了英国和欧洲大陆。如今他更为人知的身份是企业家，拥有一家名为环保电力（Ecotricity）的快速成长型公司，他在1995年创立了这家公司。环保电力公司通过遍布英国的风力发电机生产电力，发电机分布远达邓迪和萨默塞特，并将“绿色”能源出售给家庭客户和包括森宝利（Sainsbury’s）、乐购和福特在内的企业客户。戴尔是在格洛斯特郡的斯特劳德附近的一座小山上想到这个主意的，这里是他的家乡——一辆退役的军用卡车通过一台小型风力发电机来供电。为什么不在现场造一台全尺寸的永久性风力发电机呢？

如今，环保电力公司的总部还在斯特劳德，公司雇用了约 170 名“工友”。这是一个典型的家族企业，戴尔的许多亲戚都在公司里干活：他的两个成年的儿子、兄弟姐妹、姐夫和嫂子，乃至他的父亲。环保电力公司参与了许多其他环保项目。2013 年，它获得了建设英国第四大风力发电场的许可。它还采取多样化经营，进入诸如“阳光公园”等其他可持续能源领域，并在 2012 年宣布投资开发一种叫作“海洋提升器”的波浪能机器。它还参与建设了英国全国电动汽车快速充电器网络。

环保电力公司将其大部分利润再投资到可再生能源中。利润随着天气而波动，2010 年它盈利 380 万英镑，但在 2011 年，由于春季气候温和、风速低，这个数字降至了 170 万英镑。

打造品牌

正如我们所看到的，在一个产品和服务过于同质的世界里，一个好的品牌是强有力的营销工具，它必须是任何差异化战略的基石。它有助于巩固客户忠诚度，必须反映公司价值主张的承诺，以及拥有这一价值主张的组织的个性。支持社会和伦理的动因有助于强化品牌，同时也往往具有良好的商业意义。打造品牌需要时间，它是通过有效利用传播媒介而建立的，并通过品牌或公司名称以及徽标来辨别。

在这个阶段，你可能还未拥有一个像某些经常被援引的品牌那样可识别的品牌，但是你拥有你自己，而且这足以让你开始塑造你的初创企业的身份标识。从很多方面来说，塑造初创企业的身份标识越容易，与你合作的人就越少。你有自己的价值观和信仰，建立在一定的基础之上，大公司把这个叫作企业社会责任。诀窍在于理解这些价值观和信仰是什么，以及使之明确清晰，以确保它们不仅反映出你所做的事情，而且反映出你做事的风格。这些内容对于客户、员工、分销商和供应商都必须很清晰，而且他们需要真正感受到这些价值观和信仰，否则你很快就会露出真面目，你已经建立起的任何信任感也都会随之消失。

你公司的身份标识应该反映出公司内部的文化——它的个性。你通过自己的领导力来创造公司的文化，而且要确保你创造的是你想要的文化和身份标识，这关系到言行一致。它需要一种情商，这并不总是天生的，是可以花时间培养的，但你需要马上开始做。在第 12 章和第 13 章中，我们将讨论这些领导力技巧，以及它们会如何影响你的企业文化。你的品牌应该反映出这种身份标识，最好的方法之一就是用你自己来提升品牌。在英国，这种做法最为人所知的支持者可能是理查德·布兰森，他的公司以维珍为名，与他自己、他个人所代表的意义密切相关。

品牌和公司名称需要与众不同、容易记住、朗朗上口，甚至要在不同的文化和国家里易于拼写。这意味着名字最好很简短，最重要的是，它们不会产生负面联想，或者名字在其他语言中没有不好的意思。名字应该支持你的价值主张，这并不总是简单明了的。对第一家英国互联网服务提供商来说，“免费服务”是个很好的品牌名称——它是免费的。然而，它在 2004 年改成了“瓦纳多”，因为这个名字在欧洲更容易进行营销。2006 年，随着公司的产品扩展，囊括了互联网和电信业务，公司名再次改成了“橙”。因为你的品牌名称和徽标为公司增加了价值，所以可能的话，你可以而且应该对其进行商标保护（第 9 章）。

用公司名称作为产品名称，这并没有一成不变的规定。有时候，特别是当企业是一家产品单一的公司时，这是有效的。但是不同的公司名字和产品名称并用也有成功的例子。“汉堡王”（Burger King）是一个成功的公司品牌，至少描述了公司产品范围的主要部分。它是有关联性的——暗示了产品的某些特征或好处，尽管这种暗示的方式有时候是间接的。同样，iPhone 是另一个具有关联性的产品品牌，但这次它是与公司名“苹果”一起使用的，这个公司名有一系列不同的品牌关联。iPhone 是一个多年来已经建立起品牌价值的独立名称。有些公司名称在产品范围之间的转移并不是那么成功，例如，戴森这个品牌名称源于发明家兼企业家詹姆斯·戴森的名字，尽管该公司现在提供一系列电器产品，但这个品牌却仍然和真空吸尘器高度相关。

案例洞察

理查德·布兰森和维珍（1）：打造品牌

理查德·布兰森可能是当今英国最著名的企业家，他的名字与许多扛着维珍品牌名称的企业有着紧密的关联性。他性格外向，是一位卓越的自我宣传家。他被称为“冒险家”，很少有人会去考虑他冒的那些险，这既体现在他的个人生活中，例如驾驶摩托艇横渡大西洋和乘坐热气球环游世界；也体现在他的商业生涯中，例如挑战英国航空公司和可口可乐公司等历史悠久的公司。他是一个具有魅力型领导风格的千万富翁。

维珍也可能是英国最著名的品牌，知名度高达 96%，而且享誉全球。维珍的名称进入了飞机、火车、可乐、伏特加、手机、电影院、广播电台、金融服务、健身房和互联网领域，它和其创始人理查德·布兰森爵士有着紧密的关联度——可以说 95% 的业务都是布兰森爵士创立的。维珍公司相信，其品牌代表着金钱、质量、创新、乐趣和具有竞争挑战意识等价值观。维珍公司相信，授权员工、不断监控客户的反馈、通过创新努力改善客户体验，提供优质的服务。维珍公司企业事务总监威尔·怀特霍恩（Will Whitehorn）对维珍管理层说："在维珍，我们知道品牌名称意味着什么，当我们把自己的品牌名称放在某件事情上，我们就是在做出一个承诺，这是一个我们一直遵守，而且永远遵守的承诺。信守诺言比许下诺言更困难，但这没有秘密配方。维珍坚持自己的原则，信守自己的诺言。"

这个品牌在很大程度上是通过布兰森的个人公关努力建立起来的。他在职业生涯中很早就认识到了自我宣传的重要性。当时由于他在首次创业中创办了《学子》（*Student*）杂志，BBC 在一部名为《明日人物》（*The People of Tomorrow*）的纪录片里对他进行了专题报道。从那时候起，他就常常搞出骇人听闻的宣传噱头并由此一鸣惊人，比如为了维珍新娘（Virgin Bride）的启动而精心打扮成一位新娘。按照布兰森的说法："品牌必须建立在声誉质量和价格的基础上……人们不应该问'这个产品是不是太过火了？'而是应该问'我的公司名称的品质是什么？我如何才能发展出这些品质来？'"

至于维珍的这些品质是什么，布兰森为我们提供了至少其中一种品质的坦率洞察："在我喜欢的生意方式里，乐趣是核心，而且我从一开始就说明了我所做的每一件事。乐趣是维珍公司的成功秘诀，它比其他任何元素都重要。"

基于维珍品牌，维珍公司采取一种放权的组织结构，以及一种非正式但复杂的文化。集团内部通过品牌把不同的公司团结为一个整体。布兰森认为，找到合适的人一起工作是成功的关键，而维珍品牌是如此强大，所以有助于吸引志同道合的员工。他认为，对于人们而言，重要的不是资历，而是他们的态度，他把这些人称为"维珍型"员工——他们很享受自己的工作，而且以客户为中心，他们对品牌的热情感染了客户。正如布兰森所说："我们的品牌价值非常重要，我们倾向于选择认同这些价值观的人来为我们工作……白手起家建立一家公司需要强大的个性，同样你也必须理解授权的艺术……我创办维珍时遵循这样的哲学：如果员工快乐，那么客户就会跟过来。当我们招人的时候，不能只靠我来设定文化。在我们的这些公司里，我有一大群首席执行官，他们和维珍品牌休戚与共，他们自己也都是企业家。"

我们在第 12 章会继续介绍这个案例。

问题：

1. 维珍品牌的本质是什么？为什么它对公司很重要？
2. 它是如何发展和维持的？
3. 理查德·布兰森对品牌有多重要？他退休之后，可能会发生什么事？

小结

- 你的价值观和信仰应当为企业提供支撑。这些内容设定了如何运营和待人的期望值——包括对待客户、员工、合作伙伴和供应商，它们应该反映在你对客户的价值主张上。
- 为你的企业的未来设定一个愿景是很重要的。这是一个对于未来理想状态的共同的心理意象，它必须有吸引力而且可信——承认因实事求是地评估现状而造成的压力。它是以一种愿景陈述的方式来进行沟通的。
- 使命陈述是对你公司的宗旨的陈述，这应当以你的价值观为支撑。
- 价值观驱动型营销寻求发展客户关系，通常受到强大的品牌识别的支撑。它通过让客户参与营销和产品开发方面的活动，来鼓励客户成为一种产品 / 服务的忠实的倡导者。
- 你可以通过你的产品 / 服务的功能能力、设计和品牌来使之产生差异化。
- 品牌化是让客户可以识别产品 / 服务的内容，这是在信任的基础上发展关系的开始，这种信任可以让客户和公司互惠互利。
- 你的品牌形象应该反映你带给客户的价值主张，并以你的价值观为根基。有效的品牌化会给客户和组织增加价值。
- 除了自身的价值外，企业社会责任可以为你的价值观和信仰提供证明，从而支撑你的品牌形象。它还可以在其他方面产生良好的商业意义。
- 你的品牌应该反映你的组织的个性，即它的文化，而文化建立是需要时间的。你通过自己的领导力来创造组织文化，组织文化很可能反映出你的个性。

N E W

VENTURE CREATION:
A FRAMEWORK FOR
ENTREPRENEURIAL
START-UPS

第 7 章

启动你的公司

从潜在者到拥护者

仅仅有个好的商业创意和一个有说服力的价值主张，并不意味着你就能创业成功。对于一家初创企业，如果客户不知道它的存在，那他们是不会光顾的。事实上，即使他们知道了公司的存在，也还需要经过一些劝说，才会去购买一种新的、未经试用过的产品或服务。作为市场的新进入者，你没有什么可信度，仅仅就是个无名之辈。即使你有一个品牌，客户起初也不会认可它，然后你还需要说服他们一次又一次地进行购买，至少你的品牌应该帮他们做到这一点。为了支撑起一个有效的品牌而建立关系是需要时间的。

我们在第 5 章确定了客户细分，在第 6 章讨论了有价值的忠实客户，本章讨论如何吸引这些细分客户，并说服他们开始踏上成为忠实客户的旅程。即使你拥有世界上最好的产品 / 服务，这也不是一件容易或直截了当的事。要做到这一点，你必须以不同的方式、在不同的时间和环境里，运用你的营销宝库里的所有工具——价格、促销、渠道和人员。你怎么做，完全取决于你的客户是谁。

从首次购买者变成老主顾，这个过程可以分为四个阶段，如图 7–1 所示。

阶段 1：一旦你的潜在客户意识到你的产品，他们将评估它提供的价值主张。他们需要意识到市场上有这个产品，并且需要得到鼓励，进行极其重要的尝试购买。

阶段 2：一旦他们购买了你的产品 / 服务，他们将评估你是否提供了你承诺过的价值主张。记住，他们随后将会评估的是整个营销组合，包括服务交付和售后服务。当他们评估你的产品时，你也应该进行检查，看他们是否对其感到满意。

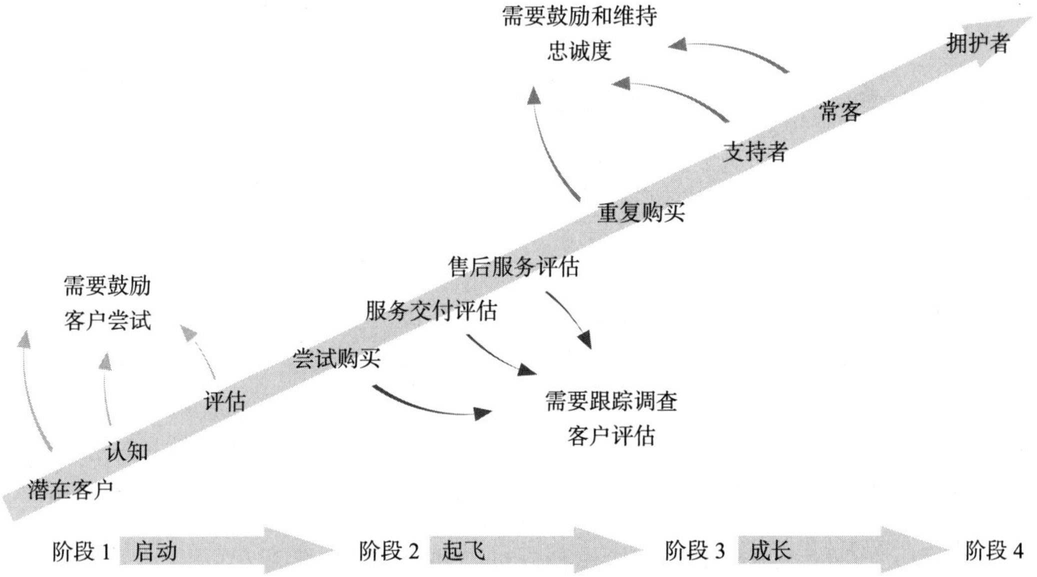

图 7–1 客户历程——购买过程和忠诚度链条

阶段 3：如果提供的价值主张满足他们的期望，那么他们可能会被说服进行重复购买并成为常客。同样地，他们需要一些鼓励。

阶段 4：目标是将客户在忠诚度链条上进行提升，从常客变成一个对产品 / 服务持积极态度的支持者，并最终成为一个拥护者。这个客户如此忠诚，以至于他们愿意向其他人推荐产品 / 服务，甚至引进新客户或帮助产品开发。即使在这一阶段，也不能认为他们的忠诚是理所当然的，而是必须继续鼓励和维护。

如上一章所述，要将你的客户转变为拥护者，你应当致力于与他们建立一种关系——一种基于共同价值观的关系。要做到这一点，你需要与你的客户进行对话，无论他们处于忠诚度阶梯的哪个位置。对话的性质将取决于他们所处的位置，你的沟通策略可以帮助客户提升忠诚度——创造产品认知、刺激需求、创建品牌认知和态度，还有促进对话。

在理想情况下，关系是建立在一对一和面对面互动的基础上的，但这可能受到各种媒体的影响。事实上，在当今这个互联的、以知识为基础的社会里，你可以利用一系列大众传播媒介，来启动、发展和维持这些关系。在与大众市场的沟通中，大众媒体变得至关重要，因为在大众市场进行面对面沟通的后勤组织有一定难度。然而，无论你是面对面销售还是面向大众市场销售，目标都是与客户建立起一种长期的关系，而不仅仅是跟他们做一锤子买卖。

找到你的第一批客户

找到第一批客户至关重要，如果你的关系网包括潜在客户，或者有家人和朋友可能会把他们介绍给你，那就利用起来吧。一个现成的网络可以让你在缺乏可信度的时候走一下捷径。这完全取决于你的潜在客户是谁，以及你如何接触到他们。

很多销售是面对面的，特别是当你在寻找第一份订单的时候。将产品卖到分销网络也常常涉及面对面销售。你的起点是确定你要具体卖给这家公司的什么人，你需要找出你这种类型的产品 / 服务的买家的名字，和他们预约，去拜见他们。即使是达成预约，也需要一定程度的“推销”，因为这些人都是大忙人，有现成的供应商，他们需要一个见你的理由。另外，你需要掌握一些基本的销售技巧，把这些潜在对象变成客户。

面对面销售对于大众消费市场来说可能是必要的，但是由于人太多了，找到符合你的细分市场特征的潜在客户可能极其费时间。当然，有时候你可以购买符合你的市场细分特征的潜在客户的名单，并通过电话、电子邮件或短信直接联系他们。在你付出太多时间试图向他们推销之前，你可能需要“鉴定”这些线索——评估他们的真实潜力。你也许能获得推荐，在你站住脚，而且满意客户愿意帮忙时，这会特别有价值。然而，你需要说服这些潜在客户对你的产品 / 服务表现出某些兴趣，这样才可能卖给他们。如果你指望潜在客户联系你，而不是你反过来联系他们，那么情况尤其如此。你有很多沟通技术可用，而且传播媒体也很多。使用何种媒体取决于你希望到达的目标市场和你提供的产品 / 服务。例如，如果你的目标市场是年轻男性，那么使用数字新媒体、互联网和智能手机可能非常有效，会获得良好的价值。然而，如果你的目标市场不使用互联网，或者不消费在线内容，这些方法就不会奏效。有时候，像传单和海报这样的老式媒体可能更有效。一旦你确定了渠道，就需要决定用什么信息。即便潜在客户看到了你的信息，也不意味着他们就要联系你。

开发你的销售技巧

大多数企业家必须进行面对面的销售，要么是销售给其他企业，要么是卖给消费者。要进行面对面销售，你需要识别潜在客户的名字，然后要能与他们见面。这说起来容易，做起来往往会很难。企业采购人员很忙碌，而且有现成的供应商，个人购买者往往会试图回避销售人员。他们需要一个理由来和你见面——一个为他们提供他们所需的某种东西的钩子。

这听起来显而易见，但第一件事情就是要明确你已经甄别出了这个特定客户正在寻找的好处，而且彻底理解你的价值主张。你必须对潜在客户做一些基础研究，而且如果有关联，对他们所代表的公司也要做些研究。潜在的销售额越大，研究就越重要，你应该花的时间也就越长。你要尽快建立一种关系，以便了解潜在客户的一些个人细节，从而有助于你快速消除隔阂。但是，职业上的关系是建立在彼此的自我利益基础之上的，即你们都想要某些东西，以及相信你们都能兑现自己的承诺（于你而言就是价值主张，于他们而言就是现金支付）。可能的话，提前把你的公司信息和产品 / 服务信息发给他们，一本小册子可能会很有用处。在会见中，你需要明确他们想要的东西——他们面临的问题，以及你的产品 / 服务如何为他们解决问题。你需要能够：

- 提出问题，聆听回答；
- 明确阐述你的产品 / 服务将如何解决他们的具体“问题”，能够直接说明其功能，或借助图片和小册子来展示其功能；
- 用证据证明你所宣扬的价值主张，比如提供来自满意客户的参考信息或推荐证言；
- 应对异议和关切；
- 完成销售。

有些异议是根本性的——客户不想要你的产品 / 服务，但有一些则是你也许能够解决的关切。有六种其他类型的异议，其中一些是可以处理的，如下所示。

- 功能异议。有些功能不符合客户的认可。通过强调这些功能的积极因素，这是可以克服的。
- 信息寻求异议。客户需要关于产品 / 服务的更多信息，通常是为了证明你宣称的内容，这为你提供了详细阐述产品好处的机会。
- 价格异议。这可能是根本性的异议，也可能是客户正在考虑购买的一个信号，因此也是谈判的开始。如果他们正在寻求一个更低的价格，那可以尝试强调产品与竞品的好处对比，和产品的物有所值。如果这招行不通，可以尝试提供折扣，但只是用来交换一些东西，比如更大的订单。
- 延误异议。客户想推迟做出决定。如果延误确实存在，这就是你需要克服的困难，你需要找出原因。如有必要，可以安排一次回访。
- 忠诚度异议。客户可能已经和一家竞争对手建立了关系。强调产品的好处，不要“敲打”竞争对手，但要设法找出他们应当改变供应商的理由，例如，因为他们没有得到应有的服务。始终保持联系，因为或许只是需要时间来说服他们尝试与你合作。

- 隐藏的异议。买方的搪塞并没有明显的理由。重要的是了解没有陈述出来的异议并进行处理，所以不妨提问题。

有些人无法识别购买信号，而且可能会在客户释放出准备购买产品或服务的信号后，还在继续不屈不挠地进行推销。购买信号可能是多种多样的——客户产生兴趣，肢体语言生动积极，比如身子前倾，或者想要拿起产品来，或者试用产品。如果通过问几个问题，兴趣得到了确认，整个过程就可以缩短，你就可以进入最重要的阶段——完成销售。有六种广为人知的完成销售的技巧。

- 试探性成交。你看到一个购买信号后，可以立刻尝试这个办法。这种成交是利用一个机会来表达兴趣，再进一步提出一个问题，这个问题隐含了一个销售的假设。例如，“是产品的质量说服了你，对吗？”试探性成交以一个问题作为收尾，如果答案是肯定的，那么你就可以直接着手完成销售了。
- 选择式成交。这是迫使客户在选项之间做出决定。例如，“您想要一份 1000 件还是 2000 件的初始订单？”或者“我们是下个月交付，还是您下周就要？”
- 总结式成交。如果买方对下一步不太确定，那这种方法很有用。它对说过的内容进行总结，并给出下一个步骤。例如，“那么，相比您现在使用的服务，这些就是我们的服务所提供的优势。我想您能够看到，我们在每个方面都更好，您同意吗？”
- 妥协式成交。妥协通常是在价格上让步。这可能会确保有订单，但不应过早放弃，只有在会谈结束时，你判断有必要扭转平衡来让自己受益，你才这么做。你要始终设法得到一些东西来换取价格的让步。例如，“如果你在这个月下订单，就有 5% 的折扣。”
- 报价式成交。你往往需要在销售面谈结束时提供一份正式报价。如果是这样，那就应该再跟进拜访客户一次，以澄清要点、回答任何询问和确保销售。
- 直接成交。有时候，有必要直接要订单，然后保持沉默并听取回答。如果答案为“否”，那就应当跟进一个问题，来引发出某些你仍然能够克服的异议。

向消息灵通的客户推销，可能会特别困难。他们可能已经搜寻了在线评论，或者收集了来自独立来源的专家建议，而不是依赖于你可能告诉他们的内容。他们带着已经做了一半的决定来参加销售会议，在澄清了几个确认他们想购买你的产品的问题之后，往往会尝试直接进行价格谈判。这里采取的方法叫作洞察力销售，包括试图颠覆那些会前决定。首先，这意味着在会议之前相当一段时间，在潜在客户的“学习”阶段，就尝试与它们建立关系，以便让他们将你视为一个具有宝贵知识的专家顾问。其次，这关系到利用这种身份，通过挑战客户的假设，也许是通过识别出尚未揭示的问题，来颠覆和重置客户的思维。这样，购买决策就成了一个联合的决定，在这个过程中，作为专家顾问提供了新增的价值。

传播媒体

在这里，让我们来重新关注与潜在客户建立关系的重要性——对于一家全新的初创企业来说，这不是一个简单的任务。你可以使用一系列大众传播媒介，来启动、发展和维护这些关系。事实上，选择传播工具的余地从来没有像现在这么大，而且每年都在变大。表7–1 中列出了其中一些选项。

表 7–1　**传播工具**

口碑	报纸广告	海报
关系网络媒体	电台广告	传单
社交网站媒体	电视广告	广告牌 / 告示牌
博客	网络广告	直邮
游击式营销	赞助	电子邮件
宣传与公共关系	电话	短信

口碑推荐是通过你的人际关系网络来传播的。这是一种非常有效的推广本地初创企业的方式，也是一种低成本选择，关系到个人的时间和精力。它极为有效，因为从本质上讲，你是在利用拥护者来推广你的生意。家人和朋友可能会在最开始的时候帮助你，但一旦你站住脚，无偿的客户推荐是非常强大的。而且，如果口碑在一个有限的地域内非常奏效，社交网络就可以把口碑接过来，向更广泛的受众进行扩散。

社交网络媒体是一个术语，涵盖了互联网或智能手机上的任何传播方式，如短信、推文或博客，也包括 Facebook、Twitter 和 YouTube 等社交网站。社交媒体能够极为便宜地实现口碑推荐传播，它的速度极快，而且能够接触到大量受众。"病毒" 这个词被用来描述信息如何四处传递，因此它是个强大的工具。

社交媒体网站有多种运用方式，例如，设立一种呈现形式，围绕你的产品 / 服务创建一个社区。它通常链接到你自己的网站，可以和客户建立对话、征求他们的反馈、建立品牌意识，甚至产生销售线索。如果有效地加以使用，那么它可以在你的产品 / 服务周围建立一个 "社区"，这有助于利用 "倡导效应"。通过不断地提供新话题或者组织活动和竞赛，你可以让客户产生兴趣。博客是一种让人们熟悉你的产品 / 服务并与他们建立情感纽带的方式。对于一个有效的博客，它必须不断地刷新内容，必须有趣，包含很多信息。它应对的不仅仅是你公司的产品 / 服务，而且还必须涉及人们更普遍感兴趣的其他生活方式或行业问题。如果把它当作直接广告的媒介，这不太可能奏效。聊天室和讨论论坛也是与客户发展关系的廉价方式。你甚至可能会给朋友和家人发电子邮件，要他们推广你的业务。许多大型组织现在都增加了相当大的资源投入，通过各种社交网站来开发互联网上的呈现，围绕它们的信息来制造兴奋感和网络流量。

有些社交媒体网站也接受广告投放，这是达到你的目标市场的一种有效途径。例如，Facebook 允许初创企业根据个人简介和地理位置中的关键词提供有针对性的广告。但要记住，如果你使用互联网来推广你的业务，那么你需要有一个好网站来让客户浏览（详见第 10 章）。

使用社交媒体来推广你的产品 / 服务的另一种方法，是免费提供一款有用的或娱乐性的手机应用程序。如果有一款应用程序是你的目标市场所使用的，那它将会非常有效，因为它会被人们分享和谈论。例如，2010 年，大众汽车公司在美国推出了新的高尔夫 GTI 车型，针对年轻男性专门使用了一个移动平台。它提供一款免费的应用程序，为新车进行游戏式的功能配置。5 天之内，这款应用程序就被下载了 80 万次，成了苹果在 36 个国家的 iTunes 应用商店中下载量最多的免费应用程序。

游击式营销是一个术语，表示采用上述任何媒体来创造产品 / 服务认知的低成本方法。它依靠时间、独创性和新颖性来获取和传递信息，而不是依靠现金。为此，它可能采用非常规的方式，例如，宣传噱头、涂鸦、焦虑的“暴徒”等。例如，作为游击营销活动的一部分，宝马公司大张旗鼓地在得克萨斯州休斯敦中部一座摩天大楼的侧面放了一辆 Mini Cooper 的泡沫塑料复制品。这个主意是要在产品 / 服务周围创造出“嗡嗡声”，这样潜在客户就想知道更多的信息，并急于发现可以在哪里看到和 / 或购买。一种方法是鼓励传播与产品 / 服务相关的谣言，这种活动可能会利用社交网络和移动技术来鼓励传闻或谣言得到“病毒式”传播。整个想法就是通过做点与众不同的、令人难忘的事情，让潜在客户参与推广产品 / 服务，同时与他们建立一种关系。

宣传和公共关系是让媒体意识到你正在做的事情，撰写关于它的新闻文章，或者以广播或电视片的方式录制出来。因此，它接触到的受众很可能比你的人际关系网更广泛，关键是找到某些有新闻价值的或有趣的东西。你必须准备新闻稿，准备接受采访。一个主要优点是公关是免费的，因为你不用付钱给他们，而这些文章或节目比广告的可信度更大。然而，问题在于，你控制不了文章或片子的内容，而潜在客户可能对产品 / 服务产生了兴趣，但不知道如何购买它，或者如何与你联系。更糟糕的是，发布出来的文章或片子还可能是负面的或批评性的。如果你有钱，那么聘请专业的公关公司来管理你的信息。也可能那天发生了其他更有新闻价值的事件，你的故事就得不到报道了。

你可以用与你的初创企业有关的富有人情味的故事来进行公关，把自己宣传成一位成功的本地企业家。一个有趣的人格，加上一个与更大的竞争对手叫板的“大卫和歌利亚”式故事，这两者的结合是让人无法抗拒的。理查德·布兰森特别擅长此道，他从 18 岁创办自己的第一本杂志《学子》以来就是这样，他利用公关创建了维珍的品牌。布兰森非常外向，是个出色的自我宣传者。他被称作“冒险家”，他的冒险很少有人会考虑，比如驾驶摩托艇横渡大西洋和乘坐热气球环球探险。通过识别自己的品牌，他创办了维珍航空，把自己定位为与历史悠久的竞争者竞争的企业家，其对手是英国航空公司——一家“国家航空公司”，有政府的支持，几乎垄断了从英国出发的所有跨大西洋航空旅行。

你可能会因为新产品 / 服务的新颖性而获得公关宣传。另一种方法是请一位名人来发布产品或为新营业场所开张剪彩。你也可以给专业媒体发送免费样品，让它们来评审你的产品。苹果公司的公关方式是在推出新产品之前，让受尊重的计算机和技术专家来评审产品。

给一款新产品 / 服务做广告，可以通过一系列媒体（如报纸、杂志、广播、电视、互联网、传单、海报、广告牌、直邮、电子邮件等）来完成。做广告的费用可能很高，但它应该保证受众广泛。大多数初创企业不太可能有很多广告预算，所以像新车型发布时常见的那种大量媒体广告投放，往往不太可能成为初创企业的选择。然而，海报和传单等低成本的广告可以上门派发或放到汽车挡风玻璃雨刷下面，这对本地企业可能是非常有效的。它们可以用来创建产品 / 服务认知，把你所在的位置告诉客户，而且如果结合一条鼓励试用购买的信息，还可以快速刺激销售。

高度聚焦的广告可以具有很好的成本效益，例如通过商业媒体做广告，或者是谷歌和必应提供集中按点击付费式广告。按点击付费的方式可以让你在特定的搜索词汇被引用时在屏幕上做广告。它还允许你在提供相关产品或服务的其他网站上做广告。点击付费的方式就是你只在别人点击你的广告时才付费。

案例洞察

单车空间：作为零售商建立客户关系

乔丹·密特尔曼（Jordan Mittelman）于 2010 年在华盛顿特区开设了他的自行车商店“单车空间”。在激烈的竞争中，它坚持做一家有态度、有激情的店，旨在利用社交网络在商店周围建立一个“自行车社区”。这家零售商组织定期的团体维修工作坊和自行车骑行，例如每月一次“满月”骑行，以及有数百名骑行者参加的万圣节“骑行不死之夜”。这些活动以社交出游的方式组织，比如有音乐、食物和点心提供给活动参与者。

案例洞察

神奇烘焙男孩：作为制造商建立客户关系

1989 年，加里·弗兰克（Gary Frank）成立了一家名为“美味甜甜圈”（Delicious Doughnut）的公司，但业绩欠佳。1997 年，他决定重塑公司形象，并将公司改名为“神奇烘焙男孩”。他还改换了包装，并在营销方面投入巨资，以帮助说服连锁超市推他的产品。因为公司小，所以他必须主要依靠店内促销，但互联网使他能够与自己的消费者建立起直接联系。神奇烘焙男孩的网站包含一个数据库，里面有笑话、有趣的明信片广告，以及“曼钦松饼”和“蛋糕入侵者”之类的在线游戏，这些内容可以被下载或“邮寄给配偶”，这是病毒式营销活动的一部分。然而，你只有在注册后才能做这些事，一旦你注册了，就会收到定期邮件，也可以在线订购。神奇烘焙男孩已经成为欧洲领先的松饼制造商之一。

策划传播活动

你需要策划一个传播活动作为启动战略的一部分。这可以针对你的最终用户，也可以针对你的分销渠道。在图 7–1 中的每一个阶段，你的活动都需要略有不同。不过，对这个活动进行支持是发展可持续的客户关系和创建清晰的品牌识别的需要。你的策略必须既向客户输出信息，也接收客户的信息，但其最终目的是开启对话。倾听客户的声音在各个阶段都很重要。每个阶段的主要目标如下所示。

第一阶段是公司的启动阶段，重要的是创建对于产品 / 服务的认知和说服你的第一个客户来购买它。你需要让客户了解产品和服务能为他们做什么，并产生至少试一试的欲望。这个阶段的内容是：

- 创建品牌认知，让客户识别出你的品牌，了解到你的品牌能满足他们的需要，以及应当考虑你的品牌；
- 刺激品牌购买，说服客户购买你的品牌。

第二阶段是公司的起飞阶段，此时你还在试图说服更多的客户来尝试你的产品 / 服务，同时说服那些已经尝试过的客户重复购买。这个阶段的内容是：

- 创建品牌态度，让客户认识到你的品牌与其他品牌有什么不同；
- 促进品牌购买，客户决定购买你的品牌后，需要知道在哪里可以买到产品，以及价格如何。

第三阶段是公司的成长阶段，这个阶段的内容是：

- 继续促进品牌购买；
- 重申品牌态度和品牌识别，加强你的价值主张，以便使常客们确信，他们正在做出正确的购买决定。

第四阶段是创建品牌宣传的最后阶段，这个阶段的内容是：

- 巩固与客户的关系，让他们参与前景展望；
- 鼓励新客户和产品 / 服务的开发。

你需要策划一个宣传活动，与你的总体启动战略整合在一起，并让客户经历这四个阶段。要记住，尽管每个阶段都可能有短期目标，但更长期的目标是基于共同的价值观来建立紧密的客户关系。开发这样一项活动包括以下六个步骤：

- 识别你想要与之沟通的目标市场；
- 识别达到这个目标市场的媒体；
- 定义你的传播目标；
- 开发和完善你的沟通信息，包括文字和图像；
- 设定预算（资金和其他资源），决定到达目标市场的媒体是否适合你的信息，以及是否在你的预算之内；
- 准备你的沟通计划——媒体、日期、时间等。

如果你的宣传活动很昂贵，你最好在启动之前通过焦点小组对其进行测试。一旦活动结束，你应当根据第三阶段中设定的目标来对其进行评估。

创建产品认知

尽管所有的初创企业都需要创建产品认知，但是如何实现这一点，取决于你所启动的业务类型。产品 / 服务创新越激进，该初创企业就越有可能创造真正的公共利益。当你把一种在别处存在的产品 / 服务介绍到一个新市场时，也可以利用公共关系。这样的拓展本身就具有新闻价值，意味着你可以利用公关来让自己受益。即便如此，也很少有公司相信公众会在读到一篇新闻报道之后去敲他们的门。不能保证媒体会向潜在客户解释在哪里可以买到产品/服务，因此重要的是你要向媒体提供产品/服务是什么、它为什么有新闻价值的信息。这涉及制作和发放新闻稿，可能还需要组织一场新闻发布会或发布活动。你可以通过一系列其他活动来支持，在时间和金钱允许的情况下，在这些活动中利用尽可能多的宣传媒介。

很少有产品在发布时能够享受到苹果产品那种程度的期待，当然苹果公司也在精心策划这些发布活动。甚至在一款新产品发布之前，苹果公司就会确保其得到推广，一般是通过免费公关（发布前的功能透露、发布前的产品评论等），以及一场得到媒体广告支持的富有戏剧性的发布活动。不过，苹果公司有一个因其设计和创新而广受认可的品牌，还拥有一批忠实的客户和拥趸——这是需要花时间去创建的，对初创企业来说这不是一个合适的选项。你需要在客户考虑购买你的产品或服务之前建立对你的产品或服务的认知，而且你不能听天由命，你需要考虑前一节讨论过的所有传播媒体。

随着任何产品/服务的推出，把正确的信息传达给潜在客户是很重要的。你想要传达给目标细分市场的信息是你有一个价值主张，可以满足他们尚未被满足的某种需求，或者相比其他产品或服务能更好地满足他们的某种需求。你应当把你的产品/服务告诉他们，它能为他们做什么，也就是好处是什么，以及他们在哪里可以买到它。然而，如果你的产品或服务是完全新颖的，那你可能需要将认知信息限制在产品的作用是什么，解释它所提供的好处。在这两种情况下，你都希望创造出足够的好奇心，以使潜在客户在看到产品或服务时会考虑购买它。

对于那些渐进式产品创新的初创企业来说，创建知名度更困难，因为公司启动的新闻价值比较低。这意味着公关不太可能有效果，你可能会更关注其他的宣传媒体。不过，你仍然有选择，并可能会带来结果。有些企业很幸运，能够让名人来发布其产品/服务——有时候这是免费的，往往是通过他们的关系网找到的。名人发布可能会极其有效，尤其是商店的开张，因为他们会吸引潜在的购物者。名人也可能会被说服为产品/服务背书，但他们是在拿自己的声誉冒险。另一方面，永远不要低估你个人创业故事的新闻价值。很多报纸都有定期的小企业版面，在寻找鼓舞人心的故事来充实他们的页面。

正如我们已经讨论过的那样，社交媒体可能是一种非常廉价的办法，用于让人对一家新公司产生兴趣，但即使是这种媒体，你也需要有一个能吸引人们兴趣的“钩子”，而且你需要找到一种你要把信息发送到什么地址的方法。对于本地企业来说，海报和传单也可以起到同样的作用。在图 7–1 描述的过程中，缩短早期阶段的一种办法是向客户提供免费的或折扣样品或试用品，让客户直接跳到评估阶段或尝试“购买”阶段。这只适用于会产生重复销售的低价产品 / 服务，它最适用的是那种与现有竞争者提供的产品 / 服务略有不同的产品。在很多情况下，它需要与提供产品 / 服务的分销商进行激励挂钩。

案例洞察

好发日：初创企业营销战略

好发日（Grood Hair Day，GHD）公司是杰梅拉集团（Jemella Group）的一个子公司，由马丁·佩尼（Martin Penny）于2001创立。公司总部位于西约克郡，它用一只“熨斗”变革了美发行业，用两片加热的陶瓷板把头发拉直。但是当马丁第一次带着自己的创意到银行请求50 000英镑的贷款时，银行经理疑虑重重，认为这个产品只是“另一套发夹”。马丁只能靠自己经营一家环境咨询公司的记录得到这笔钱。

马丁做了以下两个重要的战略决定，为公司日后的成功奠定了基础。

- 自己不制造产品，而是在成本更低的韩国制造。通过这种方式，他可以专注于销售，并保持最小的固定成本。
- 不在商业大街上销售，而是首先瞄准高档市场——伦敦西区美发沙龙，然后转向全英国的美发沙龙。这个夹发器既销售给美发沙龙使用，也由沙龙自己卖给客户。由于卖给客户的价格很高，沙龙获得的利润也很高。尽管产品成本相对较低，但采用这个路子，把好发日的产品与“另一套发夹”进行了区分，它被视作专业的、特殊的、高档的产品。

许多名人，如麦当娜、维多利亚·贝克汉姆、珍妮弗·安妮斯顿（Jennifer Aniston）和格温妮丝·帕特洛（Gwyneth Paltrow）等都用了发型设计师，而这些设计师都使用好发日发夹，公司也因此受益于名人代言，这能为它带来某种殊荣，然后帮助好发日把产品卖给普通大众。据公司称，现在英国有超过10 000家美发沙龙使用了这种发夹——这相当于85%的市场。基于这样的成功，好发日正在进行多元化经营，进入了洗发液、护发素和定型凝胶等其他护发产品市场，并推出了一款名为“NU:U”的新品牌，目标是中等价位的大众型美发沙龙市场。

让客户购买

图5–3概述了把产品 / 服务带到客户面前的不同方式。通过门店、代理或分销商之类的分销链进行销售，会侵蚀你的利润率，但可以让你扩大接触范围，受益于合作伙伴的优势。

让终端用户购买你的产品，意味着需要对分销链的每个阶段进行激励。尽管你能够直接联系经销商，使他们建立起对你的产品的认知，但他们需要囤货的相关激励政策。它们会对你的产品的独特性感兴趣，对于是否有客户会因你的客户认知活动而在寻找产品，分销商们也会做出反应（即“需求拉动型”）。“需求拉动”沟通策略侧重于最终用户，它们为产品创造需求，并通过分销链拉动产品。

这些渠道最终是对利润感兴趣，特别是如果最初供货的方式是剩货包退，它们就可能会被说服囤积你的产品。事实上，如果你给它们提供额外的初始折扣或奖金，那么它们可能会帮助推广你的产品（即“供应推动型”）。有了“供应推动”，你的启动策略需要影响到分销链中的每个环节。然而，除非伴随着其他促销活动，如销售点展示等，否则与促销活动相关的决定可能会完全由经销商决定。这可能会带来意想不到的后果，比如经销商参与本地价格促销，而这个促销与你的营销组合的其他要素并不一致。这强调了一个要点，即你的启动战略必须与整体战略一致，而且应当对“推”和“拉”的激励进行协调。

“需求拉动”可以用前面讨论过的任何传播媒体来刺激，这里的信息不同于宣传活动（虽然两者可以进行关联），因为你现在想要让人们尝试和评估你的产品 / 服务。第一批购买新产品 / 服务的客户被描述为“尝鲜者”，即那些为自己着想、喜欢新鲜事物和尝试事物的人。创新者只占到市场的 2%~3%。

你也可以通过定价来鼓励人们尝试你的产品 / 服务。例如，如果产品或服务的价格相对较低，而且客户可能重复购买，那么免费样品 / 试用或特殊的介绍性价格优惠就可能说服客户去尝试它。如果他们喜欢，他们就会再次购买。你的产品 / 服务以介绍性折扣价而不是以低价来提供，可以让你在介绍产品后更容易重新设置市场价格，相比价格上涨，客户会更容易接受折扣取消。当与现有产品 / 服务的差异不大且客户需要激励来切换产品时，这种策略通常是必要的。

相比之下，如果你的产品 / 服务足够独特或新颖，那就有可能以溢价发布，尤其是当客户不太可能快速地重复购买时。这造就了与产品或服务的所有权相关联的某种特定状态。随后，通过提供更多的功能但保持相同价位的做法，你可以有效地降低价格。这是苹果公司使用的策略，其新版本的产品具有更新更好的特性。有了这种产品，你也可以对分销渠道有所选择，在产品上市一段时间后进入新的渠道。比如，一部电影首先在电影院放映，然后在付费频道放映，最后做成视频或通过下载播放，价格通常是随着时间的流逝而逐渐降低。

一旦客户购买了，他们就会根据你对他们的承诺来评估你的产品 / 服务。你所宣传的价值主张是真实的吗？产品 / 服务是否符合他们的期望？分销链每个阶段的服务交付是否合适？记住，哪怕你的分销渠道只有一个在某种程度上没有达到客户的期望，他们也有可能不再复购。因此，除了进行第一次销售之外，你还需要开始评估客户对你的产品 / 服务的反应，并纠正你的价值主张中的任何弱点。事实上，有效地做到这一点可能是你与客户建立关系的第一步。你可以采用面对面的试验评估问卷或者反馈单，如果你能拿到联系地址，那么如果有弱点，在弱点被纠正时，和他们进行沟通。如果没有弱点，那么这些都是潜在的会重复购买的客户。

渗透市场

通过重复销售（合适的产品）加上新的客户，你的业务将会增长。重复销售建立在你发展起来的客户关系上，尤其是在竞争对手出现的时候。新客户来自促销活动（包括面对面销售）、寻找新的分销渠道，以及对愿意以某种方式充当提倡者的现有客户加以利用。声誉会传播开来，但需要时间。

虽然你的第一批客户被描述为尝鲜者，但是在他们后面会有第二批客户，这些客户被描述为早期接受者——在其细分市场内有身份的人和意见领袖。这大约占到人数的 14%，他们精心挑选新产品，采用成功的产品，使它们得到接受和尊重。随着你的产品 / 服务吸引到更多的客户，它将会吸引竞争对手更多的关注，竞争者可能会调整自己的营销策略，甚至改变其产品 / 服务的特点，以便与你更直接地竞争。因此，你的营销策略可能需要适当调整，以应对这种威胁。

在这个阶段要采取的适当策略，部分取决于你自己的竞争地位。回到图 3–1 中的初创企业类型，你创造的产品 / 服务创新或市场越激进，你在启动时就越有可能占据一个主导性的市场地位。

强势竞争地位

如果你处于一个强有力的竞争地位，你就要尽快扩张，投资于任何对你提供价值和树立品牌形象有用的基础。在竞争对手效仿之前，你有机会利用自己的先发优势来获利。就第 5 章所概述的核心价值主张来说，你应该做到以下几点。

- 如果你的核心价值主张涉及高度差异化，那么你应该进一步让自己和竞争者区别开来，创造和建立自己的品牌。你可能已经能够在启动时就收取溢价，而且你应该从一开始就将这些利润投资于扩大自己的差异化。尽管你有高度的差异化，但是随着竞争对手的出现，你的价格可能要降下来，或者是直接降价，或者更有可能通过某种方式来提升产品的价值。第二代电子产品通常比它们的前代产品更好（例如计算机的存储容量），但价格相同。

- 如果你的核心价值主张涉及成本领先（低价），那么你必须尽快获得必要的规模经济，以取得主导地位。这包括投资于保持低成本的办法，同时通过包含促销在内的积极营销来扩大销售。

因此，成功的关键是快速获得市场支配地位，同时建立紧密的客户关系。为了吸引更多的尝鲜者和早期接受者，你需要对渠道给予大力推动。这可能包括组织频繁的促销活动、不断寻找新的销售渠道、扩展到新的地域等。代理商和分销商喜欢销售在其他地方被证明成功了的产品或服务，这降低了他们的风险。尽管有些初创企业，特别是高科技初创企业从一开始就是国际化经营，但大多数公司是逐渐进入海外市场的，先通过销售代理等独立渠道出口产品。我们将在下一章讨论国际扩张的问题。

弱势竞争地位

如果你不是处于一个强有力的竞争地位，那么你的扩张就要更谨慎一些。为了对抗竞争，你需要采取行动来提高盈利能力。一种有吸引力的选择是在一个竞争性行业内找一个利基市场。通常在这种情况下，初创企业最好忽略大众市场，转而尝试为自己开拓一个规模较小但独特的市场，至少在短期内如此。这会避免往往与大众市场相关的高固定成本，也意味着产品 / 服务可以收取更高的价格，尽管销量较小，但可以带来更高的利润。利基市场往往比创始人想象的要大，连续创业者会创立一家又一家潜力有限的公司，并常常把它们卖掉。

虽然竞争者肯定会在这个阶段出现，但真正的战斗稍后才会到来。早期和晚期客户中的多数大致分别占客户总数的三分之一，他们更保守，身份地位稍高一些，也是更为深思熟虑的购买者。他们只在产品变得可以接受之后才会采纳它，而且对不同的产品 / 服务货比三家。到了这个阶段，有些竞争对手就会站住脚跟，而其他对手则会半途而废。幸存者将展开激烈的竞争，这是你的市场主导地位和广受认可的品牌真正开始获得效益的阶段。我们将在下一章讨论这个阶段的一些营销挑战。

以下是初创企业成功的 10 条实用秘诀。

- 不要耗尽现金。只能用现金支付账单，所以要规划你的现金流，这样你就不会没钱可用了。我们会在第 15 章讨论这一点。

- 了解你的业务机理。了解需要用什么来制造产品或提供服务，并确保你能交付。我们会在第 10 章讨论这一点。
- 了解你自己。你的优点和缺点是什么？确保你能发挥自己的优点，避免（或弥补）自己的缺点。你已在第 2 章了解过这部分内容了。
- 了解你的客户。他们是谁（说出名字来），以及他们为什么要向你购买？你已在第 5 章了解过这部分内容。
- 了解你的竞争对手。他们是谁（说出名字来），以及为什么客户会从你这里而不是从它们那里购买？你已在第 4 章了解过这部分内容。
- 不要害怕与众不同。你要明白客户为什么看重它。你已在第 5 章和第 6 章了解过这部分内容。
- 不要害怕收取尽可能高的价格，但要能够证明这样做是合理的，并确保某些客户的认同。你已在第 5 章和第 6 章了解过这部分内容。
- 保持尽可能低的固定成本，并持续尽可能长的时间。我们会在第 11 章讨论这一点。
- 提前计划。任何计划都不应该成为你的束缚，它应该允许你考虑和计划突发事件，而且如果环境发生了变化，不要害怕去改变它。本书的内容全都是关于如何准备一个战略选择计划的。
- 不要耗尽现金。有太多利润丰厚的公司因为现金不足而倒闭了。

案例洞察

杰克威尔大学生服装用品店：低成本营销

杰克威尔（Jack Wills）大学生服装用品店是在 1999 年才成立的，创立者是彼得·威廉姆斯（Peter Williams）和鲍勃·肖（Rob Shaw）。该公司最初因为向家境富裕的年轻人出售连帽衫（印有大学的名称）、运动裤、橄榄球衫、睡衣和派对礼服而闻名。

该品牌使用的商标是“杰克威尔大学户外用品店”（Jack Wills-University Outfitters），这样就树立了一个“公立学校”或“学院派”的形象——它在价格上也反映了这一点，尽管它们的确为登记在册的学生提供 25% 的折扣。然而，公司起步时是在德文郡的海滨小镇索尔科姆——这个小镇没有任何大学，但却有很多家境富裕的游客。创始人向公司投资了 4 万英镑，主要取自他们的信用卡，这使得他们几乎没有多余的现金去做其他事了。所以，他们就住在商店的上面。

如今，几位创始人都成了百万富翁，公司的年销售额超过了1.2亿英镑，在英国拥有60多家商店，在美国、爱尔兰等地有大约20家店，杰克威尔品牌现在更为人知的是，它销售一种现代版的传统“英伦”服装，比如男式上衣和女式花呢夹克衫——“对旧与新、正式与休闲之间的紧张关系做出回应”。这些往往包括了传统英国军方和体育设计的特征，在包装和一些产品上，公司了采用了海军蓝和粉红的色彩方案。公司依然出售运动型服装（如马球、英式橄榄球和赛艇），但商店也逐渐发展，出售昂贵的设计师服装和帽子——通常是与“自由”（Liberty）或福克斯兄弟（Fox Brothers）等知名合作伙伴合作开发的，此外还有洗漱用品、靠垫、床单和毛巾等。

它的许多商店位于大学城里面，常常设在历史悠久的建筑中，内部饰以深色的木桌和陈列柜、褪色的波斯地毯和泛黄的海报，在设计上体现出“一切都是英伦范儿”的形象。还有像圆礼帽和便帽之类的产品，以及丝质方头巾，都有助于强调该品牌的古怪而“时髦”的英国风情。公司的徽标是一只带着高顶礼帽和拄着手杖的雉鸡，名字叫作威尔斯先生（Mr.Wills）。

令人好奇的是，杰克威尔如今的营销方式看上去与创始人开第一家店时的营销方式非常相似——这是一种将品牌与竞争对手区分开来的方式。早在1999年，尽管创始人负担不起昂贵的广告宣传活动，但他们把带有品牌的连帽衫和橄榄球衫送给了镇上“有影响力的人”——那些受人羡慕的孩子，并且付钱给他们，让他们到处去送带有品牌的T恤衫。杰克威尔的衣服变“酷”了，显性的广告反而会削弱品牌形象。如今，公司雇用了成批的“季节性”团队，在海滩、滑雪胜地和大学校园里转悠，传播品牌——但绝不销售，他们依赖于口碑和病毒式营销。杰克威尔的商店在美国科德角外的南塔基特开业的前一年，就有一个季节团队花了整个夏天在培育市场。

公司赞助了某些更具排他性的大学体育活动（以及相关的娱乐活动），如剑桥大学对阵牛津大学、哈佛大学对阵耶鲁大学、伊顿公学对阵哈罗公学的马球赛。它还举办年度季节性聚会等独家活动。公司网站列出了其品牌价值。

- 英式。“英国风格是我们所做的一切事情的支柱：我们的灵感来自它的历史和传统，融合了旧式的和新式的内容，创造出我们自己独特鲜明的东西。在世界上，无论我们走到哪里，我们永远忠于自己的英国根。”
- 创业。“公司始于两个朋友的一场冒险。这种开拓性的方法和商业本能依然存在。不管我们变得多么庞大，我们都会留住它。”
- 创新。“创造力以及成为领先者的欲望驱使着我们。这使我们的日常工作更加令人兴奋，也确保让我们不断地激励我们的客户。”

- 负责。“正派和体面是我们的核心；行为得体是我们与生俱来的，无论是我们的员工、供应商还是客户，我们尊重每一个人。”
- 卓越。“这不仅仅关乎我们高质量的产品：我们相信我们所做的每件事都是卓越的，就是这么简单。”

如今T恤衫过时了，相反，他们发放的是明黄色的“派对裤”，品牌印在不同的位置上。

问题：

1. 根据给出的信息，使用新公司创立框架，尽可能为杰克威尔规划商业模式。营销组合是否一致？为什么这很重要？
2. 品牌价值是什么？
3. 为什么公司最初创造品牌知名度的方法很好地转化成了长期的广告/促销策略？
4. 这种方法的优点和缺点是什么？

小结

- 你必须让潜在客户察觉到自己的产品和服务，然后说服他们购买它。一旦他们购买了你的产品/服务，他们将评估你是否已经传达了你的价值主张。随后，他们可能会被说服进行重复购买，并成为常客。最后，他们可能成为积极思考产品/服务的支持者，最终他们可能成为产品/服务的拥护者。你需要通过与客户建立关系来鼓励这种进展。
- 你可以通过面对面接触和传播策略来建立这种关系。传播媒介包括你的个人网络、互联网和社交媒体、公关和广告。
- 你的产品创新越激进，或者你正在开创的市场越新颖，你的初创企业就越可能引起大众媒体的兴趣。不过，他们也可能对创业公司人情味的一面感兴趣。媒体需要察觉到你的业务启动，你可以通过新闻发布会和产品发布活动来做到这一点。
- 你可以直接销售给客户，或者通过分销渠道来销售。如果你通过渠道来销售，那你可能会获得更广泛的分销，但你会丧失利润，而且可能失去对客户沟通的控制。
- “供应推动”是指你给分销渠道里的中介机构建立激励机制，来销售自己的产品。“需求拉动”是指你直接与最终用户建立激励机制，由此最终用户通过分销渠道来“拉动”产品。

- 在刺激低价重复购买的产品试购时，特别是当你的产品与现有产品的差异较小时，价格激励可能会很有效。
- 如果你的产品 / 服务足够独特，就有可能在推出时获得一个高溢价。
- 你的市场渗透策略可能包括进一步促销、扩展到新的地区、寻找新的分销渠道等。
- 你的产品或市场越创新，就越要利用你的先发优势来获利，通过快速的市场渗透和增长来维持你的市场支配地位。随着常客成为你的产品 / 服务的拥趸，建立品牌忠诚度是终极目标。

第 8 章

发展你的公司

增长选择

你可以通过市场渗透来为你已经确定的产品或服务市场增加销售额，相关的方法已在前一章中讨论过。你可能已经开始从一个有选择的分销网络向更密集的网络发展。同时，你可能已经采取了更具进取性的促销和定价策略，来鼓励在竞争对手迅速崛起之前进一步渗透市场。此外，你会进行品牌建设，并将其作为推广信息的一个重要组成部分。本章将会探讨如何通过考虑新的或不同的市场来发展潜力，并仔细思考当你开始向中晚期的大多数客户销售产品或服务、产品或服务本身开始老化并经历其生命周期时，如何来发展产品或服务。

然而，在做这些之前，总是值得花点时间来反思，回顾一下哪些做法已经起到了作用，而哪些还没有奏效，并了解一下你是如何修改自己原来的价值主张，以更好地满足客户需求的。同样重要的是，要了解你真正的优势和劣势是什么，以及周边环境是否已经冒出了哪些新的机会或威胁。最后就是，经验是否改变了你对自己的核心竞争力的看法。你需要发挥自己的长处，并弥补自己的弱点。威胁造成了新的风险，这需要加以应对，新的机遇则不容忽视。

图 8–1 给出了一个简单的框架，以系统的方式观察你的增长选择。前一章是关于市场渗透的，即把你最初的或现有的产品或服务卖给你最初确定下来的客户。一旦你证明了自己能够成功地做到这一点，下一步就是进入新的市场和开发新的产品 / 服务。每个阶段的目标都是取得市场支配地位。将新产品 / 服务开发与新市场开拓相结合，这叫作多样化。

案例洞察

Web 2.0：快速、高增长的企业

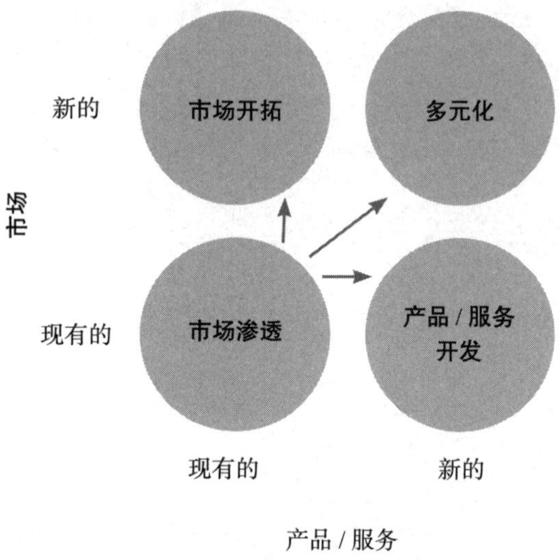

图 8–1　增长选择

2000 年以来的一些发展最快、增长最高的初创企业都是基于交互式网站的发展，用户可以在网站上生成自己的内容并彼此交互，从而形成一个虚拟社区，这叫作 Web 2.0。这与那些只让用户查看内容的网站形成了鲜明的对比。Web2.0 的例子包括社交网站、维基百科、博客、视频托管网站、托管服务、混搭式内容等。快速、高增长的初创企业面临特殊的问题，由于加速发展，它们需要制订增长计划，而且在启动时常常需要相当大的资金。第 3 章概述的精益创业技术有助于减轻它们面临的风险。不过，还是有许多极为成功的 Web2.0 创业公司的例子，他们的创始人都成了百万富翁。

Facebook 可以说是最著名的网络 2.0 创业公司。它由马克·扎克伯格于 2004 年创立，是一个总部位于加利福尼亚州门罗帕克的在线社交网站。在 2012 年的首次公开募股中，它被超额认购，募集了 160 亿美元，尽管股价随后就暴跌了。它现在拥有超过 10 亿个活跃用户，2012 年的营收约为 51 亿美元。

领英是另一个社交网站，但目标是专业性职业服务。现在它的总部位于加利福尼亚州山景城和爱尔兰都柏林，是由里德·霍夫曼（Reid Hoffman）于 2002 年创立并在 2003 年启动的。在 2011 年的首次公开募股中，它也得到了超额认购，随后股价上涨了一倍。它现在有超过 2.25 亿个用户，2012 年的收入大约是 9.72 亿美元。

Twitter 是一个社交网络和微博站点，可以让用户发送和接收文本消息。它的总部设在旧金山，是由杰克·多尔西（Jack Dorsey）在 2006 年创立的。到了 2013 年，尽管公司在这七年之后仍然没有盈利，但它拥有了 5 亿多个注册用户（约 2.13 亿是活跃用户），每天发布大约 3.4 亿条推文，产生的收入大约是 3.17 亿美元。对于使用该网站的每个人来说，Twitter 每年产生 1.45 美元的销售额，大约每条推文里的 1 个字符能带来 1 美分。它吸引了大量的私人资金和风险投资，并于 2013 年在股票市场上市，募集了 18.2 亿美元的资金——公司估值超过 140 亿美元。

Dropbox 公司提供文件托管服务，由德鲁·休斯顿（Drew Houston）在 2007 年创立，并于 2008 年启动，它的总部设在旧金山。用户可以把文件存储“在云中”——在某个尺寸大小之内是免费的，超过这个尺寸要收费。它现在拥有超过 1 亿个用户，2011 年的收入大约是 2.4 亿美元。

YouTube 是广为人知的、使用广泛的视频分享网站，总部位于加利福尼亚州圣布鲁诺。它是由陈士骏（Steve Chen）、查德·赫利（Chad Hurley）和乔德·卡瑞姆（Jawed Karim）于 2005 年推出的。这家由风险投资支持的初创企业在成立仅 22 个月后，就在 2006 年被谷歌以 1.65 亿美元收购了。

市场开拓

市场开拓是市场渗透的自然延伸。你不是向现有的客户销售更多的相同产品，而是会为这些产品或服务找到新客户。选择市场拓展的理由有以下三条。

- 实现生产的规模经济。如果成本领先是你的核心价值主张，而且成本领先依赖于这些规模经济的实现，这一点就尤为重要。
- 你的关键能力在于你的产品，例如你的产品是以技术为基础的，你在其中有一些知识产权（IP），你需要在有限的机会窗口内寻找到新的市场来使用你的 IP。大多数以技术为基础的公司都遵循这种战略——随着现有市场的饱和，开拓新的海外市场，因为开发新产品的成本很高。相比之下，许多服务型企业（比如咨询公司）被拉入了海外市场，是因为它们的客户在海外开展业务。
- 产品在现有市场上的生命周期接近尾声，你需要开发新的市场，只有找到新市场，你的企业才能继续成长。任何成长中的公司都必须找到新客户，这样做的关键是了解它已经拥有的客户——他们是谁、为什么要购买，然后试图找到更多具有相似特征的客户。

许多公司起步于本地销售，并逐步通过区域销售和全国销售来扩大自己的销售范围。然而，在你熟悉的市场中找到新客户是一回事，进入全新的市场则是另一回事，即使你正在销售的是自己熟知的现有产品或服务。不过，如果想要成长，你就不得不这么做。这些新市场可能是新的细分市场，就是那些你最初确定过但没有资源去关注的目标。它们可能是新的区域——通常是国外市场，低风险的选择是在这些国家寻找与你已经销售的产品类似的细分市场。

正如我们在第 4 章中看到的，任何新市场的结构——其客户、供应商、竞争对手，以及潜在替代者和进入壁垒决定了竞争的程度，也决定了你可能获得的利润。波特五力分析是一个有价值的工具，可以用来帮助你评估一个新市场的潜力。

试图将同样的产品或服务卖给新的细分市场，这通常包括以某种方式重新配置营销组合，以便“微调”你的价值主张。有时候，市场开拓和产品开发可能齐头并进，因为进入新的细分市场可能关系到开发现有产品供应的变体，做法包括通过改变营销组合或对产品范围进行微小的改变。不过，我们谈论的是增量和微小的变化，而不是全新的产品。

案例洞察

Fat Face：市场拓展

1988 年，在法国滑雪胜地梅瑞贝尔的一家商店里，蒂姆·斯莱德（Tim Slade）和朱利安·里弗尔（Julian Leaver）开始销售他们自己印制的 T 恤衫。他们是滑雪爱好者，但用光了钱，还卖掉了他们的财产，包括一辆大众牌露营车，去购买用来印制徽标的浅白色 T 恤，初衷就是资助自己作为“滑雪迷”的生活方式。第一家“Fat Face”商店于 1993 年在英国开业。它现在已经成为一个面向体育爱好者的另类品牌，公司在全世界都有商店，让这对合作伙伴成了百万富翁。

2000 年，朱利安·里弗尔阐释了他们想要达到的目标：“2000 年，公司从 Friends lvory & Sime 私募基金那里筹集了 500 万英镑的扩建资本，用来为其扩张提供资金，但他们在扩张过程中小心翼翼地管理着品牌。”

朱利安·里弗尔再次解释道：“一年之内，在每一个滑雪和冲浪商店、百货商店里，我们可能很容易就把它彻底搞砸了。两年之内，我们就可能会毁掉这个品牌。”

缓慢而有计划的扩张是通过增加英国和欧洲的商店数量来实现的，最后扩展到世界上的其他地方，确保招募到的是具有合适个性的、合适类型的员工。起初，Fat Face 基于直觉和实验进入新市场，后来它们进行了更专业的市场研究。在它们所有的细分市场中，它们的典型客户是家境富裕的专业人士，年龄在 30~40 岁之间，喜欢滑雪或水上运动。他们试图通过电子邮件和定期的面对面焦点会议，来保持与客户的密切联系。这种成功扩张的关键是良好的品牌管理。所有的 Fat Face 商店都有同样的“有趣”感，有热情洋溢的年轻员工。尽管产品范围已经扩大到了鞋、包和珠宝，但他们都有相同的生活方式和运动形象。虽然 Fat Face 产品的定价很高，但店里经常有促销，鼓励路过的客户入内浏览和进行“冲动”购物。

2005 年，蒂姆和朱利安把公司的大部分股份以 1 亿英镑卖给了 Advent 公司，接下来，

Advent 公司又在 2007 年以 3.6 亿英镑将其卖给了桥点资本（Bridgepoint Capital）公司。蒂姆和朱利安成了富翁，并保留了少量的公司股份。他们俩仍然喜欢滑雪。

进入国外市场

进入国外市场有很多方法。如果你的竞争优势是基于你所在国家的资源，那么这种形式应该是出口。出口也常常是一种低成本、低风险的寻找海外市场的方式，它可以采取现货销售的形式，即一次性销售给个人客户。现在随着互联网的出现，出口就更容易实现了。

然而，如果你需要在国外的分销渠道获得市场表现，你可能就需要一个本地的销售代理商。一个好的代理商应该具有宝贵的本地知识，而且可能对产品或营销组合的其他元素提出修改建议，以更好地适应本地需求。它们可能期望你为广告和促销提供资金或贡献，而不会确定是否有盈利回报。找一个代理商可能已经够困难的了，但假如不论出于什么原因它们没有达到你的销售目标，如果你可以终止合同，那么你除了更换代理商之外几乎无能为力。

另一种方法是许可本地公司制造你的产品，或达成一个合同协议，比如授予特许经营权来提供你的服务。这可以让它们利用自己的当地优势来获利，但需要它们承担许多商业风险。如果要有效地渗透市场，它们对本地市场的了解和投入是至关重要的。对于服务或零售业务，等价的做法是将特许经营权授予一家首席特许经营者，由它负责在当地展开特许经营业务（详见第 10 章）。他们可能自己经营一些特许业务，并将其扩展到其他公司。特许经营为他们所经营的特定市场提供了一个相当标准的形式，如果特许经营推广获得成功，首席特许经营者就能从中分享成功。为了取得效果，公司和它的特许经营商或经销商必须具有共生关系，这种关系建立在相互信任的基础上，并且有有效的激励机制来确保成功。

进入国外市场的下一个阶段是形成战略联盟、合作伙伴关系或合资企业，由此合作伙伴为合资企业带来不同的资源，并分享利润和分担风险。我们将在第 10 章进行更详细的介绍。在一些发展中国家，外国企业只能与当地企业建立合资企业。最后一个阶段是直接投资，这需要建立一个全资子公司，它可能仅仅涉及营销和分销，也可能完全融入你的公司的运营。显然这是一个昂贵的选择，通常只有更大的公司才会采用。图 8–2 展示了这些对国外市场不同程度的参与，以及与之相关的递增风险。最佳的做法并没有一定之规，而且对国外市场的参与程度往往是随着产品或服务的成功而提升的。

图 8–2 参与国外市场的程度

案例洞察

百安居中国公司：渗透国外市场

英国零售商的海外创业屡屡失败，百安居这家英国自助式连锁店在中国的经验很有趣。1999 年，百安居在中国开设了第一家店。在 2005 年，它还收购了欧倍德（OBI）在中国的 13 家店，所有这些店都换成了百安居的风格。

起初，这些店取得了巨大的成功，北京店更是以拥有全球最高的平均客户消费（超过 50 英镑）而自豪。但文化差异以及它们对零售商的影响才是真正有趣的事情。这些店看上去跟英国的店非常相似，尽管它们通常要大得多。北京金四季店的面积达 20 000 平方英尺[①]，是全球同类店中面积最大的。和英国百安居的店里一样，这里的工作人员也穿着橙色工作服，所提供的产品也非常相似，只是留给园艺产品的空间要小得多，而且中国的百安居还出售软家具装饰。

最大的不同在于，中国消费者根本不想“自己干”。中国消费者通常在商店选择他们想要的东西，然后让专业人员为其安装。造成这种情况的原因部分是文化的，部分是经济的。与西方相比，中国的劳动成本要低得多，而且像刷墙漆这样的事情在中国也被视为一种主要的 DIY 工作。还有，如果客户在北京买了一套公寓，那就只是买了一个混凝土外壳——没有花园，客户会从一家商店购买他们所需要的其他一切东西——管道、照明、厨房、浴室和家具。因此，百安居开始为客户提供更多的服务——让设计师和承包商来安装产品。北京店里有一间满是设计师的屋子，他们在电脑上干活，随时准备为客户设计客厅、厨房或浴室。然后，工人队伍交付和安装产品。百安居在中国的销售现在有 25% 都涉及某些百安居服务。

然而，2008—2009 年，百安居中国公司的销售额大幅下降，而且持续下滑延续到了

---

① 1 平方英尺≈ 0.0929 平方米。——译者注

2013 年。随后的损失导致百安居关闭了近三分之一的店，并减少了营业面积。当地媒体的评论指出，本地价格竞争是导致这种下滑的主要因素。时间会告诉我们，在其他英国零售商失败过的地方，百安居能否取得成功。即使只剩 39 家门店，百安居也仍然是在中国最大的西方零售商之一。

在决定以任何程度的投资（任何超出销售代理商层面的投资）进入国外市场之前，进行详尽的市场和国家分析是非常重要的。你要评估那里的机会，同时也要评估你将面临的风险。你需要对国家的环境进行经济分析——国内需求、本地法律法规、政府政策、汇率、相关产业和支持产业等。可以尝试使用第 3 章介绍的 SLEPT 分析，你可以使用波特五力分析来评估利润潜力，但是除了进入壁垒之外，还要考虑你面临的退出壁垒。退出壁垒可能源自法律约束和 / 或与退出相关的高成本。正如高进入壁垒增加了利润潜力（因为它们不鼓励新的竞争者进入），高退出壁垒也增加了你面临的风险，因为如果你发现市场无利可图，那退出市场的代价可能就很高，甚至是被禁止的。

每个国家都需要进行独立的评估，而不仅仅是使用严格的经济标准。文化差异会极大地影响消费者的喜好，一些最具经济吸引力的国家可能是最难渗透的。2013 年，英国最大的超市乐购 80% 的中国业务由中国的国有企业华润创业有限公司收购，华润是中国第二大超市连锁店。当年早些时候，德国麦德龙（Metro AG）宣布退出消费电子产品市场。2012 年，美国的家得宝公司（Home Depot Inc.）宣布关闭中国各地的多家门店。

产品开发

产品 / 服务创新是成功增长型公司的一个特点，这可能有以下四种形式。

产品改良（product modification）。这涉及现有产品的改良，变化不大，是演进式的。它们可能在质量、功能或风格方面进行修改，以解决任何弱点或适应当地市场，服务水平可能会提高。当中后期用户开始购买产品 / 服务、其他公司开始生产“更好的”产品时，竞争会加剧，这么做往往很有必要。如果你正在一个进入壁垒低的市场中开拓一款产品，尤其是当产品正在发展成大宗商品时，这可能就会成为一个特定的问题。然而，即使是像 iPhone 这样的成功产品，也需要不断地修改来继续参与竞争。

产品扩张（product expansion）。这涉及开发产品的变体，以满足不同细分市场的需求。大多数企业在启动之后不久，会开始提供一系列产品或服务，因为它们发现了新的市场机会。因此，例如，汽车制造商可能开始提供运动型、客货两用型或节能型变种车型；软饮料制造商可能会开始为一个成功的品牌提供“低糖”变体或新口味的品种；平板电脑制造商可能会提供 7 英寸和 11 英寸的屏幕。

产品延伸（product extension）。这是指一个成功的品牌延伸到相似但不同的产品或服务，这些产品或服务可能是由相同的客户购买的。例如，一些巧克力制造商成功地将自己的品牌推广到了冰激凌。这里成功的关键在于拥有一个强大的品牌，一个对客户来说有某种实际意义的品牌，其价值可以扩展到其他产品。因此，添柏岚（Timberland）这家因生产耐用户外鞋而闻名的公司，将其产品范围扩大到了耐用户外服装。维珍公司和传奇（Saga）公司是品牌应用于广泛多样化产品的良好例证，这些产品大部分是成功的，它们把客户及其对生活方式的渴望联系在了一起。然而，维珍公司很少从事“生产”，而是依赖具有现成专业技术的合作伙伴。另一方面，梅赛德斯 – 奔驰是一个与质量有着强关联的品牌，公司通过生产范围更广的车辆来利用品牌的价值，始终能为其产品收取溢价，这使它能够进入汽车市场的新领域和不同的细分市场。

全新产品（completely new products）。你可能因为发现了新的市场机会而引入全新的产品。这些可能是创新的产品，或者取代你的现有产品线，或者与你的现有产品一同销售。当你奠定了一个忠实客户的基础，而且你和客户关系密切（客户聚焦），可以据此建立质量或交付方面的好名声时，这是最成功的。聚焦于客户的公司在开发新产品方面会有优势，因为如果它了解客户的需求是如何变化的，它就应该能开发出新产品来满足他们。更重要的是，如果存在信任关系，客户就更可能尝试你的新产品，前提当然是他们认为自己需要它。因此，这一战略的关键是建立良好的客户关系，通常与有效的品牌打造相关。

这种方法的一个优点是，与寻找新客户相比，增加与现有客户的业务量常常更具成本效益。更重要的是，良好的关系往往会使客户成为提倡者，他们会带来新客户，而且愿意帮助产品开发。不过，即使是面向现有客户，开发新产品也可能很昂贵而且存在风险。开发必须牢牢立足于现有市场的需要。即便如此，要是做得太快，也可能意味着把资源过于单薄地分配到一个不平衡的产品组合上。

新产品的开发必须牢牢地扎根于现有市场的需求。即使如此，如果开发的速度过快，也可能意味着资源在不平衡的投资组合中过于分散。

案例洞察

美国巨人：增长过快的问题

成立于 2012 年、开业仅 18 个月的在线服装零售商美国巨人（American Giant）公司，一切都在按部就班地进行。这家总部位于旧金山的公司是由贝亚德·温斯罗普（Bayard Winthrop）创立的，主要销售采用美国棉花、在美国生产的高质量卫衣外套和其他服装。由于资源有限，公司依靠的是口碑营销，而且估计至少要两年才能真正开始增长，它已经在其商业计划中考虑到了这一点。它只接受最流行款式的预订，比如拉链连帽运动衫，同时认识到自己不可能很快补充其他不那么流行的款式。它的采购和库存都很谨慎，以便管理自己的现金流。

增长并不总是按计划进行的，非计划的成功可能导致的问题和失败一样多。2012 年 12 月，当在线杂志《石板》（*Slate*）刊登了一篇文章说公司的连帽运动衫是“有史以来最棒的连帽衫”时，公司的库存实际上有点积压过多。两天之内，公司收到了价值超过 50 万美元的额外订单，清理了帽衫的存货。公司既没有人力也没有材料来满足需求，因为公司的供应链一直回溯到美国棉田，它们专门为美国巨人纺织和印染布料，不可能简单地拿起电话打一通就能订购到更多的原材料；与此同时，工厂是为生产数百件而非数以千计的运动衫而设立的。公司所能做的就是向客户道歉，希望他们能耐心地等待订单的完成——这对于依靠产品和服务质量重复销售的公司来说，并不是最好的情况。

有些客户愿意等，但很多客户不愿意等。然而，公司处理问题的开放和诚实的方式受到了客户的赞赏。事实证明，库存短缺是更好的公关——每个人都喜欢拥有别人拥有不了的某种东西。因此，美国巨人公司在危机中幸存了下来，而且销售量持续增加，尽管它们从未以同样的方式再次达到顶峰。

开发产品组合

当开发更多的产品 / 服务时，你可能需要让每个产品遵循不同的策略。一个重要的原因是，在不同的市场中，每个产品可能处于其生命周期的不同阶段。因此，例如，麦当劳的产品在发展中国家可能具有不同的营销组合，与在美国相比，它在发展中国家处于生命周期的导入阶段，而在美国，它是一个成熟的产品。

所有产品的生命周期都是有限的，而且正如我们所看到的，它们在生命周期的不同阶段吸引的是不同类型的客户。产品 / 市场供应组合的复杂性增加，每个产品处在其生命周期的不同阶段，这可以用改编自增长份额矩阵（Growth Share Matrix）的技术来应对。在波士顿咨询集团（Boston Consulting Group）首次开发出这个工具后，它也被称为“波士顿矩阵”（Boston Matrix），如图 8–3 所示。其纵轴测量的是市场吸引力——市场的增长和利润潜力，横轴测量的是你的产品 / 服务在市场中的实力——它的销售额、相对市场份额等。你在一个有吸引力的市场（否则为什么这样做）推出某种产品 / 服务，但可能你在市场上表现疲软，这被称为“问题儿童”（Problem Child）。有时候，事实证明市场是没有吸引力的，那么产品就会变成“瘦狗”（Dog），它的寿命就会很短。更常见的是，如果市场继续保持吸引力，销售就会增长，而你的市场地位也会加强，这就是所谓的“明星”（Star）。然而，最终市场会成熟，变得不那么有吸引力了，而你的产品 / 服务也会变成“现金牛”（Cash Cow）——一个市场领导者，具有很大的稳定性，但是几乎没有额外的增长，因为它正处于生命周期的末期。

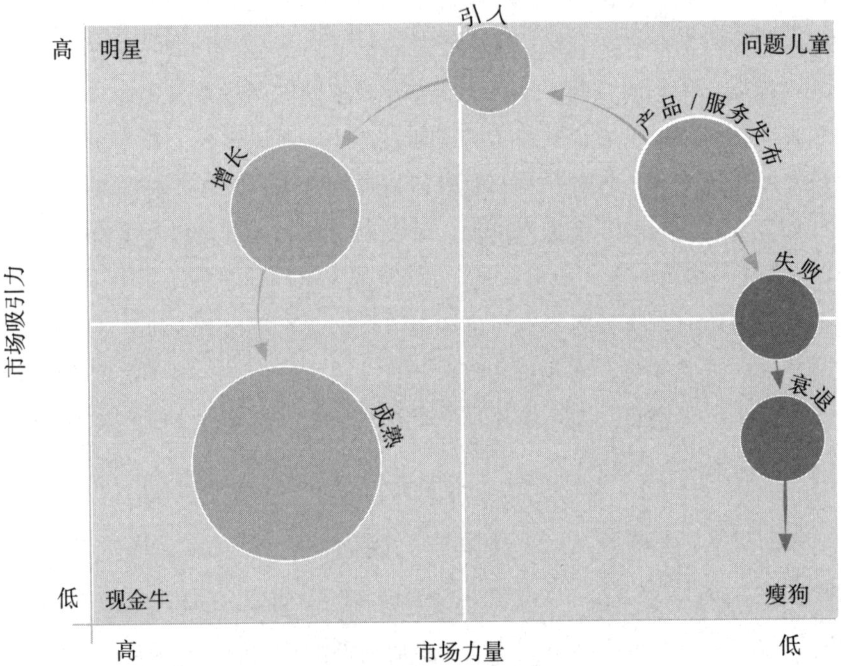

图 8–3 增长份额矩阵

在矩阵的不同位置，看重的是不同的商业技能。在问题儿童阶段，创业技能是最有价值的。一旦产品处于成熟阶段，就需要将它作为一头现金牛来管理——把它能够产生的所有现金流都挤出来。这意味着需要高水平的效率，它有可能通过高度的控制和方向性来实现，现金牛很可能是一名会计管理得最好。如果我们要描绘管理明星所需的原则，那很可能是市场营销。换言之，当产品围绕着矩阵运转时，管理的要务就会变化。在单一产品的公司，这是一个具有挑战性但可管理的问题。在多产品组合的公司，问题更复杂。

这个框架有许多测量的问题。你如何定义你的市场，以便你能测量市场份额或市场增长？你在每个轴上可以只用一个因子，或者用一些因子以某种方式进行加权，不过，测量的问题依然存在。增长份额矩阵可能最好作为一个帮助澄清复杂性的松散概念框架来使用。任何可以简化复杂性，从而有助于我们理解事物的东西都是有价值的。

营销策略和产品组合

增长份额矩阵可以让我们对不同象限中的产品 / 服务的营销策略进行一些宽泛的概括，如图 8–4 所示。如果你可以在矩阵里将产品 / 市场供应置于其生命周期内，那么这些就是你事先希望看到的营销策略要素。但是请记住，虽然这个框架体现了产品生命周期，但它并未反映波特的通用营销策略，而这些策略需要叠加在生命周期上。然而，随着产品接近其生命周期的末尾，并变成现金牛，它更可能成为大宗商品，因此销售上不得不主打价格战。

“明星”产品 **为增长而投资** · 渗透市场 · 接受适度的短期利润 · 积极推销和推广 · 地域扩张 · 延伸产品范围 · 对产品 / 服务进行差异化	**“问题儿童”产品** **发展机会** · 对前景持挑剔态度 · 对选择的产品 / 服务进行大量投资 · 对强项进行专业化 · 支撑弱点
“现金牛”产品 **管理收益** · 以成功的产品 / 服务来维持市场地位 · 对产品 / 服务进行差异化 · 精简不那么成功的产品 / 服务 · 稳住价格，除非需要采取临时的激进立场来阻遏竞争对手	**“瘦狗”产品** **产生现金** · 小心监控——判断何时中断 · 忍受低增长 · 提高生产力 · 降低成本 · 寻找“容易的”增长细分段

图 8–4 增长份额矩阵的战略含义

增长份额矩阵还可以让我们以更容易理解的方式呈现复杂的信息，特别是在与预测未来市场地位以及达到该目标所采取的策略有关联的时候。例如，图 8–5 表示一个假想的有三种产品的组合，每个圆的大小与每种产品所取得的周转率成比例。标记为 A、B、C 的圆表示当前的产品位置，相关的未标记圆表示三年后预测的位置。这个组合看起来是平衡的，图表可以用来解释将产品移动到计划中的位置的策略。同样，通用营销策略是令复杂性增加的一个要素。如果产品 A 和 B 都是大宗商品，在巨大的压力下主要靠低价销售，利润很低，那么这不仅对战略有影响，也会影响到可用来投资于产品 C 的现金流，尤其是假如这是一个需要大量投资的利基市场产品时。因此，产品 C 可能会失败，它必须被扼杀。

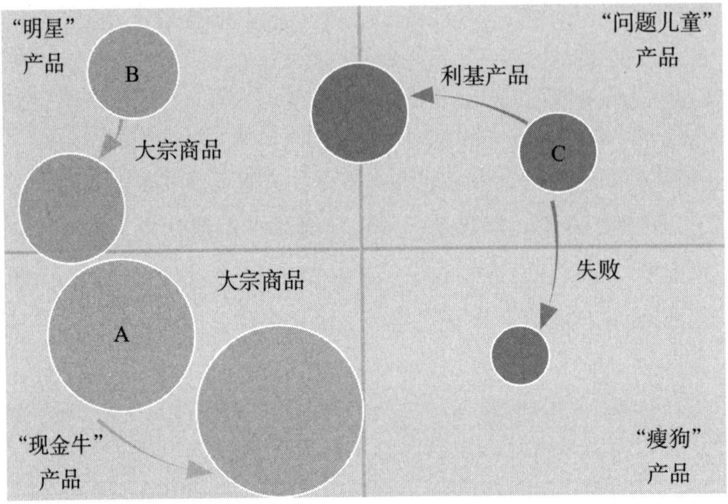

图 8–5 用增长份额矩阵来陈述战略

产品改良、产品延伸和产品扩展的机会也可以在增长份额矩阵中表示。同样地，这是一个有助于了解战略选择的直观教具。图 8–6 中给出了一个示例。

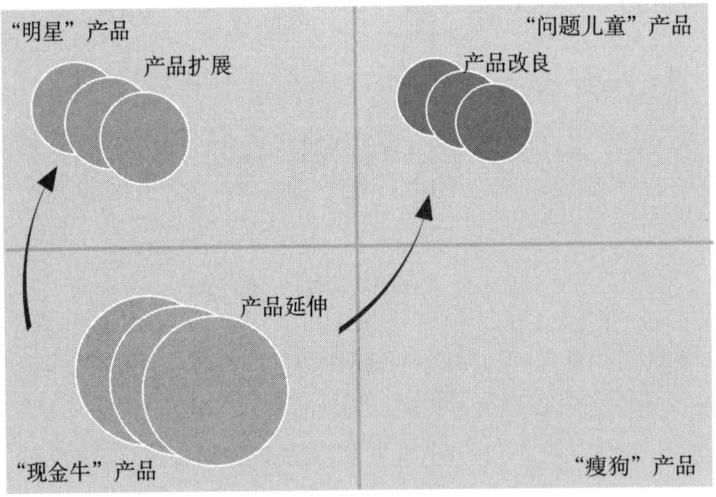

图 8–6 在增长份额矩阵上显示的产品开发选项

产品组合的财务影响

产品组合的结构会影响你的现金流。“问题儿童”产品在开发和促销成本上消耗现金的速度极快，而无法通过收入产生大量现金。“明星”产品可能在开始产生收入，但仍然面临着高昂的成本，尤其是在营销方面，要建立自己的市场地位、对抗新进入的竞争者，需要大量的耗费，因此它可能在现金上是中性的。只有“现金牛”产品才可能收入超过成本，取得正向现金流。有两种“瘦狗”产品：一种是现金狗，它能够覆盖自己的成本，所以可能值得保留，例如，它可能为其他产品或服务带来客户或分摊管理费用；另一种是真的正在赔钱的“瘦狗”——无论是现金流还是利润都在赔钱，应该被抛弃掉。由于这个模型，产生了像“杀掉瘦狗”“投资于明星”和“挤牛奶”之类的惯用语，这些含义如图 8–7 所示。

“明星”产品		**“问题儿童”产品**	
收入	+++	收入	+
支出	———	支出	———
现金流	中性	现金流	——
“现金牛”产品		**“瘦狗”产品**	
收入	++++	收入	+
支出	——	支出	—
现金流	++	现金流	中性

图 8–7 增长份额矩阵的现金流含义

在理想的情况下，你应该有一个均衡的产品 / 服务组合，以便用“现金牛”产品产生的盈余现金来投资“问题儿童”产品。然而，这种情况可能需要很多年才能实现。这些盈余资金几乎可以当作风险资本来投资，选择性地投给新产品和新服务。这种理想的公司（如果存在的话）是经费自给的。不均衡的产品组合产生的问题是，要么存在现金盈余（没有新产品），要么存在赤字（太多的新产品）。如果你的产品组合中有太多的“问题儿童”和“明星”（好创意和新创意太多）产品，那么你就需要现金流注入，而这只有在你能够借到资本，或者筹集到更多的股权融资时才会发生。

案例洞察

卡路驰：小众产品生命周期

在不止125个国家里都可以发现卡路驰公司的身影。到2011年，它已经卖出了超过1.5亿双鞋，这意味着地球上大约每500个人中就有一个人买了一双。这家总部位于美国科罗拉多州的公司是2002年才成立的，创始人是小乔治·布莱恩·柏戴克（George Brian Boedecker Jr.）和他的两个朋友。他们以相对便宜的价格生产和经销一种木屐式的塑料鞋，现在提供各种彩色的塑料鞋。卡路驰在佛罗里达游船展上做了发布，立即取得了成功。它第一年卖出了7.6万双，第二年卖出了64.9万双。色彩鲜艳的卡路驰是由泡沫树脂制作的，这是一种耐用、柔软、轻便、无痕、不透气的材料，最初是由一家叫作"泡沫作品"（Foam Creations）的加拿大公司制造的，卡路驰公司在2004年把它收购了。现在，卡路驰公司在墨西哥、意大利、罗马尼亚和中国制造鞋子，而在加拿大的工厂于2008年关闭了。

如果说新闻界在早期有什么可以参照，那么卡路驰就是一个"充满童话色彩的"的创业故事。《商业2.0》(*Business 2.0*）杂志在2006年11月3日刊中对这个故事进行了如下总结。

来自科罗拉多博尔德的三个朋友在加勒比海驾着帆船航行，其中一个人在加拿大买的泡沫木屐给他们带来了灵感，于是几个人围绕着它创立了一家公司。尽管他们缺少风险投资，而且遭到鞋业界时尚达人的奚落，但颜色多样、带有瑞士奶酪式的孔洞、鞋底柔软舒适、采用防臭材料的卡路驰鞋，还是在全球名声大噪，名人们穿它，年轻人也喜爱它。公司的收入从2003年的100万美元增长到今年（2006）的3.22亿美元。卡路驰公司在2月份的首次公开募股是鞋业历史上最有钱的一次，其市值超过了10亿美元。

公司于2006年上市，在股票市场取得了巨大的成功，发行了2亿美元（这是鞋业历史上最大的一次发行上市）。它最初的策略可以总结为尽可能快地向更多的人销售相对便宜的产品。公司用这笔钱进行了多元化经营，并收购了新业务，如制造小饰品的智必星（Jibbitz），用来搭配卡路驰的透气孔，还有使用泡沫树脂来制造运动器材的雷霆曲棍球（Fury Hockey）。它在墨西哥和中国建立了制造厂，在荷兰和日本开设了分销中心，并扩展到全球市场。2007年，它进行了一次泡沫树脂服装的冒险，没有达到预期的效果，很快就收缩回去了。2008年，公司变卖了雷霆曲棍球。

这就是悖论。在时尚业，流行滋生了蔑视。可以说，这种抵制始于2006年，几乎就在公司上市的同时，《华盛顿邮报》的一篇文章写道："时尚界也不迷恋卡路驰。虽然它的制造者吹嘘说它是'超时髦的意大利式样'，但很多人觉得它很丑陋。"一个名为"我讨厌卡路驰"的博客加入了卡路驰反对者行列，这些鞋子和穿着这些鞋子的人——从美国前总统布什到米歇尔·奥巴马，以及艾尔·帕西诺（Al Pacino）、史蒂芬·泰勒（Steven Tyler）和费丝·希尔（Faith Hill）等明星，都成了美国电视节目中的讽刺对象。到2009年，超过140万人加入了一个Facebook群组，其唯一的目的就是消灭这些鞋子，这个网站甚至还设计了一种焚烧卡路驰鞋的仪式。

尽管如此，在2008年，卡路驰还是被NPD市场研究组（NDP Market Research Group）列为体育专项运动用品频道的头号男式、女式和儿童休闲品牌。然而，在经历了一个丰收的2007年之后，公司在2008年亏损了1.85亿美元，不得不裁减了2000个工作岗位。它突然变得十分脆弱。2008年底，公司替换掉了首席执行官罗恩·斯奈德（Ron Snyder），——他曾与公司创始人一起上过大学，接替者是约翰·杜尔登（John Duerden）。约翰·杜尔登是一名业界老手，经营着一家专注于品牌更新的咨询公司。他相信卡路驰还有生命力，公司需要的是能让它进行品牌延伸的新产品。

到了2009年，公司陷入了滞销鞋过剩和巨额债务的困境。它收购的新业务线（通常是溢价收购）没能成功，结果股价暴跌。此时，公司生产一系列不同的产品，主要是塑料木屐和凉鞋，还有一个叫作“咬”的系列，瞄准的是高尔夫市场。问题在于，卡路驰正处于饱和点，公司未能成功地实现产品多元化。由于产品结实得几乎坚不可摧，大约每500人中就有一人拥有一双，公司还能卖出多少？公司投入了大量资金来满足需求，对这种产品的需求在当时看起来似乎无穷无尽，但现在看起来却很荒谬，因为鞋子的普及度甚至超过了最热门的Crocophile。2010年5月，《时代》杂志将卡路驰评为全球50大最差发明之一。

但在幕后，公司引进了意大利设计师，开始生产新的一系列有吸引力的卡路驰，即使价格比原来的凉鞋高得多，结果布拉德·皮特、莱恩·雷诺兹（Ryan Reynolds）和哈莉·贝瑞等名人又开始穿这种凉鞋。这些新鞋和凉鞋发挥了泡沫树脂材料的优势，鞋底用这种材料制成，主要在海滩和船上穿（“它们轻得能漂起来”“透气孔透气透水”“带凹槽的橡胶外底提高了抓地力”）。除了把鞋的系列进行多样化以外，卡路驰还通过开设自己的品牌商店来进行多元化，进军零售业。为了证明时尚行业的反复无常，2011年卡路驰卖出了价值10亿美元（6.3亿英镑）的鞋子，其中三分之一的收入来自原有凉鞋的销售，“我恨卡路驰”的博客在那一年关闭了。在思考当初卡路驰的丑陋和后来的翻身时，《星期日泰晤士报》在2012年4月22日报道：“在零售业的历史上，有哪个品牌在逆境中如此繁荣？看起来时尚界越讨厌它们，粉丝就越疯狂。对于10岁以下（一个核心市场）的人来说，他们的卖法简单明了，而穿凉鞋的成年人则似乎在爱与恨之间遭受折磨。”看起来，拥有一个丑陋的产品会造成观点的两极分化，而这能够赋予一个品牌独特性。

问题：

1. 从所提供的信息中，尽可能将新公司创立框架与卡路驰的商业模式进行对照。在它们的价值主张中，竞争优势的关键要素是什么？
2. 原先的卡路驰现在处在其生命周期的哪个位置？未来的销量有多可靠？
3. 卡路驰出了什么问题，它是怎么纠正过来的？
4. 公司目前的战略是什么？你对此觉得如何？

多元化

多元化关系到从核心活动领域转移到全新的和不相关的产品 / 市场领域。虽然这是公司进化过程的核心，但这只是极其谨慎地考虑之后才能去做的事情，因为风险很高。无论是开发新产品还是开发新市场，总是要冒风险的，两方面同时开发则更为冒险——这相当于再做一家初创企业。有人认为，相比任何其他类型的企业战略决策，多元化战略可能导致的价值损失更大。更有甚者，有证据表明，在证券交易所上市的综合型大企业，即在多种不同行业具有利益的多元化公司，通过多元化并未创造额外的股东价值。事实上，由于它们的复杂性，它们经常折价卖掉自己的部分业务。然而，成长中的企业似乎也在“多元化”，为什么要这么做？答案可能在于以下两方面。

为了在新兴市场或行业中赢得市场支配地位。公司通过进入相关领域来做到这一点，往往是通过收购。最重要的是，这是一种重新定义任何新兴产业的范围的办法，例如在技术领域。因此，值得思考的是，你的初创企业是否涉及颠覆式创新、市场范式迁移或新兴产业（见图 3–1 中的象限 4、5、6）。如果采取的是渐进式行动，不断捆绑新产品和服务，同时延伸新开拓的市场，则可以降低与之相关的风险。渐进式多样化通常是进入相关领域，你具有该领域中某些产品或市场的知识和 / 或专长。因此，相关多元化比非相关多元化的风险更小。不过，相关领域和非相关领域之间的区别并不总是很清晰，而是逐渐过渡的，尤其是在新技术快速发展的领域，正在产生前所未有的新市场。

正如我们在第 4 章中所看到的，自 2000 年以来五家最成功的创业公司（苹果、亚马逊、Facebook、谷歌和微软）采取了相关多元化战略，开始重新定义它们的业务范围——把硬件、软件和互联网服务关联起来。这是通过有机增长、内部产品 / 服务开发和外部收购的组合来实现的。它们进入新领域的行动是渐进式的，捆绑附加的服务卖给现有客户，实验性地得出其新产品的市场接受度——这是市场测试的一种形式。它们经常利用收购来购买新客户和新服务。渐进式的相关多元化意味着风险更低。通过采取渐进式办法来测试市场和

获取产品 / 服务与市场信息，这也是在引入颠覆式创新时降低风险的一种方式。

相关多元化有三种类型。当公司进入互补性或竞争性领域时，就像前面给出的例子，这被称为横向整合。当公司进入它们的供应链，例如成为制造商时，这被称为后向垂直整合。当它们进入自己的分销链，例如成为零售商时，这被称为前向垂直整合。

通过在不同的市场或行业中拥有商业利益，把业务衰退的风险分散到每一个领域。不过，这只适用于由个人或家庭拥有的公司。在这里，个人或家庭的主要财富是和公司挂钩的。如果公司在股票市场上市并被公众拥有，公众可以通过购买一系列处在不同市场或行业的公司的股票，轻易地分散自己的风险。他们并不看重多元化，因为这无法为他们降低风险，它们只会增加管理公司的复杂性。

因此，多元化和集团化仍然是私营的非上市公司的强大的战略推动力。例如，维珍集团是一家私营的综合型企业，其业务范围遍及全球市场，涵盖许多不同的行业，从运输（航空公司、火车和公共汽车）到媒体（电视、广播、移动电话和互联网），从健康和生活方式（健康节目到健身房）到金融服务（信用卡、养老金、保险产品和银行业）。数年前，理查德·布兰森从股票市场买回了维珍的股票。

然而，公开上市的综合型企业集团的确继续存在且繁荣兴盛，尤其是在发展中的经济体中。这可能是因为当地股票市场的效率低下，例如股票交易成本高，因此交易水平低，但更可能是由于股票所有权高度集中于家族的手中。

案例洞察

信实工业：家族式综合型企业

信实工业公司是印度最大的上市公司（按市值计算）。它是一家家族经营的综合型企业集团，创办人是德鲁拜·安巴尼（Dhirubhai Ambani），他是古吉拉特学校一位贫穷老师的儿子，一开始在亚丁的壳牌加油站工作。为了赚更多的钱，他开始涉足交易大宗商品，甚至还一度融化过也门里亚尔的硬币，以便以高于货币面值的价格出售白银。1959 年，他回到印度创办了一家纱线贸易公司，到 20 世纪 90 年代末，这家公司已经发展成为一家综合性的纺织、石化和石油企业集团，然后进行多元化发展，进入电信和宽带、电力、生物技术、零售业，甚至金融服务业。最初，企业的发展主要是通过利用与印度政界人士和官僚的接触。然而，随着 20 世纪 90 年代初经济自由化带来的变化，它开始采取不同的方式——建造在全球市场具有竞争力的生产基地。德鲁拜还在印度普及股权——从这里进入金融服务，他的两家控股公司现在拥有超过 350 万个股东。

德鲁拜于 2002 去世，生意现在由他的两个儿子穆克什和阿尼尔经营。他们都拥有美国大学的 MBA 学位，而且参与经营公司已经大约 20 年，自 1986 年他们的父亲第一次中风起，他们就越来越多地参与公司管理，并起到了强有力的作用，把公司打造成了如今的世界级企业。尽管在国外鲜为人知，但信实工业集团在印度有着很高的品牌知名度。根据品牌金融（Brand Finance）和《经济时报》在 2010 年做的一项调查，信实是印度第二大最有价值的品牌，2011 年的《品牌信任报告》（*Brand Trust Report*）将其列为印度第六大最值得信任的品牌。

通过收购来拓展市场和产品

快速获得市场支配地位，这对于某些类型的新创企业来说是非常重要的。有时候，收购竞争对手——就像 Zipcar 收购 Streetcar 一样，是巩固你在国内市场地位以及在国外获得市场份额的一种方式。旅游平台 Lastminute 早期成功的原因之一，就是它在 1995 年启动之后，在欧洲市场采取了积极的收购策略。它购买了类似的在线业务，以及许多与旅游和度假相关的公司，如德国的 Lastminute、法国的 Degrif-tour、目的地控股集团（Destination Holdings Group）、地中海酒店（Med Hotels）、First Option 和 Gemstone。这些收购帮助它获得了国际市场的主导地位，还有产品类别与地域市场的规模。这样一来，它很快就在整个欧洲巩固了自己的品牌。

很显然，这一战略需要足够多的资金——在另一个国家收购一家成功的新创企业可能会很昂贵。因此，这确实只是高增长企业的一个选择，这样的公司已经证明了自己的商业模式，并且规模经济或范围经济对它们至关重要。范围经济是在资源使用较少时采用的术语，因为它分布在多个活动之间，也称为协同。当品牌等无形资产可以扩展到多个产品（品牌延伸或产品延伸）时，就可能出现这种情况，这就是维珍公司提出的主张。当销售或技术管理及其相关的固定成本等组织能力可以扩展到更多产品或服务时，也会出现这种情况，这就是 eBay 收购 PayPal 公司的原因。许多以技术立身的公司，如苹果、亚马逊、Facebook、谷歌和微软等公司，都广泛采用这一策略来扩展其产品 / 服务内容和客户基础。

当大公司通过收购小公司来“买进”产品开发时，这被称为企业风险投资。从电信到消费品再到工程领域，它发生在许多行业中，尤其常见于制药行业。并且在美国，风险投资占据了非常可观的比例。在这里提及企业风险投资的原因是，在未来，卖掉你的公司可能是你变现投资的一种方式。

一般来说，应该谨慎对待以收购来进行市场和产品开发的策略——它很昂贵，而且风险很大。收购的失败率很高，相对于收购方来说，收购的规模越大，风险就越高，因为被收购的业务整合起来更困难。它应当只用于一种地方，就是出现了一个新兴市场，收购是快速获取市场主导地位的唯一途径，否则产业将变得支离破碎。如果你认为这是你的战略的一部分，你需要专业人士给出建议。

一个比收购更便宜、风险更低的选择方案是战略联盟和合资企业（参见第 10 章），这些不需要资金，而且各家公司的管理是分离的。尽管你必须与你的合作伙伴分享利润，但你也让他们分担了相应的风险。而且，对于创始人来说，这意味着他们的精力不会过于分散。

小结

- 最可能产生可持续增长和最高利润的战略是，以差异化为目标，尽可能快地主导你的市场，并围绕这种差异化优势持续创新。快速获得市场主导地位可能来自内部增长，但也可能涉及收购竞争对手。因此，这里的建议是差异化、主导和创新。
- 增长来自市场渗透、市场开拓和产品 / 服务开发，或两者兼而有之，即多元化。
- 市场开拓就是寻找新市场。这可能是地理上的——从本地到区域再到全国、再到全球，也可能是销售到不同的细分市场。
- 寻找新市场的一个原因是实现生产的规模经济。另一个原因是，你的关键能力在于产品，例如基于技术的产品，因此扩张的首选途径就是通过市场开拓来继续开发产品。最后一个原因可能是，产品在现有市场正在接近其生命周期的终结期。
- 波特五力分析是一种帮助评估在新市场中的竞争力的有效工具。它可以用来评估国外市场，但也需要考虑与退出壁垒相关的风险。
- 进入国外市场有多种方式，每一种方式都会增加你的参与和投资程度：出口、指定代理商、授权许可 / 特许经营、建立合资企业或者设立 / 收购全资子公司。
- 产品开发可能包括产品改良、产品延伸和产品扩展，从而导致全新产品的开发。
- 增长份额矩阵是一个松散的概念性框架，有助于澄清管理产品组合的复杂性，它对于每个产品相应的营销策略及其产生的现金流都有影响。

- 多元化关系从核心活动领域转移到全新的和不相关的产品 / 市场领域。新市场和新行业的产生是企业进化过程的核心。

- 多元化的风险很高，但如果通过不断捆绑新产品和新服务，同时扩展新开发的市场，渐进式地进行多元化，风险就可以降低。

- 收购可以用来帮助公司在产品生命的早期快速地获取市场支配地位，还可以帮助开发更全面的产品提供给客户。

- 对于上市公司来说，多元化不会降低股东的风险，因此也不会增加股东价值——除非新市场或新行业正在形成。然而，通过在不同行业分散风险，确实降低了个人或家族所拥有的非上市公司的风险。

- 任何以收购来进行市场和产品开发的战略都应该被谨慎对待——它代价高昂而且风险很大。它应当只用于出现了一个新兴市场的情况，而且收购是快速获取市场主导地位的唯一途径，否则行业将变得支离破碎。

PART5

第五部分

运营计划

第9章

法律基础

保护你的商业创意

你需要考虑的要务之一，就是保护自己的商业创意中的知识产权。你用多种方式可以做到这一点：专利、商标、版权、工业设计权，在某些国家还有商业秘密。然而，自主知识产权也有一些缺点，尤其当你的企业是一家基于技术的初创企业，需要不断地输入外部知识时，例如通过各种形式的合作伙伴或网络，那么自主知识产权就会碍事，因为它会妨碍协同工作。和自主知识产权一样，保密可能是一种强有力的工具。的确，有时候，如果秘密可以被保守，那么商业秘密（比如可口可乐的配方）比任何形式的法律保障都更有效，因为根据定义，如果你注册了一个“秘密”，它就不再是秘密了。只有当你的产品能够被竞争对手以某种“逆向工程”方式揭示其“秘密”时，注册才可能是最好的选择。

然而，对于一家初创企业来说，你的商业创意里的知识产权可能是你为数不多的可用的实际资产之一；在为你的创意寻求融资时，你将不得不将其披露给很多人，而其中一些人可能不如其他人那么谨慎。在这种情况下，你最好尽可能最大限度地利用你的知识产权。尽管如此，在创造竞争优势的事情上，首先进入市场有时候更有效，这比为一个创意申请知识产权然后错过它的商业化窗口要强得多。

各国的知识产权法律不尽相同。它很复杂，通常包括多样化的个别立法。因此，如果你认为知识产权对你的公司很重要，就要进行法律咨询。除了版权，如果想在其他国家保护自己的知识产权，你通常需要在那个国家申请法律保护。世界知识产权组织（World Intellectual Property Organization）是联合国的一个机构，它出版了《全球知识产权指南》（*Guide to Intellectual Property Worldwide*）。在英国，相关法规法律的信息可以从英国知识产权局（Intellectual Property Office，IPO）获取。

不过，一般来说，大多数国家都提供四种基本的保护方法：专利、商标、工业设计权和版权。下面给出了一个简化的指南，但细节可能因国家而异。

专利

专利旨在保护新发明，包括它们如何工作、做什么、如何做、由什么组成，以及它们是如何制造的。它赋予拥有者阻止别人未经许可就复制、制造、使用、进口或销售该发明的权利。专利本身就足以防止其他人利用该发明，但如果他们坚持这样做，你就可以采取法律行动，来阻止他们利用你的发明，并可以索求损害赔偿。在这里，现金拮据的初创企业面临着一些问题，你真的能负担得起这种索赔所涉及的法律费用吗？不过，专利确实可以让你出售该发明和所有的知识产权权利，将其授权给他人。但为了成立一家基于该发明的公司，你也可以保留所有的知识产权权利，或与他人讨论如何利用这个发明。

英国知识产权局规定，有资格申请专利的发明必须是新的，具有创造性的步骤，这种创造性对于在该主题中具有知识和经验的人来说是不明显的，并且能够在某种行业被制造或使用。如果授予了一项专利，它会持续 20 年，但是在英国，到了第五年之后必须每年更新一次。在 18 个月之后，专利由知识产权局在网上公布，这使人们意识到，一旦专利保护停止，他们就可以免费使用。这也可以被视为一个缺点，你应该记住，没有法律要求你去申请专利；你可以决定将自己的发明保守为秘密，这无疑更便宜，但如果该发明进入了公开领域，那么你就可能失去自己对它的权利。然而，在和个人打交道时，如潜在的合作伙伴、供应商或财务支持者，你可以要求他们签署保密协议，在法律上约束他们不披露公司的秘密。你也可以要求员工签署这样的协议。

英国知识产权局列出了一些不能被授予专利的东西，如：

- 科学或数学的发现、理论或方法；
- 文学、戏剧、音乐或艺术作品；
- 表演心智活动、玩游戏或做生意的方式；
- 信息的呈现，或某些计算机程序；
- 动物或植物的品种；
- 医疗或诊断的方法；
- 任何违反公共政策或道德的东西。

商标

商标是一种标志——由文字或徽标构成，或是两者兼有，它将商品和服务与竞争者区分开来。知识产权局表示，商标对于商品和服务必须是独特的。换句话说，这是一个可以被识别的标志，把你的商品或服务跟别人的区别开来。商标一旦注册，就赋予了你在其注册国将商标用于相应商品和/或服务的排他性权利。你可以在它旁边放置®或™符号，以警告其他人不要使用它。在美国，你无须注册就可以使用™符号，但它仅限于你在本地市场的“排他性”。为了获得特定类别的全国性排他权，你需要正式注册，而且必须在注册六个月内产生一桩正式交易。在任何情况下，商标注册都必须每10年更新一次；而且，如果它不是在持续的商业基础上使用的话，就不能保留这个商标。

和专利一样，注册商标可能会阻止人们未经许可使用商标，也允许你对未经许可而使用该商标的任何人采取法律行动。然而，在英国，商标还允许贸易标准官员或警察对非法使用商标的伪造者提起刑事诉讼。与专利一样，你可以出售商标，或者授予他人使用许可证。在英国，即使你没有注册自己的商标，如果有人未经你的许可使用你的标志，你仍然可以采取行动，采取更为冗长和麻烦的普通法来对付“仿冒”行为。

值得一提的是，注册公司名称并不意味着这个名称是注册商标——公司法不同于商标法。类似地，作为注册商标的所有者，你并非自动获得了将该商标用作互联网域名的资格，反之亦然。这是因为同一个商标可以用来给不同的商品或服务注册，也可以由不同的业主注册。此外，有人可能已经注册了域名，也许它的用途与未注册的商品或服务有关。要搜索或注册域名，你应该向域名注册服务商提出申请。

知识产权局表示，如果是以下的事物，则不能将其注册成商标：

- 对货物、服务或其任何特征的描述，例如，表明货物或服务的质量、数量、用途、价值或地理来源的标记（如“廉价汽车租赁”或“高质量建筑商”）；
- 在该贸易线上已经约定俗成的东西；
- 不具有独特性；
- 三维形状，如果形状是你所交易的商品的典型特点，有某种功能或对商品有增值；
- 受到特别保护的标志；
- 具有攻击性；
- 违反法律（如推广非法药物）；
- 具有欺骗性。

注册外观设计

如果你正在创造独特的产品或物品（它们看起来与当前可用的任何其他东西都不同），那么你可能希望通过将其注册为一项设计来保护外观。注册外观设计是一种法律权利，在你注册它的地理区域内为产品的整体视觉外观提供保护。注册外观设计包括赋予产品独特外观的东西，如线条、轮廓、颜色、形状、纹理、材料和产品的装饰（如产品上的图案或风格化的徽标）。这是一项宝贵的资产，可以让你阻止其他人创造类似的设计。然而，它不能对产品的制造方法或工作方式提供保护。

注册外观设计给你的产品的外观提供了排他性权利，这本身足以阻止任何人使用你的设计，而不管他们是复制了你的设计还是独立提出了设计。一旦外观设计被注册，你就可以进行销售，或颁发授权许可并进行销售，或保留知识产权。

英国知识产权局规定，如果要对外观设计进行注册，那它必须符合下列要求：

- 是新的。如果在英国或欧洲经济区没有公布或公开披露与已有设计相同或类似的设计，则前者被认为是新的；
- 具有个别特征。这意味着该设计的外观（印象）不同于其他已知设计的外观。

在英国，《外观设计条例》（*Design Right*）和《欧盟外观设计条例》（*Community Design Right*）也可以为你的产品外观提供自动保护。

版权

版权允许你保护原始材料，防止他人未经允许就使用你的作品。它可以用来保护任何媒体：

- 文字作品，如计算机程序、网站、歌词、小说、教学手册、报纸文章和一些类型的数据库；
- 戏剧作品，包括舞蹈或哑剧；
- 音乐作品；
- 艺术作品，如技术制图、绘画、摄影、雕塑、建筑、图表、地图和徽标；
- 用于出版作品的体例结构或排版版式（例如，一本书）；
- 作品的声音或视觉记录；
- 作品的广播版。

版权并不保护创意，只保护你如何“发表”创意。例如，在写作中，文字是不能被抄袭的。这在大多数国家是自动产生的，意味着你不必为它申请版权，只要它属于受保护的媒体类别之一即可，但这也意味着没有正式的版权登记。你最好在材料上标上 © 符号、版权所有者的姓名以及作品创作的年份，例如 © 2014 保罗·伯恩斯。版权所有者也可以选择使用诸如复制保护装置等技术措施来保护自己的材料。在英国，除了版权保护之外，数据库可能受到“数据库权利”的保护。商标可以注册成设计（对于艺术品）或版权。即使你跨越了媒体的边界（例如从互联网到印刷），你也只能在获得版权所有者的许可后复制受保护的作品。

作为版权所有人，你有权授权或禁止下列与你的作品有关的任何行为：

- 以任何方式复制作品（例如通过手写、打字或扫描到计算机中来复印或复制一个打印的页面，以及录制现场音乐或录音音乐）；
- 向公众租借或借阅作品的副本，尽管英国有些版权作品的借阅属于公共借阅权计划（Public Lending Rights Scheme），这并不侵犯版权；
- 向公众表演、展示或播放作品（例如表演戏剧和音乐、播放录音、向公众展示电影或视频）；
- 通过电子传输向公众广播作品或其他内容，包括通过互联网传输；
- 对作品进行改编（例如翻译文学作品或戏剧作品，或转录音乐作品，抑或是将计算机程序转换成不同的计算机语言）。

如果你有作品的著作权，那么你可以出售、授权许可并出售或保留你的所有权。如果你的作品被歪曲或断章取义，你也可以提出反对。和其他形式的知识产权保护一样，版权的存在本身就足以阻止别人试图复制你的作品。如果不是这样，你有权采取法律行动阻止他们利用你的版权，并要求赔偿损失——如果你有钱去法院打官司。版权侵权仅发生在未经同意就复制整个作品或局部作品的情况下。然而，对构成实质性部分的内容没有定义，因此可能必须由法院诉讼来决定。版权本质上是一种私有权，因此强制执行的成本落在个人身上。

案例洞察

Trunki：打击造假者

Trunki 是专为儿童设计的充满童趣的行李箱，外形看起来像一只动物。据统计，英国 3~6 岁的儿童里，有 20% 的人拥有一只这样的箱子。这是罗伯·洛（Rob Law）在 1998 年提出的一个创意，事实证明它极为成功，以至于出现了许多仿制品。2013 年，他的公司

Magmatic 终于在英国赢得了对 PMS 国际公司（PMS International）的诉讼，这是一家出售 Trunki 风格产品的公司。英国高等法院裁定，PMS 的 Kiddee 箱子侵犯了洛的外观设计权，因为 Kiddee 箱子的"整体感观"，包括类似动物鼻子和尾巴的角状把手和钩扣，都与 Trunki 的设计相似。因此，Magmatic 公司可以采取强制令，不允许 Kiddee 箱子在整个欧洲销售，并强迫 PMS 销毁剩余的库存，而且 PMS 有责任赔偿 Magmatic 公司的销售损失。

案例洞察

Xmi：打击造假者

莱恩·李（Ryan Lee）在新加坡成立了 Xmi 公司，生产和销售自己开发的小型便携式扬声器，这种扬声器能够让听众在家里听到高品质的音乐。他的第一个产品 X–mini 于 2006 年推出。

当时没有比这个产品更好的小扬声器了。这就是 Xmi 会要求（价格）高溢价的原因。客户愿意为更好的品质付钱。

在新公司里，李把自己的成本最小化。即使到了今天，他还是在新加坡中央商务区一间曾经的酒吧里运营公司。在考察了印度尼西亚和越南的公司之后，他把制造环节分包给了中国的公司。

并非每一件事情都能在这些国家完成，更重要的是，它们未必不善于组装，所以你要为劣质产品付出更多。

尽管价格高，但需求也很大，事实证明产品是成功的。然而，在六个月内，李就接到了来自欧洲经销商的电话，要求打折，因为这些经销商以低得多的价格得到了看起来一模一样的 X-mini 扬声器。经过调查，他发现，虽然这些仿制品与 X-mini 有着相同的塑料外壳，但它们的音质要差得多，包装也不同，而且没有公司的序列号。一旦他说服自己的经销商这些是假的、劣质的产品，问题就消失了，但这确实让李意识到，存在一个卖假 X-mini 的黑市。他的反应是把供应商换成那些信誉可靠的供应商。他还开始自制一些高度敏感的部件，并在不同的供应商之间拆分部件。但最终他认为，打击这些假货的唯一方法，就是通过不断创新和改进产品来保持领先地位。

到 2012 年，Xmi 公司的营业额达到了 2600 万美元（3300 万新元）。

公司的法律形式

从根本上来说，创业是有风险的，你组织公司的方式也会影响你个人所面临的风险。

公司的三种最普遍的法律形式是：个体经营者（近 60% 的企业是这种形式）、合伙公司和有限责任公司。表 9–1 中总结了它们的优缺点。在许多国家，公司需要经营许可证，这通常可以从当地政府获得。在英国，某些类型的公司，如食品或酒精销售、职业中介、汽车出租和美容美发公司都需要许可证。

表 9–1　　不同形式的公司的优缺点

	优点	缺点
个体经营者	· 容易组建 · 监管最少	· 无限责任 · 更难借钱 · 缴纳个人所得税
合伙公司	· 容易组建 · 监管最少	· 缴纳个人所得税 · 对合伙公司债务承担无限责任 · 更难借钱 · 每当合伙人变更就“停止交易”
有限责任公司	· 有限责任 · 更容易借钱 · 可通过增加股东筹集风险资本 · 可以出售 · 缴纳公司税（可能低于个人所得税）	· 必须遵守公司法 · 更多的监管 · 更多的信息披露

个体经营者

这是由个人拥有的公司，个人就是公司，公司就是个人，两者不可分。个体经营是最简单的公司起步形式——所需的就是第一个客户。它比有限公司面临的监管少，对账目和审计没有专业要求，尽管个人要基于企业的利润来缴纳个人所得税。

不过，有两个重要的限制。第一，个体经营者会发现，它比有限公司更难借到大笔资金。由于针对有限公司施加的约束，贷款机构倾向于为将资产置于法律框架内的公司提供借款。然而，对于一家公司来说，以个体经营者起步是非常普遍的，随着所需资本的增多，在以后的经营中会吸收更多的合作者。

第二，无论债务有多大，个体经营者都对企业的全部债务负有个人责任。这意味着债权人可以依靠公司资产和经营者的个人资产来清偿其债务。不过，这种不利因素可以通过以配偶或另一个亲属的名义安置家庭资产的办法来规避。

合伙公司

有些职业，如医生和会计师，要按照法律要求以合伙公司的形式开展业务。合伙公司只不过是一些个体经营者聚集起来，以正式或非正式的方式做生意。这样，他们就可以集中资源，一些人贡献资金，另一些人贡献自己的技能。因此，合伙公司具有个体经营者的全部优点，以及一些额外的缺点。

第一个缺点是，每个合伙人对合伙公司的债务承担无限责任，不管这些债务是不是由他们个人引起的。很显然，合伙公司需要合伙人有很大的信任。第二个缺点是，每当一个合伙人离开或新合伙人加入时，就要停止合伙关系，这意味着以某种方式分割资产和负债，即使其他合伙人最终购买了这些资产和负债，而且公司实际上并未停止交易。

一般来说，如果你在考虑成立合伙公司，最好起草一份正式的合伙协议。和朋友建立非正式的伙伴关系很容易，但是如果你们无法一起工作，或者日子过得很艰难，你可能会后悔。如果没有正式协议，那么在英国，这适用《合伙公司法》第 1890 条的条款。合伙协议包括的内容有资本出资、资本利润与利息分割、从公司提款或取酬的权利、会计准备、合伙公司“终止”时的程序。律师可以提供适合于特定场景的协议范本。

有限责任公司

公司（根据英国公司法注册）是区别于其所有者或股东、董事或经理的独立法人实体。它可以签订合同，因自身的权利提起诉讼或被起诉。它是通过企业税被单独征税的。管理层和所有权分离，由股东挑选出来的董事会控制企业的日常运作。只需要两名股东和一名董事，股东也可以是董事。

这种公司形式的优点是，股东的义务限于其投入企业的资本数额。不过，银行很可能会要求创始人提供个人担保来解决这个问题。公司的生命期也没有限制，而且可以出售给其他股东，对股东人数也没有限制。因此，有限责任公司可以从不愿意参与日常业务运营的支持者那里吸引额外的风险资本。此外，由于公司面临监管，银行家们更愿意借钱给公司而不是个体经营者。然而，在现实中，初创企业的创始人难免要为公司的贷款提供个人担保。显然，这是需要资本且在成长中面临风险的成长型企业的最佳形式。

不过这种公司形式也有一些缺点。英国的公司法规定，公司必须保留一定的会计账簿，并委派审计师。它必须向公司注册署提交年度报告，包括会计账目及董事和股东的详细情况。这需要消耗一定的时间和金钱，而且意味着竞争对手可能会获得他们原本看不到的信息。股份在股票市场上公开交易的公司被称为公众有限责任公司（与之相反的是私人有限责任公司)，并面临额外的监管。

设立一家公司，最简单、最便宜的方法就是从公司注册代理商那里购买一个“现货”，否则就需要填写冗长的表格，而且这样也节省时间。此外，代理商会向你展示如何着手更改公司名称，如果你想改的话。

在美国也有“公司”，它们也是独立的法律实体，但在州的管理下，组织方式是C类公司或S类公司，这些公司大体类似于有限责任公司。C类公司和S类公司的主要区别在于它们的税收待遇。C类公司在公司和股东层面要受到双重征税。S类公司不纳税，而是将所有利润或损失让渡给个人股东。因此，C类公司的亏损属于公司，不能从股东的其他收入来源中扣除——这与S类公司(即一种可以选择不同税收待遇的有限责任公司)不一样。因此，如果初创企业出现亏损，私人投资者更倾向于这两种法律形式。然而，大多数风险投资基金不会投资于S类公司，因为投资者人数被限制在100人——这不同于对此没有限制的C类公司或有限责任公司。所以，你计划好的融资结构可能会影响你所采用的法律框架，尽管公司以后可能改变自己的法律形式。

案例洞察

科布拉啤酒：公司失败

科布拉啤酒(Cobra Beer)是由卡兰·比利莫里亚(Karan Bilimoria)于1990年创立的，公司向印度餐馆销售一种不同类型的啤酒。

到2009年，公司的销售额为1.77亿英镑，但是存在一个问题，它还没有实现盈利。事实上，截至2007年7月的财年里，也就是会计账目可以公开获得的最后一年，科布拉公司损失了1300万英镑。科布拉公司没有紧盯利润，而是专注于销售增长。自推出以来，它在市场营销上花费了4000万英镑。销售增长确实非常壮观，在一个下滑的市场中呈现了20%的年同比增长。

不幸的是，2008年的经济衰退让公司蒙受了损失。在增长停滞时，银行业的危机使得新的资金无法得到保障。2008年秋天，比利莫里亚试图为公司寻找一个买家，但大啤酒商不感兴趣，而信贷紧缩也使它无法卖给私人股权投资公司。他削减了成本，四名总监辞职，员工数量从150人减少到了50人。

2009年春天，比利莫里亚聘请普华永道会计师事务所为公司做了一份公司自愿偿债安排(company voluntary arrangement，CVA)。这将会给全部债权人一些钱，但有个债权人威尔斯·扬(Wells Young's)否决了这项提议，扬在贝德福德根据授权许可酿造科布拉啤酒。

于是，比利莫里亚决定以所谓的“预包装销售”来重组科布拉公司。在这项安排中，公司被一家由美国卡林啤酒（Carling）的酿造商摩森康胜（Molson Coors）和其前所有者比利莫里亚（Bilimoria）组成的合资公司收购。摩森康胜支付了1400万英镑购得50.1%的股份，卡兰·比利莫里亚保留了49.9%的股份，并继续担任董事。

不幸的是，在英国，这种管理形式的性质意味着，尽管担保债权人（主要是被欠了约2000万英镑的银行）得到了全额偿还，但是被欠了近7000万英镑的无担保债权人却一无所获。这些债务包括欠投资者的5700万英镑、欠政府的600万英镑税务，以及欠330名小额无担保债权人的600万英镑，这些大多是小企业，如英国Spark Promotions公司被欠62 018英镑的科布拉啤酒泵开发费用，Pop Displays公司被欠31 129英镑的营销印刷和包装费用，还有另一家泵制造商MicroMatic公司被欠了60 143英镑，它们都很气愤。

无担保债权人可能已经输掉了，观察家们认为摩森康胜达成了一个“了不起”的协议。在2007年受封为勋爵的比利莫里亚说，他投资公司损失了2000万英镑，并坚持说他致力于尽量偿还债务。

问题：

1. 根据上述信息，使用新公司创立框架描绘出科布拉的商业模式。在其价值主张中，竞争优势的关键要素是什么？
2. 直到2009年，科布拉公司获得成功了吗？它的策略是否明智？
3. 谁为科布拉公司的增长付出了代价？这公平吗？如果不公平，还有什么选择？

公司治理

如果你决定将自己的初创企业设立为一家有限责任公司，那么公司治理——监督战略并确保其有效性的责任，在法律上就由公司的董事会承担，其法律义务和责任遵循普通法和成文法，因国家而异，一般在组织章程中予以详细说明。

董事有受信义务——这是一种忠诚和谨慎的法律义务，董事们需要行事诚实、怀有善意，熟练、谨慎地承担其法定义务。他们必须为公司及股东的最佳利益而行动。如果只有两个股东（例如你和你的配偶），而且其中一个人是公司的唯一董事（例如你自己），那么以上说法看上去只能停留在学术层面。然而，即使是这种情况，你也必须意识到，你具有一定的法律责任。如果你的初创企业发展壮大了，或者你渴望让它成长起来，那么你的董事会里的成员就可能不只有你自己，它可能包括你的执行管理团队的其他关键成员，他们也可能是股东，甚至还包括非执行董事——非员工外部董事和部分执行管理团队成员。通常，如果你的初创企业已经获得了股权融资，条件之一就是任命指定的非执行董事。例如，如果你从“商业天使”那里获得资金，那么他们通常希望被任命为非执行董事。事实上，在带来不同的技能、独立和客观的看法，以及新的联系网络方面，非执行董事具有宝贵的作用，这些都能为组织的知识和学习做出贡献。他们还可以充当未来潜在困难的早期预警系统，对帮助解决家族企业内的冲突特别有价值。

在图 9–1 中，采用内向性 / 外向性和过去、当前导向 / 未来导向的维度，对董事会的广泛功能进行了总结。

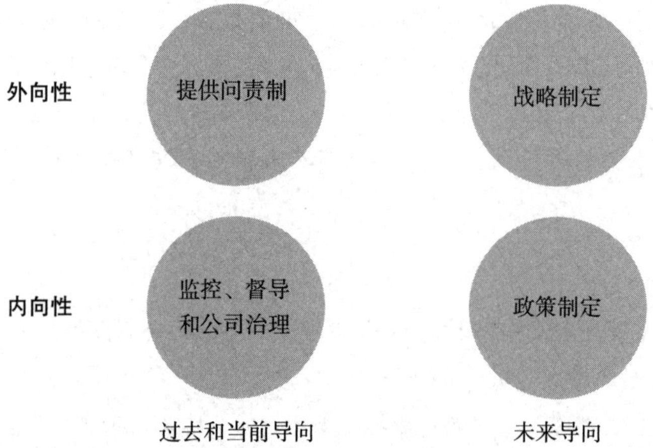

图 9–1 董事会的角色

未来导向

可以说，董事会的首要功能是外向性的和未来导向的——检查和指导企业战略和政策。这可能包括总体战略规划、批准关键领域的战略或投资、经营范围或性质的变化、重大的公司决策，等等。董事会还负责将这些内容转化为组织内部政策，如年度预算、绩效目标、组织结构变革、关键目标的补偿政策和风险政策等。

过去和当前导向

董事会要监督这些战略和政策的表现以及随之而来的风险，并且遵守法律的规定。这些责任包括确保公司的会计和财务报告系统的完整性、监控和监督管理绩效、规划管理层接班、为公司的其他利益相关者提供适当的问责，例如通过任命审计师和批准年度财务报表，确保公司各方面都能遵守法律规定。

尽管建立公司战略和政策可能是董事会最重要的工作，但它不太可能在时间分配方面得到适当的权重。大多数董事会，尤其是在大公司，会把太多的时间用在其他方面，特别是监督管理绩效和法律合规。

在日常管理与公司所有权相分离、存在多个利益相关者的情况下，董事会就变得更重要。因此，一旦公司成长到要在股票市场上市的地步，它们的作用就变得很关键。一旦公司上市，董事会就需要以更正式的方式来运作公司。例如，在欧洲，人们认为，把首席执行官和董事会主席的角色分离开来，是一种良好的实践——有助于避免利益相关者和执行董事之间的潜在利益冲突。出于同样的原因，大多数富时指数（Financial Times Stock Exchange，FTSE）公司都遵循保留非执行董事的建议，不过在未上市的小型公司中，这一比例要小得多。在美国，《萨班斯 – 奥克斯利法案》（*Sarbanes-Oxley Act*）对美国公司强制实施新的问责标准，董事们直接对内部控制负责，如果发生会计犯罪情况，董事们会面临巨额罚款和牢狱之灾。

为了帮助董事会发展和更有效地运作公司，英国管理研究所（Institute of Management）颁布了一套基于董事会能力模型的最佳实践检查清单，给出了 23 项董事会的技能，这些技能在图 9–2 所示的四个关键标题下进行了分组。这些通用能力需要根据特定的环境和专门的董事会功能角色来进行平衡和定制。

战略
指导战略方向
· 战略思维
· 系统思维
· 外部环境认知
· 创业思维
· 开发愿景
· 引发变革
· 维护事业

运营
行使执行控制权
· 治理
· 决策
· 贡献专业知识
· 管理绩效
· 分析形势
· 察觉组织结构

文化
发展组织文化
· 关注客户
· 关注质量
· 关注团队合作
· 关注人力资源
· 关注组织学习

人
实践“人的”技能
· 沟通
· 创造个人影响
· 提供领导力
· 促进他人发展
· 网络

图 9–2 董事会管理模型研究所

社会企业的法律形式

你可以经营一家商业性有限责任公司，并依然带有社会性目的，许多公司将其作为自己的企业履行社会责任承诺的一部分。然而，在英国，如果你的创业公司的首要目标是社会公益，并且把所有的利润都投入到这些活动中，那么社会企业有以下六种法律形式，可以提供不同的好处。

非法人团体

非法人团体是由个人组成的正式团体，可以很快地组建（和改组）——类似于个体经营者或非正式的合伙关系。它们享有很大的自由，因为不受监管。它们不需要去注册，但可以申请慈善机构的身份，这意味着它们必须遵守英国慈善委员会（Charity Commission）的管理条例。

它们可以进行交易，但不能拥有资产，因为这种团体没有法律身份。然而，它可能会设立一个信托，为它们打算造福的社群合法地持有财产和资产的所有权。因为这些团体不是法人性质的，所以团体中的每个人都对任何债务或贷款承担个人责任。

信托

信托机构（trusts）是根据信托契约所规定的社会目标来运行的，许多医疗保健和教育机构都是以信托方式来组织的。信托是非法人团体，受托人代表为此而成立的社群来管理信托，这在信托契约中与信托的社会目标一同被确定下来。信托可以持有资产，但不能分配任何利润。不过，受托人个人对任何债务或贷款负有责任。英国的信托机构可能需要向公司注册署（Companies House）进行注册，而且由于它们具有社会目标，可以通过慈善委员会申请慈善身份。

案例洞察

玛吉中心：社会企业

玛吉中心（Maggie's Centres）信托基金是用玛吉·凯瑟克（Maggie Keswick Jencks）的一笔慈善捐款设立的，她是一位国际知名的景观设计师，1996 年因乳腺癌去世。在去世之前，她设立了这个信托基金。玛吉中心拥有六个中心和三个“临时中心”，2008 年接待了 77 000 名访客。每个中心都位于一所英国国家医疗服务体系（NHS）的癌症医院旁边，所有的中心都是由一流建筑师［如弗兰克·盖瑞（Frank Gehry）］设计的，因为信托基金的创立者相信，设计会影响人们的感受。每个中心都是独一无二的，以开放式的结构围绕着一个厨房——没有封闭式的门，在设计中体现出友好和宾至如归的感觉。每个中心的工作人员都是专业的医疗人员，包括癌症护士和心理学家，以及筹款人。玛吉中心正在试点在线支持小组，由心理学家进行管理。

慈善社会企业

慈善社会企业完全是为了实现让公众受益的慈善目的而设立的。在英国，它们必须在公司注册署或金融市场行为监管局（Financial Conduct Authority）注册，受慈善委员会条例（北爱尔兰税务海关总署和苏格兰慈善管理局）的管制。信托受益于税收和利率减免，任何盈余都必须用于再投资。慈善机构的创始人创建了机构，但不涉及其战略方向或运营。慈善机构由董事或受托人管理，他们不能为自己的工作收取报酬。他们负责规划战略方向。

社区福利社团

社区福利社团是法人的“工业和节俭型社团”——带有社会性目的而成立的法律实体，为了其社群的利益而从事商业活动。在英国，它们由会员经营和管理，但利润不能在会员之间分配，而是必须返还给社群。社区福利社团可以通过向公众发行股票来筹集资金，也可以注册为慈善机构。它们受金融市场行为监管局的管制，而且必须提交年度账目。社区福利社团不同于合作社的地方在于，合作社是为了其会员的共同利益而运作的，这不一定和社区相同，因此不能注册为慈善机构。

社区利益公司

社区利益公司本质上是有限责任公司，在公司注册署或金融市场行为管理局注册，但有额外的要求。在英国，它们可以按股份或担保来加以限制，它们必须在发布年度账目的同时发布一份年度社区利益公司报告，来说明其对社会和环境的影响。它们的运作必须透明，不向董事支付过高的薪水，利润分配也受到管制，受担保限制的公司不得分配利润，而受股份限制的公司在某些情况下可以分配利润。社区利益公司只能将它的资产和利润用于特定的社区，即资产锁定（asset lock），这意味着利润或资产不能低于其全部市场价值被转移。设立社区利益公司的人可以掌控他们认为合适的业务，因为他们将成为董事。

社区利益公司不是慈善机构，不过它和一家慈善机构并肩运营的情况很常见。比如，社会性组织有两种很常见的形式：一种形式是社区利益公司以类似企业的方式运营，同时给社区一定的股份以决定它的运营方式；而另一种形式是慈善社会企业，接受从社区利益公司转移过来的利润，并决定如何使用这些利润。这种双重形式可以最大限度地利用税收优势。这也意味着，慈善机构可以申请赠款资助，以帮助项目的设立和运行，同时社区利益公司所产生的收入意味着，该组织并不完全依赖于这些赠款以及捐助者或政府的善意。

慈善法人组织

慈善法人组织是一种为了慈善目的而设立的法人组织的新形式，因此这种组织向慈善委员会而不是公司注册署或金融行为监管局报告。就像社区利益公司一样，它们必须让当地社区受益，并具有资产锁定。在英国，它们不能把利润或资产分配给它们的成员。与拥有董事的社区利益公司不同的是，慈善法人组织拥有慈善受托人。社区利益公司和慈善社会企业可以转换为慈善法人组织。

税收

所有商业企业都有纳税义务，而且所有组织都可能必须缴纳一些不同的税。所有新公司都必须向税务机关通报自己的存在，尤其是那些有员工的公司，可能需要安排从工资里扣除税款的事宜。

增值税。这是一种销售税的形式，在整个欧盟很普遍。在英国，如果你的营业额超过一定的水平，那你就必须登记增值税。如果你的营业额高于这个水平，你提供的所有商品或服务都必须征收增值税，但同时你收到的商品或服务的增值税可以从你付给政府的额度中扣除。不同的国家有不同的税率，不同种类的产品或服务也可能有不同的税率。某些商品或服务也可能“豁免”上缴增值税，这意味着不对你提供的商品或服务征收增值税，但你不能对你收到的免税商品或服务申请退还增值税。

企业税。有限责任公司为自己的利润支付企业税，这可能在国家层面强制施行。为了税收而计算利润是有规则的，而国与国之间的差别也很大。有些费用是不可抵扣税收的，固定资产的折旧通常有固定的速率。企业税的税率也因国家而异，而且可能随着应税利润的增加而增加。从公司获得股息（由利润中支付）的股东要被征收所得税。英国的计算方式是，这类收入不面向公司和所得税。在美国，C 类公司要受到双重征税。

个体经营者和合伙公司的所得税。个体经营者和合伙公司根据其业务利润缴纳所得税。虽然可抵扣费用与企业税类似，但在许多国家，具体的规章制度和税率可能有所不同。个人所得税税率通常高于企业税率。

地方税。大多数国家都有地方税，在许多国家，这与企业所得税相同。

员工所得税。在许多国家，企业有责任代员工向政府交纳个人所得税。

慈善机构。通常对登记在册的慈善机构的收入免征所得税和增值税，但它们必须缴纳员工所得税。

你可以从所在地政府网站获取更多关于企业税收的信息。

小结

- 你可以通过专利、商标、注册外观设计和版权来保护你公司的知识产权。然而，这可能会很昂贵而且比较费时，有时候率先进入市场在创造竞争优势方面更有效。你可以让员工或第三方签署保密协议，防止他们泄露你的创意。
- 公司有三种法律形式：个体经营者、合伙公司和有限责任公司。
- 在法律上，公司治理的责任由董事会负责。董事们需要行事诚实、怀有善意，熟练、谨慎地承担其法定义务。他们必须基于公司及其股东的最大利益来采取行动。
- 在英国，有六种形式的社会企业：非法人团体、信托、慈善社会企业、社区福利社团、社区利益公司和慈善法人组织。
- 所有的商业企业都有纳税义务，而且所有的机构都可能需要缴纳一些不同的税。

NEW

VENTURE CREATION:
A FRAMEWORK FOR
ENTREPRENEURIAL
START-UPS

第 10 章

组织运营

识别关键活动

关键活动是那些让你的商业模式奏效的最重要的事情，它们对业务的各个方面都有影响，包括你需要的资源。每家企业都有决定其竞争优势的关键活动，其中一些需要在你的业务启动之前完成，例如，为一家零售企业选择合适的地点或取得必要的许可。其他则是公司发展周期中的关键运营活动，例如，保持一个最新的、有吸引力的网站或维持服务水平。随着业务的发展，这些活动可能会随时间的推移而变化，但它们是你需要正确传递你的客户价值主张的日常运营问题，有些会是关键的成功要素。然而，关键活动在组织中层出不穷，对一家大型企业的一个部门可能是重要的或关键的事情，但对整个企业来说可能并不那么重要。支付工资和薪水，对员工来说非常重要，但不太可能成为你的公司的关键活动或关键成功要素之一。这完全是一个判断问题。

关键的启动前活动

如果你希望销售一款创新产品，那么在尝试获得融资之前，你可能至少要有一个工作的原型，而且在进入市场之前，你需要去完善这个原型，并且能交付所需数量的产品。不过，你不必制造，甚至不必装配最终产品，就像你不必亲自向客户直接销售一样。

一些关键的启动前活动会影响未来的运营。例如，eBay 公司的商业模式要求其具备一个有效和高效的网络平台。这在启动时就需要，但该平台的持续开发，使得公司能够保持其竞争地位。谷歌最初的商业模式要求有一个可行的搜索算法，如今它需要在基于互联网的搜索和检索技术发展上保持最前沿的位置。戴尔从一家低成本的计算机设备供应商起家，开发出一种创新的 C2C 整合式供应链来促进这个模式。尽管现在这个做法已经司空见惯了，但它正竭力对自己进行差异化。

关键的运营活动

这要视每家公司的具体情况而定，但对于零售业、互联网业、制造业和服务业等特定行业，可以进行一些概括。地点对于一家实体零售企业来说是至关重要的，正如网站的有效运行是一家虚拟零售企业的关键活动。像咨询公司这样的服务型企业往往需要一些关键技能、知识或解决问题的能力，因此培训可能就成为一种关键的运营活动。对于一家制造型公司来说，以质量或效率为基础的生产活动可能是占支配地位的关键运营活动。我们会在本章稍后部分再详细讨论这些内容。

你的商业模式以及与三个核心价值主张相关的运营要务，对你的关键运营活动有着重要的影响（表 10–1 改编自表 5–2）。例如，亚马逊公司最初起步于一个低成本在线图书零售商，因此它地处西雅图，这是几家大型出版商的主要分销中心。就像其他廉价航空公司一样，易捷航空公司必须保持其低成本，这在运营上有许多含义——从机票定价到行李津贴、从周转时间到人员排班、从网站设计到品牌建设。具有差异化产品的公司，如苹果公司，它们不断地创新，同时在自己的差异化优势基础上进行自身的品牌建设，如设计简约；紧密关注客户的公司为其客户扩充自己的产品——维珍不断地寻求品牌延伸的新机会，同时通过其创始人理查德·布兰森的形象加强其品牌；戴尔公司聚焦于低成本，所以它的关键活动之一是供应链管理，如果这个焦点发生变化那么供应链的重要性就会降低，会出现其他的要务。

表 10–1　核心价值主张的企业要务

低价 / 低成本	高度差异化	客户关注度
· 通过规模经济保持成本领先 · 不断降低成本 · 实现高销售量 · 提高效率 · 标准化	· 理解差异化优势的基础 · 构建差异化优势 · 建立进入壁垒 · 打造品牌 · 持续创新 · 鼓励创意和创新	· 保持密切的客户关系 · 与客户保持联系并了解客户需求的变化 · 维护客户忠诚度 · 对现有的忠实客户实现销售最大化（范围经济） · 打造品牌

每家公司都是独一无二的，你需要确定自己的关键活动，以及这些活动中有哪些是你的关键成功要素。决定哪些因素至关重要、哪些不重要，这涉及判断。这不仅仅关乎紧急

的任务——对于一家初创企业来说，大多数任务都很紧迫。这也不仅仅是要确定那些可能让你破费的要素——会有很多这样的要素。这是要确定哪些事情可能从根本上影响企业的成功。

在你的业务启动之前，你需要完成一些活动。例如，你可能需要一个正在运作的原型，或者你的商业模式可能会影响你需要拥有哪些资产（许可证、专利等），或者你可能需要确保与合作伙伴和/或客户签订了关键合同。有些是关键的运营活动，它们源于你的商业模式，其核心价值主张有助于你的日常管理注意力的聚焦。向自己提出的关键问题是，这会导致创业失败还是成功？你的起点是，思考如何把表 10–1 中的通用化企业要务转化为你公司的关键活动。

零售业要务

启动一家零售企业——商店、餐馆、酒吧等，要应对一系列特殊的挑战。对于任何零售商来说，营销组合中的“地点”要素是非常具体且极为重要的，位置必须接近你的目标市场。如果你想有临时起意的购物者或用餐者，你可以把位置放在主要街道或交通枢纽——客流量大的任何地方。客流量大的位置被称为黄金地段，可能价格不菲。不过，如果有很多人经过一个地点，经过该地点的人并不一定会成为你的企业所提供的产品/服务的潜在客户。如果你正在销售客户寻找的某样东西，而且你可以靠它来把他们“拉”进商店或餐馆，那么你的企业就可以位于一个客流量较低的次级地段。你经常会看到依赖频繁购买的商店（家具店、汽车店、自助店等）位于次级地段。次级地段的租金和费率比黄金地段低得多，不过把客户“拉”到那个位置可能会有额外的成本。

影响零售商选址决策的因素如下所示：

- 当地的人口规模；
- 人口统计学和人口属性；
- 特定位置的客流量；
- 位置的能见度；
- 靠近主力店或交通枢纽等“磁体”；
- 竞争实力；
- 与客户价值主张的一致性；
- 场地成本；
- 停车位的可用性；

- 公共交通的可用性；
- 扩张的潜力；
- 法律协议的性质（如租赁期、租金调整等）。

有时候，小型零售商聚集在租金和费率较低的地区，借助该地区的魅力或多样性来形成自己的客户“拉动”。提供类似产品 / 服务的零售商也可以联合起来建立专业“区”，如珠宝区或餐厅区。

对于任何一家零售店来说，它的正面相当于所销售产品 / 服务的一块巨幅广告牌，因此它需要向客户展示其价值主张。环境氛围也很重要——设计、卫生、布局等，而且也必须反映其价值主张，它必须与你的营销组合的其他方面相一致。如果你是以价格为卖点的，例如一元店，你就不需要昂贵的门脸或销售陈设，因为它和低价的价值主张不一致。另一方面，你可能还是要坐落在黄金地段。

启动一家新的零售店，需要吸引潜在客户，这时可以举行开业活动，也许可以邀请名人甚至乐队，用横幅、气球、特殊装饰品等来营造聚会气氛。这时也可以举行开张酬宾，尽管购物者可能只是扫一眼，但饮酒者或用餐者会想试一试打折产品，所以可以提供特别的开张价格折扣。高档酒吧或高档餐馆可能不依靠价格优惠，它们可能举办特殊的开业活动，只邀请特定的人参加，从而营造一种奢华的氛围。虽然黄金地段的商店可以吸引路过的客户，但其他零售商会需要推广自己的开业活动。

尽管交易日益电子化，但任何需要处理现金的公司都需要确保有防止盗窃的安全措施。酒吧里的员工盗窃问题尤其严重，摄像头越来越多地被用作电子收银机的补充。摄像头也被广泛用于防止商店内行窃。表 10–2 提供了零售商可能的关键活动清单。

表 10–2 **零售商关键活动清单**

启动前	运营
· 位置 · 许可证和租约 · 布局、设计和装修 · 展销和备货 · 互联网销售和网站 · 销售人员招聘和培训 · 信用卡 / 借记卡商户账户 · 启动活动	· 展销 · 库存控制 · 促销 · 安全（现金和商店行窃） · 服务水平

餐馆需要开发出有吸引力的菜单，并确保有厨师提供这些菜品，服务员也需要进行培训。卫生是一个重要的考虑因素，餐馆需要从地方当局获得一份卫生合格证。任何销售酒类的零售商都需要从地方当局获得一份许可证。表 10–3 提供了餐馆或酒吧可能的关键活动清单。

表 10–3　餐馆或酒吧的关键活动清单

启动前	运营
· 位置	· 卫生
· 许可证和租约	· 促销
· 餐馆 / 酒吧设计和装修	· 现金控制
· 菜单设计	· 库存控制（食物和饮料）
· 厨师招聘	· 员工排班
· 员工招聘和培训	· 菜单轮换
· 信用卡 / 借记卡商户账户	· 服务水平
· 网站	· 客户安全
· 启动活动	

互联网业要务

许多企业在互联网上进行贸易，这样可以让企业快速进入国际市场。根据全球电子零售行业机构 IMRG 的数据，2011 年英国消费者在网上花了 680 亿英镑购买商品和服务，而且这个数字正在迅速增长。网上销售提供了一周 7 天、每天 24 小时在世界范围内做生意的机会。这也给你提供了建立关系和理解个体客户购买模式的机会。纯互联网公司不用像零售企业那样有主街地段和店面员工这些主要的固定成本，但是许多传统的实体企业现在也在互联网上进行交易，试图在线上和线下都为客户提供最好的服务。目前，对于那些功能已经被人们所了解的品牌产品，或者对于“低接触度”的产品或服务，如音乐下载、书籍、机票或影剧院门票等，客户也非常清楚自己买的是什么，基于互联网的零售业在这些业务上最成功。现在几乎有 50% 的电脑是在线销售的，相比之下，服装和鞋类则不到 10%。

在这里，成功交易的关键是一个好网站，一个让人们访问之后还会一再访问的网站。当然，你可以在其他建好的电子零售平台上交易，比如 eBay。然而，你可能想要控制内容和展示，并拥有自己的网站呈现方式——无论如何，eBay 的服务是收费的。实际上，你的微软®软件在微软®Office Live 上包含一个基本的网站编写工具，你可以在其中找到免费的网页设计工具的链接。如果你不想从头开始建立自己的网站，那么你可以购买网站框架来自己定制，或者雇用专业的网页设计师。在设计和建设自己的网站时，你想花多少钱都可以，一个基本的网站可能只用花 500 英镑，但一个好的网站可以轻松花掉 20 000 英镑。如果你在网上搜索，你会发现很多方法，但你不妨试着问问朋友和同事的建议。

你的网站应该能够让客户快速便捷地下单，如果这个过程不便捷，那么客户可能在结账之前就流失掉了。它还应该易于导航，这样客户就不会感到灰心丧气，甚至不试一下购买就离开。安全性也应该是一个优先事项，应该确保潜在客户的详细信息都是安全的。网站的内容需要定期更新，以持续吸引客户的兴趣。它还应该呈现出一张“人性化的面孔”，建立一个兴趣社区就更好了，用来鼓励访问者与你交流。理想情况是留下他们的电子邮件地址，然后你可以直接与他们沟通。就像在现实世界里一样，你应该尝试与你的客户建立一种关系。我们在第 6 章和第 7 章中看到过，互联网可以成为沟通活动的一个重要组成部分，围绕你的品牌来帮助建立起忠实客户群。

首先你需要让客户访问你的网站，就像实体企业一样，你需要创建认知度。互联网企业似乎常常忘记这一点。你可以通过使用前面提到的所有媒体，包括印刷媒体或其他网站上的广告，来创造对你的网站的认知。正如我们看到的，像谷歌广告这样的服务可能非常划算，因为它们是基于“点击付费”的。博客、聊天室和论坛等社交媒体也可能是让客户了解你的网站的经济的方式。

所有互联网企业都需要确保在网上搜索产品的潜在客户能够尽快链接到自己的网站上。搜索引擎凭借内容繁荣兴旺，而你的网站跟关键词或短语的相关内容越多，就越有可能出现在搜索结果的列表中。很少有搜索网页的人会去看最初几页之外的结果。搜索引擎优化确保你能够尽快抓住任何在雅虎或谷歌等搜索引擎上搜索你的产品类型的潜在客户。但是，如果你雇一家公司来做这件事，那可能会很昂贵。另一方面，你可以在一本好书或网上课程的帮助下学会自己做这件事，也有一些专业软件可以帮你监控自己网站上的流量。表 10–4 为互联网公司提供了一份关键活动清单。

案例洞察

Figleaves 公司：利用互联网渗透市场

迈克尔·罗斯（Michael Ross）是英国的女士内衣在线零售商 Figleaves 公司的首席执行官，他帮助公司成功打入了世界上最困难的市场之一——美国。该公司于 1999 年启动时的名字是 easyshop.co.uk，在第二年决定专注于内衣后改名。但 Figleaves 公司的秘密在于，当它在美国发布时，这里已经是它的第二大市场了，因为它的产品是在互联网上销售的，美国女性对于她们订购的内衣来自英国并无顾虑。

Figleave 公司跟一些在线营销交易商和网络链接进行了协商，以最大限度地曝光其网站。美国的生意由某个人每月一次从英国飞到美国去进行谈判。该公司甚至在亚马逊网站上有个特许优惠。它在美国发布"防震胸罩"时，亚马逊的创始人杰夫·贝佐斯和网球明星安娜·库尔尼科娃（Anna Kournikova）举行了一场网球比赛。Figleaves 网站的一个特点是，它提供多种不同货币购买的便利。现在，Figleaves 公司宣称自己是"多品牌贴身服饰电子零售商"的全球领导者，网站包括 250 个品牌和 30 000 多种女士内衣、泳装、睡衣、运动装、男装和袜子。

表 10–4　互联网企业关键活动清单

启动前	运营
· 网页设计与导航	· 促销活动
· 搜索引擎优化	· 社交媒体促销（如博客、聊天室和论坛）
· 网站广告和推广	·"社区"建设活动
· 信用卡 / 借记卡商户账户	· 网站更新
· 交易安全性	· 库存控制
· 采购和备货	
· 开展广告和促销活动	

制造业要务

制造或生产涉及五种运营流程，如下所示。

项目。这是一次性生产活动，大规模生产产品以满足客户的特定要求，例如建筑物。项目通常是围绕客户需求在现场建造或制造的，因为一旦它生产出来就无法移动。运营问题包括有效地向现场交付资源、在现场分配资源，以及协调大量互相关联的活动。其挑战在于按时和按预算交付项目。因为这是一次性工作，所以对于此类项目，专业知识和准确的成本计算是至关重要的。

零散。这是一次性的生产，以满足客户的特定要求，但这个过程可以在工厂进行，然后发给客户。这通常会使运营组织更容易。挑战仍然是按时和按预算交付的，而专业知识和准确的成本核算也至关重要。

批量。这种生产有足够的产量来验证生产组织最高效、最有效的方式，任务有一定程度的重复性，但产量很难证明用于任务分析的时间是否合理。例如，制造零部件，然后组装成一个更大、更复杂的产品。

生产线。这种生产会让产量进一步提高，订单的规律性可以证明，用于任务分析和专用资源的投资是合理的。装配子部件（可能来自分包商）以形成最终产品，这通常是流程的一个重要部分。以最高效和最有效的方式来组织这些过程是很重要的。

连续。这种生产的产量已经增长到了一定程度，并以一种缺乏灵活性的、专门的工艺全天候运行，尽可能少停工。小公司通常不会参与这类事情。

制造和组装可能很复杂，往往需要昂贵的机器。因此，首先要提出的问题是，你是否需要自己来承担这项任务，或者你可不可以通过将业务分包给一个专家，以更便宜、更快速的方式和更高的标准地完成这个过程？答案在于你的公司所基于的特定知识、技能和能力，如果这些能力不是基于制造业的，那么寻找一个分包商可能是个好主意。

大多数制造业公司都需要某种专门的机械和设备，你可以利用贸易杂志来寻找供应商。质量控制可能是一个重要的运营问题，一些质量标准可能会有所帮助（BS/ISO 9000 系列）。你需要原材料的来源。企业业务目录可以帮你从世界各地寻找供应商。所有这些都可能需要在你的商业计划中提到。

制造业的运营要务差别很大。项目和零散制造需要高度的专业知识和技能，也可能需要昂贵的专用设备。项目管理技能也很重要，在此基础上有让公司进行差异化和品牌化的机会。小企业似乎钟情于批量制造——如果批量不大，就不必追求效率和规模经济。然而，批量制造可能涉及产量大且范围相对较广的产品，采用同样工艺的不同订单之间存在竞争，因此控制起来可能很复杂。生产线制造包括高效且有效地组织装配线和管理重复性日常操作的能力，所以成本控制、工厂利用和规模经济可能很重要。表 10–5 提供了制造商可能的关键活动清单。

服务业要务

服务型企业最重要的必要条件是提供服务的能力，这取决于提供服务的人员所具备的知识、技能和能力。所有的服务业都和人相关，人员培训很重要。这种培训可能与服务的专业性相关，例如咨询和培训；也可能与服务的过程相关，例如在效率和有效性很重要的地方。如果涉及与客户的直接接触，企业应当帮助员工培养人际技能，以及他们管理客户关系和其他员工的能力。

可能会令人惊讶的是，服务的交付与制造业有些相似之处。更大的咨询任务以项目形式进行，需要同样程度的协调和控制。量身定做的培训计划类似于零散制造，一个处理不同客户任务的计算机部门实际上就是一家批量制造商，快餐店与生产线的相似不止一处。表 10–5 提供了制造商和服务型企业可能的关键活动清单。

表 10–5　制造商或服务型企业的关键活动清单

启动前	运营
· 场地租赁	· 质量控制
· 许可证	· 库存控制
· 场地设计和布局	· 安全检查
· 设备采购	· 项目和零散制造
· 员工招聘和培训	· 项目管理
· 材料和库存	· 知识和技能更新
· 安全程序	· 批量制造
	· 订单的安排和处理
	· 处理复杂性
	· 生产线
	· 人员控制
	· 效率研究

案例洞察

Brompton 自行车：通过关注核心活动实现增长

Brompton 折叠自行车是剑桥大学的毕业生安德鲁·瑞奇（Andrew Ritchie）在 1976 年发明的。他在伦敦西部一家凌乱的小工厂里生产了少量自行车，售价很高。这成了一种时尚标志和有利可图的利基业务。到 2002 年，该公司仍然每年只生产约 6000 辆自行车，雇用了 24 人，产品供不应求。

当 28 岁的威尔·巴特勒–亚当斯（Will Butler-Adams）以执行董事的身份加入公司时，这一切开始发生改变。他带来了新的工作方式，包括引入预算计划和分包部分工艺，如车轮和车架的制造，这让小工厂有了更多的空间来组装自行车。

“我们的想法是把非核心业务外包出去，这样我们就可以腾出更多的注意力在核心业务上，把它们做得更好。我们可以制造更多的自行车。”

到2013年，Brompton公司成了英国最大的自行车制造商，每年生产40 000辆自行车，雇用了190人。它的营业额为2800万英镑，现在它有80%的自行车出口到大约44个国家。这个增长完全是有机地实现的，没有外部融资。威尔并不打算将任何生产转移到远东以利用更便宜的劳动力资源。

案例洞察

Kirsty's公司：通过合作分解运营工作

当柯丝蒂·亨肖（Kirsty Henshaw）在2010年为了获取股本支持而出现在一档创业者向投资者推销创意的电视节目《龙潭》（*Dragon's Den*）时，她完全知道自己想要什么。她要求以15%的公司股权融资6.5万英镑，但最终她很高兴地给出了30%，因为她希望在这类生意上有经验和人脉的两条"龙"参与进来——彼得·琼斯（Peter Jones）和邓肯·班纳坦（Duncan Bannatyne）。

柯丝蒂是一位24岁的单身母亲，她在拿到运动治疗学位前离开了大学，这大约是在她露面《龙潭》节目的两年半之前。在上节目之前不到一年，她开始了自己的事业，在自家厨房里工作。她的儿子患有严重的食物过敏和耐受性不佳，甚至一吃冰激凌就会生病。柯丝蒂想给儿子一份健康的、不含添加剂的冷冻甜点，但发现超市里没有现成的。她用两年的时间开发了两种甜点，不仅味道好，而且热量低，不含奶制品、糖、麸质、人工添加剂、大豆、胆固醇和坚果，一种甜点最后被命名为Coconuka，另一种被命名为Coconice。在打两份工作的同时，她自己投资了约两万英镑生产食品。在英国生产食品以供销售并不简单，她听取了当地商业界（Business Link）、贸易标准协会（Trading Standards Institute）和食品标准协会（Food Standards Association）的建议，自己进行包装，并利用3000英镑的政府拨款创建了一个网站。2009年12月，在从一家全国健康食品批发商那里获得了分销权后，她才开始生产自己的第一批食品。她还通过自己的网站直接向客户销售她的产品。但由于她是在自己的厨房里批量生产的，数量相对较少。

她知道，当她去《龙潭》寻求股权投资时，不仅需要一份销售业绩记录，还需要提供她的产品具有市场潜力的证据，以及如何满足预期需求的计划。她相信这些产品是独一无二的，具有全国性的销售潜力。但她也意识到，在这种规模的生产和销售中，她将面临很大的问题，因此她做出了两项重要的运营决策。一是，她认为要真正产生影响，她必须将产品卖进全国性的连锁超市；二是，她能够满足这种需求的唯一途径是把生产分包出去。柯丝蒂没有这类大批量/生产线生产的专业知识，因此分包可以让她专注在业务的两个重要方面——产品开发和销售，她在这些方面有专业能力；她还意识到，如果（或当）产品取得成功，竞争对手很快就会仿效她，因此尽快用一种品牌产品在超市取得市场份额是至关重要的。

在电视节目《龙潭》露面之前的几个月，柯丝蒂的销量约2500件，这给她带来了超过2500英镑的利润，但她为《龙潭》节目制作的商业计划显示，当年的利润预期是30万英镑，这个差别在于一份超市合同。几个月来，柯丝蒂在英国最大的连锁超市乐购访问买家，他们品尝了产品，并认为这个产品在英国市场确实是独一无二的。与此同时，乐购超市的一些员工也非常喜欢这种产品，以至于他们一直在网上购买。乐购超市表示，只要柯丝蒂能保证产品的供应，就可以在他们的店里试销产品，乐购超市将在400家门店试销该产品，每家店每周要4箱，每箱有12件，每件的利润1英镑多点。产品的潜力是显而易见的，所以接下来的事情就是要找人为她生产甜点了。柯丝蒂一直都想干大事，她找到了欧洲最大的冰激凌制造商，看看他们能否制造出这个数量的冰激凌。乐购的名头完全够用，只要她能保证需求量，该公司就同意生产产品。

因此，拼图游戏的全部要素都已经就位，但她认为现在自己不仅需要一些风险投资，还需要一些商业上的专业知识，来帮助把这些交易统合起来，并铺开销售产品——这就是《龙潭》节目需要的。柯丝蒂不光在寻找现金，也在寻找一些商业和行业上的经验。彼得·琼斯提供了她所需的食品制造、分销和零售经验，而邓肯·班纳坦则通过自己的健身俱乐部，为她尚未涉足的健康食品市场打开了一个新出口。

彼得·琼斯做的第一件事就是和她的制造商谈判分包合同。他们重新评估了第一年的销售额，大约是150万件，其营业额为500万英镑。销售额从此开始大幅增长，现在柯丝蒂的产品在英国五大超市均有销售。实际上，在2013年，她的产品范围扩大到一系列健康即食食品。公司还将自己的名称从“Worthenshaws”改成了“Kirsty’s”。

问题：

1. 根据给出的信息，使用新公司创立框架，尽可能描绘出Kirsty’s公司的商业模式。在这个价值主张中，竞争优势的关键要素是什么？
2. 列出公司拥有的合作关系，并评估其重要性。
3. 识别出Kirsty’s的关键运营活动和公司面临的风险，列出关键成功要素。
4. Kirsty’s的增长选择是什么？你会如何变革商业模式并继续前进？

伙伴关系、战略联盟和合资企业

当你自己不具备全部的技能或资源来追求商业机会的时候，伙伴关系、战略联盟和合资企业是你可以用来开发商机的方式。最简单的形式是把制造分包出去，或者使用销售代理和分销渠道来销售你的产品。这些都是合作伙伴的形式，通过某种形式的合作可以获得互利互惠。这些合作基于法律合同，其实际形式可能是非正式的，也可能是正式的，不一而足。

与他人或机构合作成立新公司，可以简化你面临的运营任务，并降低风险。由于资产由全体合伙人所有或出资，因此所需的财务资源和相关风险就被分散了，而且也更具灵活性。当团队正在寻求特定的机会时，真正的合作伙伴即使不是同一法律实体的一部分，也可以成为团队的一部分。为了互惠互利，他们能够以意想不到的方式帮助你，你也可以经常利用他们的能力和资源。因此，正如你试图与客户发展关系一样，你应该尝试与其他业务实体发展关系。要把你的供应商视为合作伙伴，而不仅仅是资源的供应商。不过，有多种合作伙伴和伙伴关系。

战略联盟是伙伴关系的一种形式，通过这种形式，不同的组织聚在一起，以追求一系列商定好的目标。这可能成为维持竞争优势的有效方式，在创新方面尤其重要，因为合作伙伴在追求商业机会时具有不同的能力。联盟通常有明确的战略和运营动机，比如进入新市场。2011 年，捷豹与威廉姆斯赛车队合作生产了一款新型的电动 / 汽油混合动力超级跑车。诺基亚与微软合作，在 2012 年推出了手机 Lumia 以重振其智能手机业务。一些初创企业的国际扩张战略几乎完全基于国外联盟。

一种更正式的战略伙伴关系叫作合资企业，这通常具有一定程度的直接市场参与，因此需要签订某种形式的法律协议，这种法律协议决定了资源投入和回报的分割。通常，合资企业在形式上是一个独立于任何一方的法律实体。理查德 · 布兰森特别擅长以合资企业为基础来推出新的商业创意。他和德国电信（Deutsche Telecom）公司合作创建了维珍移动（Virgin Mobile），新加坡航空公司（Singapore Airlines）拥有维珍航空公司 49% 的股份。有些发展中国家不允许在本国设立外国独资公司，只允许与当地机构成立合资企业。

眼镜商兼助听器专家 Specsavers 公司以一种基于合同的合资企业方式来经营眼镜零售业务，在这种情况下，它为专业人士量身定制眼镜。它提供了特许经营的所有优势，但给予当地运营商更大的职业自主和责任。Specsaver 公司现在是英国最大的眼镜连锁店，并在其他国家迅速扩张。

案例洞察

Specsavers：通过合作快速滚动发展

Specsavers公司由道格·帕金斯和玛丽·帕金斯（Doug and Mary Perkins）于1984年创建。在卖掉了西部的一家小型连锁眼镜店后，他们搬到了根西岛，在那里的闲置卧室里开始运营这家公司。20世纪80年代初，英国政府解除了包括眼镜商在内的专业服务的管制，首次允许它们做广告。道格和玛丽抓住这个机会，试图建立一家全国性的眼镜连锁店。他们在根西岛和布里斯托尔开了第一批店，紧接着又在普利茅斯、斯旺西和巴斯开了第二批店。他们希望公司建立自己的品牌，让人们认为这是一家以实惠的价格提供各种时尚眼镜的公司。他们希望Specsavers被视为值得信赖的本地公司，但又有一家全国性公司的巨大购买力，这意味着省下的钱就可以转移给客户了。现在Specsavers公司在全球拥有1600多家分店，营业额达15亿英镑，是世界上最大的私营眼镜商，而帕金斯家族被认为是亿万富翁。

Specsavers公司采取了一种有趣的合资方式来发展业务，这是一种最小化其资本要求及所面临风险的战略。它和各个眼镜商建立了合资公司，这意味着每个合资公司都是一个独立的法律实体。新公司成立时，发行相同数量的“A”股和“B”股，公司的所有A股发行给执业合伙人，所有B股发行给Specsavers光学集团。如果公司有多个董事，例如一个验光师和一个配镜师或零售商，则A股在他们之间分配，A股股东被授权负责门店的日常经营。Specsavers公司作为B股股东，提供支持服务、专业知识、经验和信息。随着业务数量的增加，为业务提供的支持服务范围也在增加，这样合作伙伴就可以在其业务的各个方面获得完全的支持，并根据其需求进行量身定制，包括物业服务、业务设计、业务启动、采购和分销、零售培训、专业招聘，以及制作账目、审计和纳税申报方面的支持。个体眼镜商可以在一定条件下出售自己的A股。

一家典型的合资公司的启动成本可能超过15万英镑，这取决于位置和业务规模。在两个眼镜店合作伙伴之间的平等伙伴关系中，每个合作伙伴都要为公司提供至少20 000英镑的贷款，Specsavers公司提供贷款匹配，Specsavers公司融资部（Specsavers Finance）将为剩余部分的资本提供五年期的贷款，而且不需要个人抵押品来为此贷款进行担保。Specsavers公司和合作伙伴签署一份专门的融资协议，贷款从业务利润中偿还，有时候三年之内清偿。

Specsavers公司声称，这种合资方式对眼镜商有以下优势：

- 与特许经营相比，眼镜商的财务承诺水平较低；

- 如果达到目标，初始贷款可以从经营盈余中偿还；
- 与品牌伙伴关系不同，合资伙伴关系为合作伙伴提供了将来出售其股份的可能性；
- 合作伙伴可以在他们需要的时候终止关系。

问题：

1. 列出这种形式的合资企业对Specsaver公司及其合作伙伴的利弊。
2. 这和特许经营有什么不同？这很重要吗？

特许经营

特许经营是伙伴关系的另一种形式，其名称和经营方式的所有者（特许人）允许当地的一家运营商（被特许人）在其名下成立一家提供其产品或服务的企业。对于特许人来说，这是一种快速推广业务形态而又不需要大量资本的方法。它很受被特许人的欢迎，这些人较缺乏创业精神，但又希望经营自己的公司。

特许人需要一个经过验证的、强健的商业模式，拥有基础设施来支持当地的被特许人。一个关键原则是，在启动特许经营网络之前，特许人应在一段合理的时间内和至少一个试点单位内，对商业创意进行了成功的运营。为了换取最初的费用（从几千英镑到数十万英镑不等）和销售权使用费，特许人制定了一份如何经营业务的蓝图：产品或服务的内容和性质、价格和性能标准、商店或企业的类型、规模和布局、培训，以及其他支持或控制。

被特许人希望在自己的启动过程中，有详细的运营手册和运营系统，以及实际的帮助。他们支付在当地建立企业的所有成本。由于特许经营通常是一个久经考验的创意，已经被潜在客户所熟知，所以被特许人有现成的市场和更好的机会把初创企业办成功。事实上，只有大约10%的特许经营是失败的。

在英国，有数以百计的特许经营权和数以万计的被特许人。特许经营是一种利用被特许人的能力和资本快速推出商业模式的有效途径。大多数已经成型的特许人都是英国特许经营协会（British Franchise Association）的成员，该协会根据欧洲特许经营协会（European Franchise Association）的准则，制定了行为准则和鉴定规则。表10–6总结了被特许人和特许人的优缺点。

表 10–6　　　　**成为被特许人或特许人的优缺点**

	被特许人	特许人
优点 续前表	· 经营模式经过实际验证；失败的风险小 · 比自己的创业公司更容易获得融资 · 形式已经确立；启动应该会更快 · 特许人会提供培训和支持 · 全国性品牌应该会有助于销售 · 规模经济可能适用	· 快速扩张业务的方式 · 与被特许人分担融资成本 · 被特许人通常积极性高，因为他们的生计取决于成功
缺点	· 不是真正属于你自己的想法和创造 · 缺乏真正的独立性 · 特许人制定规则 · 购买特许经营权可能成本高昂 · 授权使用费可能很高 · 你建立的商誉取决于持续的特许经营协议；如果你希望卖掉，可能会导致问题 · 特许人可能损害品牌	· 英国特许经营协会的规则需要时间和金钱来遵守 · 失去对被特许人的部分控制权 · 被特许人可能对公司产生影响 · 被特许人的失败可能会反映在特许经营上 · 在特许经营协议中，被特殊人可能承担的义务

案例洞察

艾哈迈德·汗和麦当劳：被特许人

2011 年，麦当劳在英国的门店平均年营业额超过 150 万英镑。麦当劳的特许经营权取决于规模和位置（英国的特许经营权平均成本大约为 50 000 英镑），成本为 125 000 至 325 000 英镑，另加一笔 30 000 英镑的一次性费用。每月收费包括租金，根据销售额和盈利能力，服务费为销售额的 5%，外加对全国性营销的贡献（2011 年占销售额的 4.5%）。合约期为 20 年（大多数特许经营权是 5 年），不允许被特许人持有其他特许经营权，并且对新的被特许人有一个为期 9 个月的强制性无薪培训项目。

艾哈迈德·汗（Ahmed Khan）18 岁离开学校，在他家乡滨海绍森德的麦当劳工作。后来，他成为一名主管。33 岁时，他用 24 万英镑买下了自己的第一家麦当劳，其中有自己的 6 万英镑，其余的是银行贷款。到 44 岁时，他在泰恩河畔纽卡斯尔开了五家分店。

运营计划

你的商业计划最重要的部分是一个内容广泛的“高层”运营计划，用以确定重要关联性和关键路径。对此，你可能会有许多更详细的行动计划，这些行动计划讨论的事情也很重要，但对于那些阅读你的商业计划的人来说则没有那么重要。运营计划应制定一系列里程碑目标——可衡量的运营目标，以及达到这些目标的时间期限。这些计划的背后会有许多详细的计划（和艰苦的工作），它们不会显示在商业计划中。我们已经将运营计划分成了两个部分：（1）启动前——在启动业务之前需要到位的工作；（2）运营——在日常生活中需要做的工作。

你在列表中给出的每个主要活动都可以分解成更详细的内容，显示关联性和关键路径。然后，你可以对这些活动进行排序，尽早安排关键活动和高风险活动。甘特图是一种用于展现这些关联性的很好的方法。图 10–1 是根据零售商启动前关键活动清单制作的一张高度简化的甘特图，假设店面位置已经确定。

- 针对每个活动绘制一个时间段，表示完成任务预计需要多长时间。
- 红色箭头表示这些活动之间的关联性。
- 黑色箭头表示关键路径，这条路径上的每个活动都必须在下一个活动开始前完成。

关键路径是图标中的最长路径，也是完成任务的最短可能时间。在这个例子中，任务就是店面开张，这需要 68 天，除非可以缩短任务的用时。如果关键路径上的任何任务超时，则开张活动将延迟。从图 10–1 中可以看到，8 月的最后两周和 9 月初是个活动密集的时段，在店面开张前，工作人员要加入门店、存放货架和接受培训。

目前这些时间表中没有任何松懈。另一种老练的做法是找出最快完成时间和最慢完成时间，然后检查对关键路径的时间影响，将日期放进这个表格里很容易。你可以继续为各种任务分配责任和成本，然后识别出可能导致任何活动延迟完成的风险。如果你觉得这一切看起来是个艰巨的任务，也有计算机程序可以帮你进行此类项目规划。

你可能会为不同级别的业务制订许多运营和行动计划。当涉及商业计划中所要包含的内容时，你需要甄别你的听众，并提供一个“高层”计划，展现运营计划中的关键活动及关键成功要素。将你的高层计划分解为启动前和运营活动。为这些关键活动做一个简化的甘特图，可以清晰地说明需要做什么以及何时做完。如果需要的话，你可以写一个简短的逐行注释。这些关键活动将成为你的运营目标——你在业务发展中的里程碑。在我们的示例中，一个里程碑是在 9 月 9 日开第一家店。

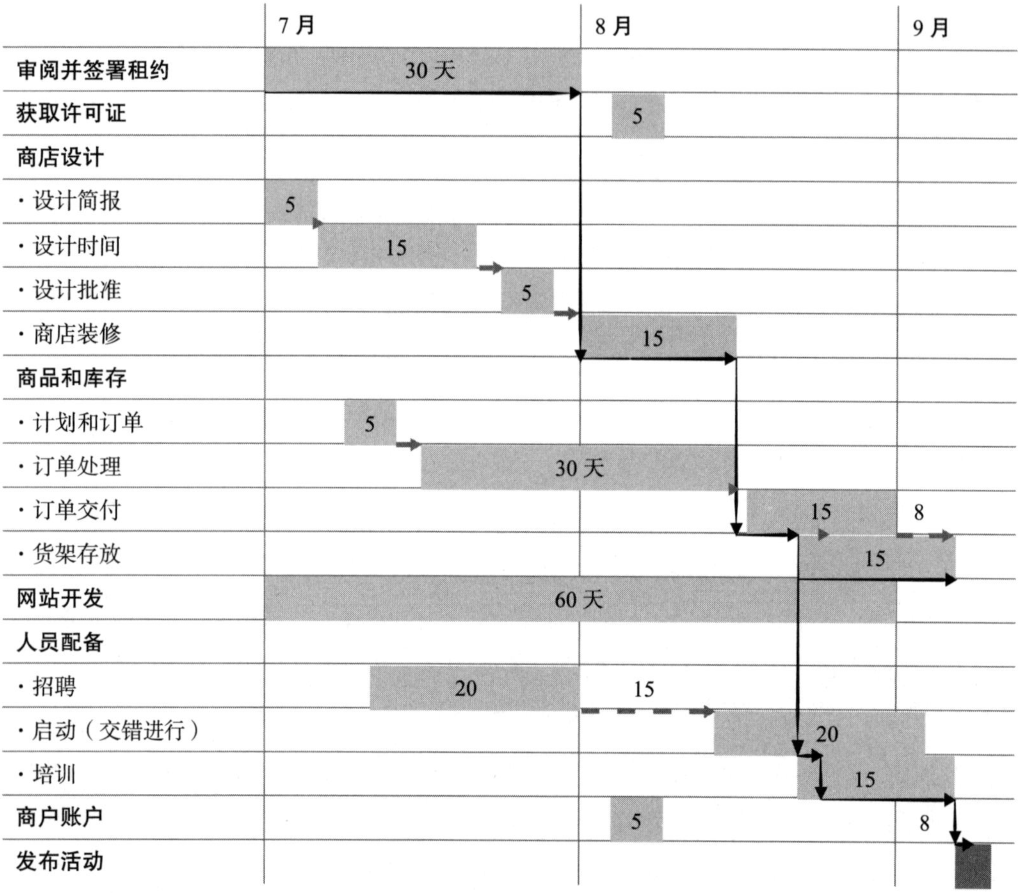

图 10–1　开店的甘特图

小结

- 为了确保你的企业成功，你需要确定将要采取的关键活动。有些活动要在启动前完成，有些将是关键运营活动，这些运营活动源自你的商业模式及其核心价值主张。
- 你的关键成功要素是那些为确保公司成功启动而必须做得正确的关键活动。
- 你需要确定这些关键活动的资源和运营影响，并制订详细的行动计划，说明你将如何应对这些活动。
- 一个“高层”运营计划提供了关键的启动前和运营活动的详细信息，并突出了关键成功要素。这些关键活动及其完成日期将成为你的运营目标。

- 关键活动可以用甘特图来展示，说明活动之间的联系并确定关键路径。关键路径是图表中的最长路径，也是完成任务的最短可能时间。
- 伙伴关系、战略联盟和合资企业可能对新公司非常重要，尤其是在创新和市场渗透的大背景下。它们可以通过以下方式增强你的商业模式，而不需要额外的资本支出：
  - 简化运营；
  - 充分利用你的知识和能力；
  - 分散风险。
- 通过利用被特许人的能力和资本，特许经营可能是一种快速推广商业模式的有效方法。

PART6

第六部分

风险和战略选择

New Venture Creation:

A Framework

for

Entrepreneurial Start-Ups

N
E
W
VENTURE CREATION:
A FRAMEWORK FOR
ENTREPRENEURIAL
START-UPS

第 11 章

应对风险

识别风险

开公司不可能不冒险。通过启动你的公司，你就或明确或隐含地在内心做出了一个判断，即你可以克服你所面临的任何风险。尽管企业家们接受冒险，但他们并不喜欢风险，而且会努力避免风险并将其最小化。但你真的认识到了你面临的风险吗？你怎么知道它们是否发生或何时发生？如果它们发生了，你是否有应急方案来处理它们？任何阅读你的商业计划的人都会期望你已经考虑过所有这些问题了。风险往往与回报携手同行，你的企业提供的回报越高，它面临的风险可能就越高。因此，正如金融家评估你的财务预测（以及实现这些预测的可能性）一样，他们也会评估你面临的风险和处理这些风险的能力。

风险是生意中固有的东西。虽然无法避免，但可以对其进行管理——或者更准确地说，对其进行识别甚至量化，以便将其管理到可以接受的水平。这可能包括采取适当的控制，或至少对潜在问题出现的早期预警进行监测。如果可以避免风险，那么当其成为现实时，就可以花费更少的时间去“救火”。

你首先要识别自己面临的主要风险。当然，你不能指望预测到所有的不测事件，但是你越是尝试对其进行预测，你就越能够制订出应对这些风险的计划，以及应对可能导致的方向变化的战略选择。风险可能有多种形式，与特定的行动过程或实现特定目标相关的风险是可能被识别出来的，组织所面临的企业风险也是如此。这些风险可能来自：

- 外部事件（如洪水、火灾和大流行疾病等）。这些事件很难预测，发生的概率可能也很低，然而其可能造成的影响是如此巨大，例如丧失生命，以至于你需要应急计划来应对。其中一些风险对于某个行业来说是通用的，比如竞争对手的反应。作为市场 / 行业分析的一部分，你应该已经识别过这些风险了。

- 内部事件（如失去供应来源、主要机器故障和产品污染等）。这些事件可能多种多样，取决于你的公司的运营情况。作为确定关键活动的一部分，你应该已经识别过这些风险了。

在识别这些风险时，一种有用的方法是场景规划（见第 4 章）。根据组织面临的威胁，这些威胁出现时会出现什么结果，你可以研究相应的场景。下面我们将提供一个清单，给出初创企业可能面临的风险，这不是排他性的，也没有特定的优先顺序。你应该回顾上一章里的关键活动清单，找出专门针对你的商业创意的任何风险。不过，无论你的分析多么透彻，都不能指望识别出所有可能的风险。如前所述，生命中只有两件确定的事情，就是死亡和税收（有一两家跨国公司一直在努力减少后者）。

风险清单如下所示。

- 启动前的延迟——是否有什么启动前的关键活动可能导致延迟？
- 竞争对手——它们在做什么？
- 竞争优势——是否正在被侵蚀？
- 市场——如何变化？
- 客户价值主张——是否正在被提供？
- 产品 / 服务质量——是否足够好？
- 客户服务——他们是否满意？
- 现金流——是否充足？
- 销售——你是否达到目标？
- 利润——你是否达到目标？
- 运营——关键活动是否处于掌控之中？
- 生产力——是否达到目标？
- 行政管理——流程和程序是否运行良好？
- 品牌标识——是否正在建立？
- 知识产权——是否安全？
- 技术——变化对你有何影响？
- 投资——你需要更多吗？
- 存货 / 库存——是否足够或过多？

- 展销——是否处于掌控之中？
- 债务人 / 应收账款——它们是否处于掌控之中？
- 利率——变化将如何影响到你？
- 汇率——变化将如何影响到你？
- 管理——团队是否有良好的管理？

识别风险只是过程的开始，因为并非所有风险都是相同的，同样重要的是风险成为现实的可能性。如果风险发生的可能性很低，那准备应急计划有什么意义呢？如果对你的业务可能影响很大的，答案也许是“有”。随后的问题是如何降低或避免风险，以及你需要做什么来监控这些风险。因此，有效的风险管理是一个包含以下五个阶段的过程：

- 识别风险（内部的或外部的）；
- 评估风险成为现实的可能性；
- 如果风险成为现实，评估其影响；
- 决定可以如何减缓（降低或避免）风险；
- 决定可以监控哪些早期预警信号，以确定风险正在成为现实。

评估风险

风险管理关乎优先级，这将由风险评估过程的第二阶段和第三阶段来决定。在理想情况下，发生概率最高、给组织带来损失最大的风险要首先处理，发生概率最低、损失最小的风险放到最后来处理。然而，对此还有一个风险是否可控的问题，以及是否可以通过某种方式来降低。图 11–1 显示了一种沿着这三个维度对风险进行分类的有用的方法。任何对组织有重大影响的风险都是不受欢迎的，但那些极有可能发生的风险才会造成最大的危险（象限 D）。相比之下，影响小的和发生可能性低的风险（象限 A）造成的风险最小。第三个维度是可控性，有些风险可以在你的掌控或影响之下，另外一些则可能完全失控。

一般来说，你对风险的控制或影响越小，它所造成的危险就越大。如果用这种方法，风险矩阵就类似于一个魔方，其中最大的危险在于影响最大、可能性最大和可控性最低的方块（象限 G），这些风险无法缓解，但必须密切监控。那些很可能发生、对组织有重大影响但可以控制的风险（象限 D），是采取管理措施减轻风险的重点。

除了简单的低（1）、中（2）、高（3），风险发生的概率往往很难量化。除了类似的低（1）、中（2）、高（3），风险发生的货币影响可能同样难以确定。复合风险因素的定义是风险发生的概率乘以风险事件的影响。因此，使用上述简单分类，最高复合风险因素为9（3×3），最低为1（1×1）。这个1~9的分级可以被重新分类为低（1~3）、中（4~6）、高（7~9）三级，这被称为风险指数。指数越高，风险的影响和风险发生的概率就越大，这些是真正有危险的风险。问题是，你可以如何控制或降低它们？

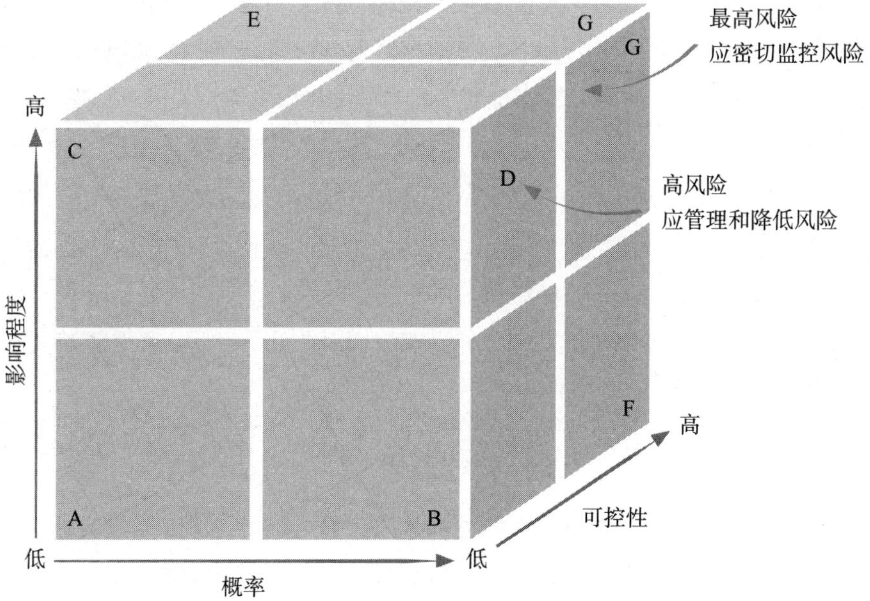

图 11–1　风险的分类

降低风险

一旦你有了自己的风险指数，就可以决定如何应对所面临的风险。你有如下四种选择。

尝试消除风险。你可能从产生风险的活动领域完全退出来——这是创业企业最初不太可能采取的做法。不过，你至少需要继续监控这些风险，因为在将来的某个时候你可能会改变这个决定。

尝试降低风险。根据风险的性质，你可以增加内部控制、培训或监督。或者，你可以选择风险较小的战略备选方案。这些策略中有很多可能涉及向别处转移或与他人分担风险，例如通过合作。

转移风险。有很多有用的技术可以用来转移内部和外部风险（如保险、外汇或利率对冲）。例如，公司经常通过在货币市场上买入套期保值来防范货币波动，这是一种它们既不能控制也不能影响的风险。正如我们在上一章看到的，所有形式的合作（如分包、外包、特许经营等）都是特别有效的风险转移方式。例如，在开发新产品时，你可能会通过与战略合作伙伴合作或形成战略联盟来找到分散风险的办法，这会减少利用机会所需的资源，也肯定会减少你所获得的回报。

接受风险。你可以简单地接受象限 D 中的一切风险。如果你完全接受风险，那么你所能做的就是计划和管理风险，并将风险的早期预警指标落实到位；不过如果对组织的影响很小，这种方式可能就不经济了。很多行业都有固有的风险，如果你决定在该行业中运营，就需要接受这些风险。

在风险矩阵中，风险最大的情况是发生风险的可能性很高，影响也很大，而你几乎没有控制权（象限 G）。在这种情况下，你可能会考虑选项 1~3 中的任何一个，即使你最终接受了风险，也必须对其进行监控，然后在其成为现实时采取矫正措施。象限 G 可能代表的情况是，如果你的业务被证明是成功的，你可能会面对的竞争对手，而且你确实需要有一些计划和战略选择来应对（选项 2）。

监控风险

所有组织都必须接受某些与其运营相关的残余风险。但是，你需要监控那些风险指数最高的风险，尤其是那些可控性最低的风险。正如我们在第 2 章中所看到的，企业家善于通过与客户、供应商和其他专业人员的人际网络来收集信息。也正如我们在第 6 章中所看到的，如果你和自己的利益相关者建立了深厚的关系，那么你将从他们那里得到知识和信息，这可以让你对风险的发生有先见之明。你只需要像了解机会一样了解风险，并确保以一种系统的方式监控风险。

对于那些风险指数最高的风险，你需要确定参数或事件，这些参数或事件预示着风险出现的可能性增加，这叫作关键风险指标。你需要定期监控这些指标，以便可以采取补救措施。为了有效，关键风险指标必须作为你的定期活动的一部分，易于监控，突出何时需要采取矫正措施，并对需要采取什么措施提供指导。现金流是关键风险指标的一个明显的简单例子，风险是破产——你需要现金来支付账单，而现金流可以测量你做这件事情的能力，大多数初创企业需要定期和频繁地监控其现金流。我们将在第 15 章处理这件事。

如果竞争对手的反应是你们公司的一个重大风险，你就需要制定一个风险指标来测量它，并落实流程以确保对其进行监控。例如，超市定期和常规化地监控竞争对手对一篮子产品收取的价格，如果不这样做，它们将面临失去竞争力和客户流失到竞争对手那里的风险。

管理风险的通用策略

管理风险有一些通用的策略。我们已经讨论了如下三个重要策略。

- 合作。以各种不同的形式合作，以分散所有公司的风险。
- 网络。与合作伙伴建立网络，以获取有关风险的信息和知识。这将为你提供与你的主要风险相关的信息，告诉你如何降低这些风险，以及你可以选择哪些关键的风险指标。能够与利益相关者发展出稳固的个人关系，这是建立网络和合作的基础。
- 战略选择。创造尽可能多的战略选择，这是应急计划。应对风险的关键之一是灵活性。如果事情没有按计划进行，你越灵活，战略选择越多，所受的影响就越小。

另外，还有一些通用策略，适用于你为自己的公司进行融资和业务构建。

- 可承受的损失和精益创业。其主张是，如果生意失败了，什么样的损失是你可以接受的。它定义了你从启动以来的最大程度的损失，有助于从风险 / 回报的角度来塑造初创企业。这个过程包含两个步骤：第一，设定你的风险可接受水平（可承受的损失）；第二，推动所能达到的最大回报，如图 11–2 所示。

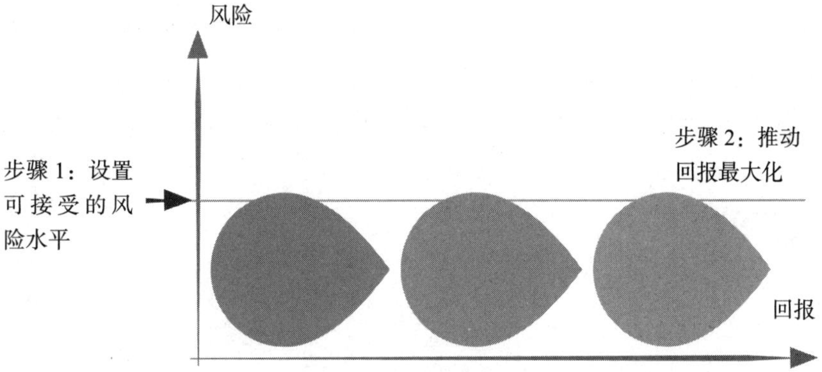

图 11–2　设定风险和使回报最大化

通过采用精益创业，以及小规模的市场进入方式，你可以获得关于生存能力的最大信息。随着你获得的信息增多，你可能会设置更高级别的可承受损失。精益创业可以让你评估你在第 3 章所开发的商业模式的可行性。这是你的“商业化风险”的一部分——与开发新产品和确保客户接受度相关的独特风险。你还可以通过网络和合作获得知识和信息，来帮助自己将商业化风险降到最低。

借款和自筹。最大化回报的一种方法是既用你自己的钱，也用别人的钱。只要你从投资中取得的回报超过你支付的利率，那么借款就是一个好的选项。然而，当发生相反的情况时，你必须买单并且弥补差额。如果生意失败，你可能不得不用自己的个人资金偿还借款。我们将在第 14 章中讨论这个问题。这一切都源于风险和回报（或利润）之间的关系，如果你想把风险降到最低，就必须把借款降到最低，而这可能会影响你的财务回报。

现实情况是，你的外部资金（包括借款）需求越低，启动起来就越容易，如果这个创意行不通，你可能的损失也就越小。你所需的资金部分取决于你启动公司所需的资产（详见第 10 章），也部分取决于你的“可承受的损失”，必须有一种办法来弥补差距。但是，如果你可以在尽可能长的时间内使你的资源投入最小化，你也就使得自己的资金需求最小化了。这对你如何进行决策有一定的影响，但你还要认识到，为了使用和控制一项资源，你并不需要拥有它，你可以借用或租赁资源（详见第 14 章），或与提供资源的他人合作（详见第 10 章）。如果你不拥有一项资源就处于一个更有利的位置，可以快速投入和取消，这就为你提供了更大的灵活性，并降低了你所面临的风险。把你拥有但仍在使用和控制的资源或资产最小化，这在美国被称为“自筹”。要想自筹，你要利用尽可能广泛的关系网。

分散风险。许多企业家将每个业务设置成单独的法律实体，以此来分散其业务风险。即使一项业务失败，也不会危及另一项业务。连续创业者理所当然会这么做，部分原因是他们可能打算在未来某个时候把每个业务都卖掉。但是，其他公司，如维珍集团，采取的较不显眼的做法是以控股公司的形式运营，它们拥有（或部分拥有）许多下属公司。

案例洞察

理查德·布兰森和维珍（2）：降低风险

理查德·布兰森可能是英国最著名的企业家了，现年 60 多岁。当他还是个 18 岁的学生时，就开始了自己的商业生涯，当时他创办了《学子》杂志，在电话亭卖广告空间。他对风险的看法很有意思，在许多方面，他都擅长将个人的风险降到最低。他通过写信给知名人士——流行歌手、电影明星以及政治家，来启动《学子》杂志，并说服他们贡献文章或接受采访。他说服了一位设计师免费为自己工作，谈下了一份 50 000 份的印刷合同，并让披头士的“佩伯军士”专辑的封面设计师彼得·布莱克（Peter Blake）画了一个学生的封面画像。他的第一家维珍唱片店是免租金“给”的。

布兰森的维珍集团由 20 多家独立的伞形公司组成，经营着 370 多种独立业务。即使任何一种业务失败了，也不会影响到别的业务。布兰森与不同的合作伙伴共享所有权。维珍贡献品牌和理查德·布兰森的公关形象，而合作伙伴提供资本投入——在某些方面就像是一种特许经营，常常还有运营专长。然而，在需要的时候，例如，当维珍大西洋公司（Virgin Atlantic）进行重新私有化时，布兰森并不害怕投入自己的（或借来的）钱。不过，尽管他可以承担风险，也认可风险与企业家精神密切相关，但他仍在自己的整个商业帝国中努力降低风险。

成本构建

正如我们在第 5 章看到的，高的边际贡献（销售价格 – 可变成本）提供了更大的定价自由裁量权，这使你有机会在不同的细分市场进行不同的定价，从而使销量最大化。同时，如果销售额降低，低固定成本意味着损失的风险较低。这两者都让你有了更大的灵活性。

高边际利润和低固定成本的结合，意味着你会有一个处于低位的盈亏平衡点。盈亏平衡点是一个非常重要的概念，这是一家公司停止亏损并开始盈利的点，它是测量你的公司面临的财务风险的一个重要指标。盈亏平衡点越高，开始盈利所需的销售额就越多，因此你面临的风险也就越高；盈亏平衡点越低，你面临的风险就越低。实际上，如果无法合理地达到预期的盈亏平衡点，那么这个创业可能是不成立的。盈亏平衡（以营业额表示）取决于你所面临的固定成本和你能够掌控的利润率：

盈亏平衡点 = 固定成本 / 边际贡献率

一旦确定了所有的收入和成本，你就可以算出盈亏平衡点，我们将在第 15 章进行讨论。不过，这个简单的公式强调了任何新公司的两个最重要的原则，可以让你在创业时尽可能降低财务风险。

- 保持高边际贡献。高利润率会降低盈亏平衡点，并降低你的风险。正如我们所观察到的，高边际利润通常只能通过强有力的差异化优势来实现，而且它们可以让你针对不同的细分市场进行降价。
- 保持低固定成本。固定成本或管理费用越低，盈亏平衡点就越低，你的风险也就越低。然而，高利润率通常与高固定成本有关。

由于固定资产折旧可能是固定成本的一个主要因素，因此这再次强调了保持尽可能低的资产投资的必要性，正如我们所看到的，一种方法是通过自筹来做到这一点。运营杠杆是指固定运营成本或管理费用占总成本的比例，对于一家初创企业来说，应使其保持尽可能低的水平。

固定成本的另一个主要因素是利息支付。高额借款，也许是为你的投资进行融资，意味着高利息成本。这些成本是固定的，而且你几乎无法控制。在这样的情况下，利息支付很容易成为图 11–1 中的象限 G 风险。即使营业额下降，利息支付也保持不变。事实上，有时候利率和利息支付会随着营业额的下降而上升，因此利润也会下降。这种情况很典型。当利率上升以减少经济中的整体需求时，就会出现这种情况。小公司面临着较高成本和较低营业额的挤压。高融资成本被称为高财务杠杆。正如人们已经看到的那样，对于一家初创企业来说，借款应当尽可能少。

具有高运营杠杆或财务杠杆（或两者兼有）的公司需要确保实现自己的销售目标。它们对固定成本几乎没有日常影响，因此它们的生意要务就是吸引足够数量的客户，这就是跟营销和销售有关的事情。高固定成本和低利润率的组合，通常会导致初创企业的灾难。

即使你在创业时保持低固定成本，它们也会随着你的业务量的增长而增加。随着成本的增加，你的盈亏平衡点也会上移。对于盈亏平衡点真正重要的，是它相对于营业额的位置——在你到达盈亏平衡点之前，你的营业额必须下降多少，这要用安全边际来测量：

安全边际（%）=（营业额 – 盈亏平衡点）/ 营业额

安全边际用比例来测量公司离盈亏平衡点有多远，它给出了让你达到盈亏平衡点的销售额下降的百分比。安全边际越高越好，因为如果销售额突然下降，公司在保持盈利能力方面就越安全。这反映了许多因素：销售水平、边际贡献率和固定成本。因此，它是一条简单但强有力的信息，可以在公司成长时用来控制业务。如果安全边际能够随着公司的成长而得到维持（或增加），那么尽管固定成本增加了，也表明公司的财务风险处于掌控之中。

你将要在自己的商业计划中说明盈亏平衡点和安全边际，并在第 15 章进行计算。你还需要证明，通过你的营销策略，达到这个安全边际的可能性很大。

案例洞察

JobServe：降低风险

20 世纪 90 年代初，罗比·考林（Robbie Cowling）利用业余时间在自己的卧室里创立了 JobServe，找出当地的合同制工作岗位的招聘信息，并把清单发送给订户。这是世界上第一个“通过电子邮件找工作”的服务，它只给十几个电子邮件地址提供了少量工作。紧接着，在第一年内，世界上第一个招聘网站出现了，这个网站很快就拥有了大约 3000 名用户。这时候，他在国防部担任信息技术顾问的工作被减到了每周四天——他如果不谨慎，就会一无所有。很快，生意就多到无法在卧室里处理了，正是在这个时候，他决定全力以赴，全职从事这项工作。他决定搬到一处更大的房子里，并且把这里当作办公室。直到一年后他才确定，公司已经发展到可以承担得起一个专用的办公室的程度了。

JobServe 目前在 17 个行业部门开展业务，并在全球范围内给工作信息打广告。它雇用了 80 多名员工，专门建造的总部位于埃塞克斯郡蒂普特里，还在英国的科尔切斯特、希克森、斯温登以及澳大利亚的悉尼设有办公室。JobServe 每年发布超过 250 万份招聘广告，只要有要求，网站就会立即发送，每天的电子邮件超过 80 万封。JobServe 网站每个月的点击量超过 1000 万次，这些点击来自 7 万多位独立访问者。罗比・考林是个百万富翁，至少理论上是如此。

案例洞察

戈登・拉姆齐：商业模式和风险

戈登・拉姆齐（Gordon Ramsay）是著名的电视大厨，出演过《地狱厨房》(*Hell's Kitchen*)、《大厨》(*Master Chef*)、《厨房噩梦》(*Kitchen Nightrnares*）和《地狱酒店》(*Hotel Hell*）等英美热门电视剧，但这并未能阻止他的公司——戈登・拉姆齐控股公司（Gordon Ramsay Holdings）在 2010 年差点儿破产，因为他用错了商业模式，选错了商业伙伴。大多数名厨都授权给合作伙伴，比如授权一家连锁餐厅使用自己的名字。他们把自己的名字"借"给合作伙伴，用于制作菜单，雇用关键员工，并进行一些推广。作为回报，名厨们会得到一笔费用加上一定比例的营业额。然而，拉姆齐选择自己在世界各地设立和经营所有的餐厅，并为连锁餐厅支付租金——这可能更赚钱，但风险也更大。这意味着他的资本成本以及由此而来的借贷非常高，所以当 2008 年金融危机袭来时，他的营业利润无法覆盖固定利率成本。更夸张的是，拉姆齐经常答应把时间花在这些餐馆，但他根本无法做到，因为他要在电视上露面。

后果就是 2011 年亏损 410 万英镑，这意味着该公司的贷款协议违约了。拉姆齐还跟他的岳父克里斯・哈奇森（Chris Hutcheson）大吵了一架。哈奇森过去经营着公司，他公开指责拉姆齐挪用了 140 万英镑的公司资金去资助一个秘密家庭。在一场激烈的法庭争斗之后，拉姆齐买下了哈奇森 30% 的股份，这让公司花费了大约 500 万英镑。拉姆齐当时不得不向公司注入 250 万英镑的自有资金，以防止其破产。

后来，拉姆齐找到了一个新的合伙人斯图尔特・吉利斯（Stuart Gillies），让他占了公司 10% 的股份。遍布世界各地的许多餐馆被关掉了，债务也偿还了，商业模式也被改成更传统的、风险更低的模式。公司不再提供资本，改为授权餐厅使用拉姆齐的名字并因此拿到一笔费用和 6%~8% 的营业额。拉姆齐不拿薪水，他通过一家独立的公司每年获得超过 1500 万英镑的媒体收入。现在，拉姆齐把大部分时间都花在电视和书籍写作上，努力打造一个能把客户吸引到以他名字命名的餐厅的形象。这些变化带来的结果就是戈登·拉姆齐控股有限公司的利润再次开始增长。

决策

正如我们在第 2 章里看到的那样，与企业家决策方式相关的一个特征是他们的增量法。在一个不确定的世界里，这是有道理的。决策过程中的每一步都会让他们获得更多的知识，而延迟可以增加灵活性，从而降低风险。

盈亏平衡点也是一种有用的技术，可以帮助你进行支出方面的业务决策，它可以告诉你需要产生多少额外销售来支付固定成本，从而证明固定成本的支出是合理的。它不会替你做出决定，但它确实为你提供了有价值的信息，来帮助你做出判断。

所需的额外销售额 = 固定成本增加 / 边际贡献率

因此，如果你正在考虑增加 10 000 英镑的广告支出，而且你的边际贡献率为 40%，那么证明这笔支出合理所需的额外销售额为：

10 000 英镑 / 0.40 = 25 000 英镑

盈亏平衡分析是一种简单而强大的技术。这个简单的原则可以被应用于所有涉及固定成本增加的决策，包括在你的公司成长的过程中雇用额外的员工。增加成本的后果就是，你必须通过增加销售额来支付这些费用。如果你的员工是领薪水的，那么这就增加了你的固定成本，你的员工越少，与这个计算就越相关。唯一可以避免这种情况的方法，是通过佣金或计件工作给他们支付报酬，或者向他们提供公司的部分股权。

盈亏平衡点是非常宝贵的信息，必须纳入你的商业计划。它也能帮你在业务增长时监控风险，并为业务决策（包括定价）提供基础信息。了解你的公司的成本结构并计算其盈亏平衡点是非常重要的。

案例洞察

Made.com：商业模式和风险

Made.com 是一家在线家具店。它的创办人李宁是一位连续创业者，具有在法国销售家具的经验，其家具是从中国进口的。Made.com 直接与设计师合作，为客户定制独家产品。

把家具零售市场搬到网上的做法，有助于变革这个被他称为“尘土飞扬的行业”，该行业的零售商不愿意拿新的设计和设计师来冒险。互联网改变了这一点，允许以最小的风险来进行实验，并提高对变化趋势的反应速度。

案例洞察

数码客厅：商业模式和风险

艾比·凯斯勒（Abby Kessler）和凯蒂·卢比斯基（Katie Lubieski）相识于德雷塞尔大学（Drexel University），当时她们都在学习设计和销售。毕业后，她们前往纽约从事服装行业的工作，但很快就回到了费城，设计和销售前卫的T恤衫，卖给城市周围的大约20家商店。2005年，她们在费城的老城区开了一家时装精品店，针对有潮流意识的女性销售平价服装和珠宝。在取得成功之后，她们开始考虑扩张，但高昂的成本和风险使她们推迟了这个计划，直到她们听说了洛杉矶的“时尚卡车”——把简单的箱型卡车改成移动商店。这是对一种趋势的跟进，由于流动美食餐车的出现，移动贩卖开始在美国流行起来。

卡车的成本为20 000~30 000美元，将卡车改装成商店（包括空调、装修、更衣室、天窗和储存室）的成本约为70 000美元，具体取决于你的需要。但是，这样做管理费用也很低廉，你无须申请租赁或公用设施，只需要支付车辆的运行费用（保险、燃油等）和停车费用（从免费到每天10 000美元不等，这取决于停车地点）。你可以把商店带到公司瞄准的年轻客户那里，在社交媒体网站上向忠实客户宣传它的日常位置，还可以去集市、节庆活动和会展现场。

风险、关键成功要素和战略选择

在上一章里，你确定并分析了你在启动前和运营中的关键活动。现在你可以将本章的风险管理框架应用于这些活动。你的关键成功要素应该是落在图11–1的象限D和G内的关键活动——它们具有高风险和高影响性。如果它们是可控的，你需要制订一个行动计划——决定需要采取什么行动和谁负责执行它们，并制定完成的时间表，这些内容如前一章所述。不过，你还需要准备一些战略选择——如果这些关键要素不按计划实施，那么你需要采取哪些行动。特别是，如果你强调的是自己没什么掌控力的关键成功要素，如竞争反应，那就更需要如此。提前对“最坏可能”的情况进行深思熟虑，可以让你准备好应急方案，而不是在事情发生之后再试图做出反应（请参阅第4章的场景规划）。

到目前为止，我们只是将这个框架应用于你的业务启动时面临的负面风险。这也可以被应用于第 8 章里制定的增长战略，以及它们面临的上行“风险”。不过，在这种情况下，“风险”是指“成功的机会”。换言之，你要识别出那些对你影响最大、成功机会最大的战略，而你对它们又具有最大的掌控力（又是象限 D）。你开发的增长选择，实现它们的关键成功要素是什么？谁负责实施这些选项，时间表是什么？你甚至可以使用甘特图技术来帮助自己对其进行规划。如果事情不按计划发展，你面临的战略选择又是什么？

在商业化风险和更普遍的企业风险面前，你的成功将取决于你降低及管理这些风险的能力，包括启动前和启动后。你需要在商业计划中强调你面临的关键风险。你基于详细的行动计划和战略选择应对这些风险的方式，会导致你的关键成功要素发生变化。你也要在你的计划中强调关键成功要素和战略选择。这个框架同样可以被应用于你的增长选择。对于一家企业，成功应对关键成功要素是关键的里程碑，取得这些要素是值得庆祝的事情。

案例洞察

Clippy：降低初创企业的风险

卡里普索·罗斯（Calypso Rose）毕业于一所戏剧学校，学的是技术戏剧课程，并在电视制作部门找到了一份工作。正是在她从事这项工作的时候，她第一次用带口袋的透明包来展示自己收集的宝丽来照片。她从未打算过开一家公司，但当很多人问哪里可以买到类似的东西时，她开始考虑这种可能性。当她的父母提出借给她 2000 英镑来制作最初的 250 个包时，她决定冒险一试，当时她只有 22 岁，Clippy 公司也就此诞生了。

卡里普索决定在家里工作，以维持低管理费用和降低盈亏平衡点。她的母亲克莱尔也帮她打理生意，所以她不必雇用任何员工。她通过 Kellys 在线目录找到了一家英国制造商，认为用这家制造商的产品比去中国寻找供应商要好。英国制造商可以更快地周转订单，而且一旦她建立了一条跟踪记录，就可以提供正常的贸易付款条件，这对她的现金流有帮助，并能降低风险。

最初的销售主要是卖给家人和朋友——他们中的许多人曾经问过在哪里可以买到一个能展示照片的透明包。Clippykit（现在叫作 Clippy）的正式推出是 2004 年在伦敦奥林匹亚举行的圣诞之魂展览会（Spirit of Christmas Fair）上，她建了一个网站，定制了一个大包，上面写着“拦住我，买一个”，然后在伦敦的波托贝罗路上设了一个小摊位，看看她的商业创意是否可行。她已经竭尽所能把风险降到最低，现在她想看看这个包能否卖出去。她第一个月就卖了 250 个包。在家里工作，而且只用了最初的 2000 英镑，她第一年就成功地获得了 18 万英镑的营业额。22 岁的她当选为“伦敦年度青年商业人物”。

从一开始，卡里普索就担心这个创意很容易被复制——毕竟这只是一个装照片的塑料袋，而且一家拥有更多资源的大公司可以比她更有效地推出一款仿制产品。所以，她的想法就是尽快推动销售，并建立一个时尚品牌。当位于诺丁山的时尚精品店可可丝带（Coco Ribbon）公司决定销售她的包时，一个重大的突破时刻来临了。当海伦娜·邦汉·卡特（Helena Bonham Carter）、朱尔斯·霍兰德（Jools Holland）和杰米·奥利弗（Jamie Oliver）等名人开始携带Clippy包时，事情变得更妙了。这些包甚至在全英音乐奖（Brit Awards）和橘子文学奖（Orange Prize）颁奖会现场被用作“礼品包”。

很早人们就意识到，这些包后面的概念很灵活，可以被应用于其他产品，如化妆包、灯罩、钱包和雨伞。另一个发展是产品本身可以实现个性化，卡里普索开始提供成套的包来帮助人们实现这一目标。

卡里普索非常擅长推广自己的产品。例如，2009年，在与一家名为“活出自我”（Make Your Mark）的企业组织一起工作时，伦敦的650位女孩参加了一场比赛，用一个与她们相关的问题来对一个Clippy包进行个性化定制。

Clippy的产品范围扩大了，2010年的营业额超过了50万英镑。卡里普索雇用了两名全职员工和一名兼职员工。这些包通过传统的批发和零售市场——约250家独立精品店进行销售，它们作为时尚商品和促销产品出售，通常是为促销活动定制的。大约25%的销售额来自网站，这里展示了产品的使用方法，也举办竞赛，还有一个卡里普索的博客。你也可以注册获取定期简讯。

问题：

1. 根据提供的信息，使用新公司创立框架，为Clippy制定尽可能多的商业模式。在这个价值主张里，竞争优势的关键要素是什么？
2. 列出卡里普索为降低风险所做的事情。这么做的弊端是什么？
3. 她的增长选择是什么？继续发展下去的话，你会如何变革她的商业模式？

小结

- 风险管理涉及五件事：
  - 识别风险（内部的或外部的）；
  - 评估风险成为现实的可能性；
  - 如果该风险成为现实，评估其影响；
  - 决定如何降低（减少或避免）风险；

  - 决定需要监测哪些预警信号，以确定风险正在成为现实。

- 风险来自内部和外部事件。你需要确定你所面临的最高风险，并落实适当的程序来监控相关的关键风险指标。
- 你可以通过风险发生的概率及其影响来分析风险，并制定风险指数，然后确定你对它的控制程度。
- 有四种应对风险的办法：
  - 尝试消除；
  - 尝试减少；
  - 转移或分担；
  - 接受。
- 降低风险有很多通用的策略。与他人合作可以分散你的风险，你的职业关系网可以为你带来知识和信息，包括对风险的出现进行早期预警。如果风险真的成为现实，要做哪些事情，你可以制定战略选择——越多越好。
- 你的财务结构也会影响到你的风险。确定你“负担得起的损失”，通过引导将外部资金保持在最低水平。可以将业务的不同部分设置为单独的法律实体，来把风险划分开。
- 盈亏平衡点用来测量公司面临的风险，它是公司开始盈利的基准。
- 任何的成本增加（如额外的员工或增加广告投入）都必须通过增加销售额来支付，你可以用盈亏平衡分析来计算所需的增长。
- 新公司需要保持其边际贡献率尽可能高和固定成本尽可能低。
- 关键成功要素是对你的公司成功至关重要的关键活动。战略选择是当事情出错时你已经制订好的应急计划。
- 你面临的关键业务风险需要在商业计划中凸显出来。你如何应对这些问题将决定你的关键成功要素的变化，这以具体的行动计划作为支撑，并且导向你的战略选择。关键成功要素和战略选择都需要在你的计划中凸显。
- 风险管理框架同样适用于分析上行风险和你的增长选择。

PART7

第七部分

资源

NEW VENTURE CREATION: A FRAMEWORK FOR ENTREPRENEURIAL START-UPS

第 12 章

建立你的团队

人员，人员，人员

每家公司都首先是与人相关——客户、供应商和员工。许多初创企业最初不会雇用任何人，但你增长的唯一途径就是招募合适的员工，包括经理在内，为更多的客户提供你的产品 / 服务。选择、发展和管理员工将成为你的一项关键活动——许多企业家在这方面都面临困难。如果有多个创始人，并要与其他合伙人共事，从而成为一个有效的管理团队，这是一个很有挑战性的问题。

随着公司的发展，你将面临挑战和问题，这意味着你需要适应和改变，你需要蜕变成一名创业领袖。有很多模型都试图描述随着公司发展你将要面临的挑战，它们都强调需要建立一支有效的管理团队。你需要招聘可靠的经理，给他们授权，控制和监督他们的绩效表现。组织必须变得更加正式，但不是官僚化。你的组织需要更有结构性，你的角色也应该从战术性（参与日常活动）转变为更加放手和更具战略性。你的成长越快，这就越困难，所有这些变化都需要在日常提供客户服务的同时得到适当的管理。这也就难怪只有极少的公司可以发展到相当的规模，有些企业家甚至会做出不让自己的公司成长的决定，因为他们意识到自己无法管理这些变化，或者他们更愿意转移到另一家初创企业。

你可以从案例洞察中了解到，当面对这些挑战时你并不孤独，而且你还可以了解如何更好地应对这些挑战。本章将讨论如何构建和管控你的团队，下一章将探讨随着企业的发展，你如何成为一名创业领袖。

招募人员

招募合适的新公司团队——你本人、其他创始人、关键员工和顾问，对你公司的成功极为关键。新公司越大，团队就越重要。团队成员可以带来一系列技能、能力、知识和网络，以补充和利用你自己的那部分。在一家新公司里，行业经验至关重要，尤其是当经验来自竞争对手时——这就是雅虎公司在2012年聘请玛丽莎·梅耶斯（Marissa Mayers）担任总裁兼首席执行官的原因。梅耶斯是谷歌公司最早的员工之一，曾担任搜索产品副总裁。吸引你所需要的每一个人可能会花很多时间，你可能甚至不得不在一些关键岗位没有人员到位的情况下启动公司。你招募最优秀的人才非常重要，但要以某种方式填补任何技能缺口。

你首先要为公司搭建一个技能框架，并确定存在的差距。你可以在启动前做这件事，比如说三年时间里所需要的技能。这些是运营技能，也取决于你的业务性质（见第10章）。但是，你还需要涵盖企业的核心职能学科——销售、营销、会计等。你可能还需要寻找特定的市场或行业技能。根据初创企业的规模，你必须具备灵活性，容忍一定程度的重叠，并且要应对某些差距，至少短期内是如此。因此，在你的框架中，将技能分类为“关键”“重要”或“理想”是很有用的。招募具有关键技能的合适人员，特别是在启动前招募，可能是一个关键的成功要素（见第11章）。

你可以按一些不同的方式来招募人员：

- 全职/兼职。并非所有人都想全职上班，而且对于初创企业来说，每个全职员工都可能意味着大幅增加固定成本。因此，雇用兼职员工可能会很有吸引力，尤其是如果他们愿意轮班工作和见缝插针来满足客户需求的话。
- 正常工作时间/轮班工作。办公室工作人员可能希望常规的“朝九晚五”工作，但在许多行业，比如酒店业，轮班工作是常态，兼职工作也很常见。这里的决定因素是，需要什么来提供必要的客户服务。
- 固定工资或薪金/佣金/计件工作。雇用全职的、固定工资或薪金的员工会增加公司的固定成本。尽管这对于吸引合适的人（尤其是你的管理团队）是必要的，但许多工作类型甚至行业都有不同的工作方式。销售人员希望他们的部分报酬来自佣金或奖金，这基于销售目标的实现程度——他们卖得越多，挣得就越多。有些工人希望以计件工资制来计酬——他们的酬劳是按照其产量来计算的。

在某个时候，人们可能会期望你为每个员工起草一份工作描述，列出他们必须做的事情，以及他们在这个岗位上将要担负的责任。在一家小型成长型公司，这可能很成问题，因为要承担的任务的性质会随着时间的推移发生改变。然而，工作描述可以制作得灵活一些，尽管在某些国家，员工们希望有非常详细和具体的工作描述。例如，瑞典的家具商店宜家公司就不给员工提供职位头衔或准确的工作描述，当它首次在美国推出业务时，就产生了一个重大的问题，因为美国的员工习惯于有明确的角色和责任。由此造成的高员工流动率导致宜家改变了招聘流程，以突出公司的文化和价值观。因此，对此不满意的潜在员工可能会及早退出。

然后，根据工作描述中的职责列表，你可以生成一份人员规范清单，列出人员选择所依据的标准。这是一份重要文档，你可以根据它来评估应聘者是否适合某个职位。下面列出了一个可能进入人员规范的内容清单，你可以把它们分为“必要的”和“理想的”。在大多数国家，员工们都希望得到一份雇用合同，该合同规定了公司的雇用条款和条件。在英国，这件事必须在两个月内完成。合同的内容由法律规定，还有大量的规章和法律规定你如何招聘、雇用和解雇员工。

人员规范清单的内容包括：

- 教育程度；
- 经验（如零售业销售）；
- 知识（如营销）；
- 技能 / 能力（如团队合作）；
- 个人特点（如灵活性）；
- 个性（如友好）；
- 个人情况（如能在晚上工作）。

寻找和吸引人员

寻找和吸引团队加入一家新公司并没有那么简单。他们为什么要加入一个有风险的初创企业，尤其是如果他们在一家成立已久的公司有一份安定的工作？答案既取决于你的说服力，也取决于你提供给他们的报酬。你可能一开始缺钱，但如果你创业成功了，以后应该会有足够的钱。因此，答案可能是提供诸如与目标挂钩的奖金、股票或股票期权等激励措施。大多数真正成功的初创企业，比如苹果公司，在其发展初期就向关键的管理人员分配了股权。

有时候，新公司团队会从一开始就在他们之间分享公司的所有权。每个份额可能会反映为现金、知识产权，或者就是简单地反映他们为了让公司起步而投入的时间和精力——所谓的“血汗权益”。股东协议的条款应当规定如何分配份额，以及对创始人未来面临的问题进行预期。股东协议只适用于签署该协议的股东，而公司章程则对所有的未来股东都具有约束力。这个股东协议中包含以下典型议题：

- 业务性质；
- 创始人的身份、角色和头衔；
- 公司的法律形式；
- 创始人之间的股份分配；
- 为每位创始人的股份或所有权股份支付的对价（现金或其他对价）；
- 创始人签署交给公司的知识产权；
- 任命和罢免董事的权利；
- 股息政策；
- 保护少数股东的条款；
- 监管资本筹集的条款（以避免稀释现有股权）；
- 影响创始人对股票估值和处置的条件，包括回购条款；
- 对董事和 / 或股东行动自由的其他限制；
- 股东之间争议的解决办法。

无论你把什么条件放在一起，你都需要寻找自己的潜在团队。你的关系网始终是个好起点——家人、朋友和专业联系人。你可能需要做广告（见第 7 章），不过，一个日益重要的渠道是社交媒体，而非使用报纸等传统媒体。你可以使用自己的 Facebook 或领英账户，向朋友或联系人广而告之——你正在组建一个团队，以及你在寻找什么样的技能、能力和知识。有些公司使用 Twitter 来招聘。一旦有人有兴趣加入你的团队，你需要将那些符合你的人员规范要求的人列入候选名单，然后面试他们，以充分评估他们是否适合。

有时候，不管给出什么激励条件，你都可能找不到你想要的“正确人选”。在这些情况下，你可以通过专业顾问来招聘这些岗位的人员。

专业顾问

任何初创企业在专业知识和技能上都可能存在差距。专业顾问可以成为这些知识、技能和建议的宝贵来源，也可以为创始人提供额外的关系网。出于多种原因，他们可能会被说服加入一家初创企业。他们可能仅仅是朋友或家人，因为与创始人的关系而愿意提供帮助。他们也可能喜欢初创企业面临的挑战。专业顾问也可以被雇用，或者在某些情况下，由政府等其他机构支付酬劳。你可能雇用的专业顾问类型包括会计师、律师和商业顾问。

会计师。会计师能帮助你制订财务计划。他们还可以帮你制作定期财务报表，并协助分析和进行解释。他们通常会接触行业财务标准，你可以用它来衡量自己的绩效。实际上，整个公司的财务管理都可以分包出去，包括开具销售发票和收取现金、支付采购发票和进行工资管理。会计师也提供税务建议，并且会处理与适当机构的信息备案。他们通常有一个可以帮助融资（从贷款到股权资本）的关系网。每家公司都需要在财务上取得成功以维持生存，所以拥有可靠的会计信息是至关重要的。你的创业目标越是雄心勃勃，越可能在早期就需要良好的财务建议。

律师。律师可以在任何涉及法律的事情上提供帮助。他们可以就法律要求方面给出建议，如设立你所选择的业务组织形式，或者你可能需要的各种营业执照或许可证。他们可以为你的商业创意提供建议，可以帮助你起草与员工、合作伙伴、供应商或客户的法律合同。在为创始团队起草股东协议方面，他们可能是极为宝贵的。通常，就像会计师一样，他们有一个可以帮助融资的人脉网络，有时候他们也提供税务服务。不过，和会计师一样，好的律师实际上也是很昂贵的，所以在他们开始任何工作之前，最好了解他们是如何收取费用的。

商业顾问。商业顾问通常能够提供营销或战略规划方面的建议，他们可以帮助你制订商业计划。他们经常能提供其他的帮助和建议来源，特别是在当地，包括针对特定行业或议题（如出口）的专家建议。本地顾问还可以为你提供宝贵的机会，让你接触到由其他业主经营者和资本提供者构成的本地网络。有些顾问可能是"免费的"，他们由政府资助小企业的体系支付报酬。在英国，这是通过商务联系网来提供的；在美国，这是由小企业管理局通过其小企业发展中心来提供的。

基于"随用随付"（pay-as-you-go）来使用顾问，可以给负担不起全职顾问的新公司提供一种有吸引力的方式，来获取一系列知识、技能和网络。公司与这些顾问的关系可能是非正式的，也可能是正式的，这取决于服务合同。技能的鸿沟也可以通过以下方式来解决：

- 你的董事会（见第 9 章）；
- 不同形式的合作伙伴关系（见第 10 章）；
- 股权投资者，如天使投资人（见第 14 章）。

不论如何使用顾问，新公司使自己置身于高质量的顾问之间，以应对所面临的挑战，都可以让自己从中受益。他们增加了管理团队的可信度，而且能够说服资金提供者进行投资。你的创业公司越是志存高远，这一点就越重要。

图 12–1 总结了一系列方法，以满足你对人的需求，以及他们带来的知识、技能和网络。

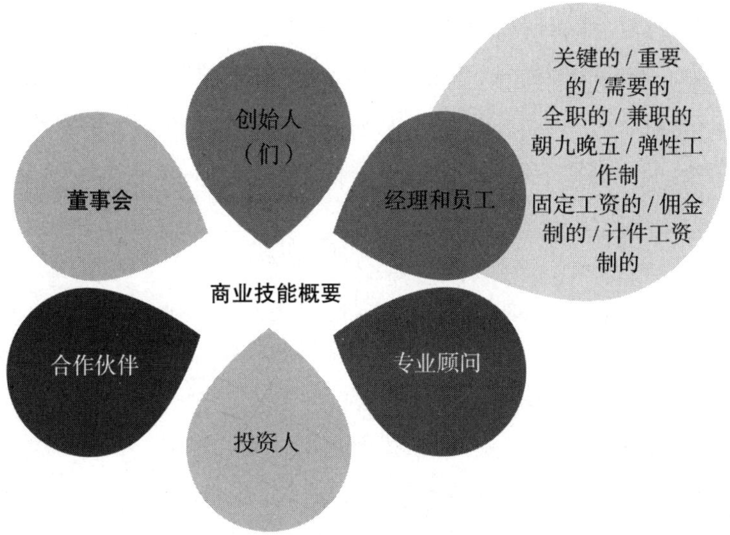

图 12–1 满足你的技能需求

挑选和发展你的团队

挑选一个有效的团队，这取决于你开发的技能概要、个人工作描述和人员规范。然而，团队成员之间的私人关系也很重要。对于一个团队来说，要想成为有效的个体，需要一套个人特征的正确组合。梅雷迪思·贝尔宾（Meredith Belbin）确定了九组人格特征或属性，这些特征或属性被解读成“团队角色”，每组都具有积极的品质和可以容许存在的弱点：三种以“思考”为导向的人格——智多星、审议员和专业师；三种以“人”为导向的人格——协调者、凝聚者和外交家；三种以“行动”为导向的人格——鞭策者、执行者和完成者。在这些特征组中，个体不太可能有超过两种或三种人格特征，但是所有九种特征都需要存在于一个团队中，团队才能有效地工作。

挑战在于挑选团队，然后建立凝聚力和动力。在大多数情况下，这涉及对公司目标形成共识，以及平衡多种观点和需求。然而，过于依赖共识的达成，可能会导致决策缓慢，这就需要平衡，但要达到平衡又会让领导者的人际技能不堪重负。在最好的创业公司里，领导力看起来几乎都是靠感染来起作用的。管理团队似乎是被创始人的哲学和态度感染的，而且很容易接受为公司设定的目标。如果他们可以分享成功，对目标的接受是有帮助的。

成功的企业家会与自己的团队建立起牢固的关系。个人关系建立在信任的基础上，信任是一个好团队和有效的组织文化的基石。管理团队必须信任你，这包括具有透彻的愿景和价值观，坚定而公平，灵活而一致。它包括直截了当——说到做到、说话算数、言行一致，也包括开放、自然、诚实和直接——成为一个真正可信的领导者。在始终把公司利益放在首位的同时，它还包括支持个人，以及将他们的福祉放在心上。信任需要时间来建立，也需要用实际成果来证明，但可能由于粗心的行为而很快失去，然后又要用更长的时间来重建。

建立组织结构

非正式结构。企业家倾向于通过他们强有力的个人关系来管理员工，而不是通过层级和结构来管理。他们更喜欢非正式的组织结构和影响力，而不是严格的规章制度和岗位定义。他们经常劝说员工，以一对一而非指定任务的方式向其展示如何做事，这在组织中通常反映在文化上。在小规模初创企业里，最典型的组织结构是蛛网状的，如图 12–2 所示，创始人位于网络的中心，每个新员工都向其汇报工作。

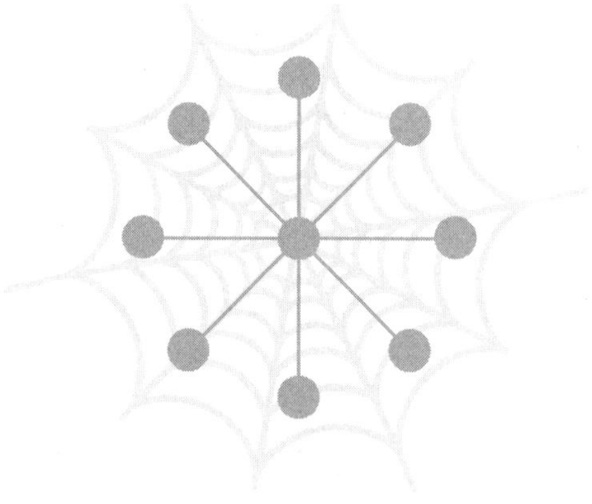

图 12–2　初创企业网状组织结构

这是一种非常高效的结构，可以对变化做出快速和灵活的响应。在一家初创企业里，不确定性和快速变化可能意味着，严格的规章和结构很快就会过时。更重要的是，在一家小公司里，每个人都必须做好准备去做其他人的工作，这是因为如果有人生病请假了，这个体系里是没有替代，懈怠的。网络是完全扁平的，因此效率很高——管理费用降低了，它的响应很敏捷——沟通时间被最小化了。它最多对大约 20 名员工有效，超过这个规模，它就会变得越来越低效。更有甚者，蛛网会让居于中央的企业家插手干预，企业家可能倾向于绕过管理人员而建立非正式的报告线（见图 12–3）。因此，随着业务的增长，对于大型初创企业或者更往后的发展阶段，蛛

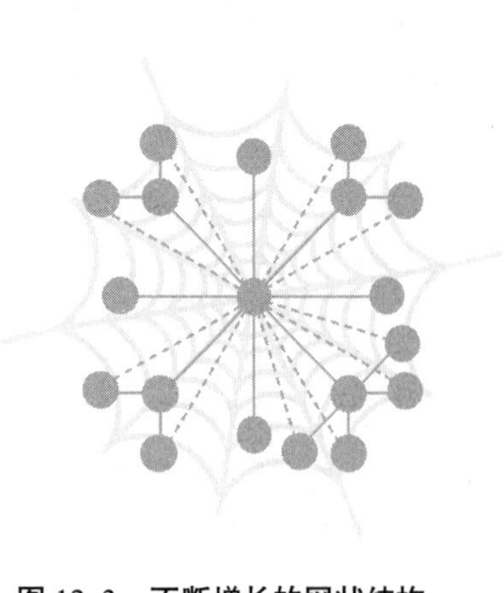

图 12–3　不断增长的网状结构——非正式报告线

网就失效了。

层级结构。组织越大，对层级结构的需求就越大。它创建了秩序，而且可以协调复杂的任务。层级是组织结构的基本特征，不仅适用于人类，而且适用于所有的复杂系统。这让管理者相信，他们有管理职权，而且可以进行协调、合作和专业化分工。图 12–4 显示了一个具有四个交互的简单层级结构，这可以跟图 12–5 中没有层级结构的自组织结构进行对比，后者在相同数量的人员之间有 10 个交集。简单的层级结构使得只需要管理较少的交互和关系。然而，尽管这可能很有效率，但它并没有反映出交集的质量，而且层级结构可能会阻碍协作和知识共享。

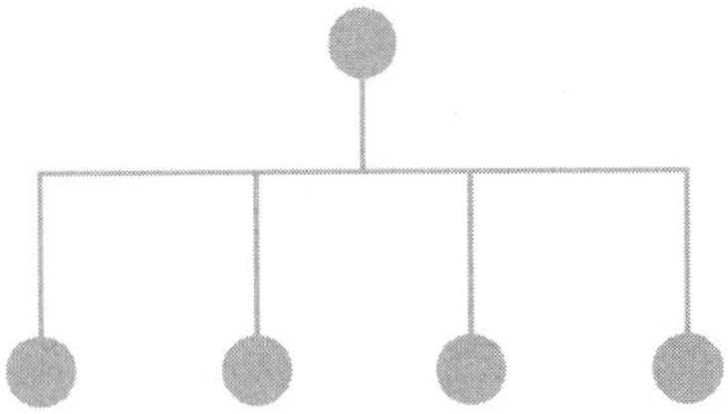

图 12–4 简单层级结构

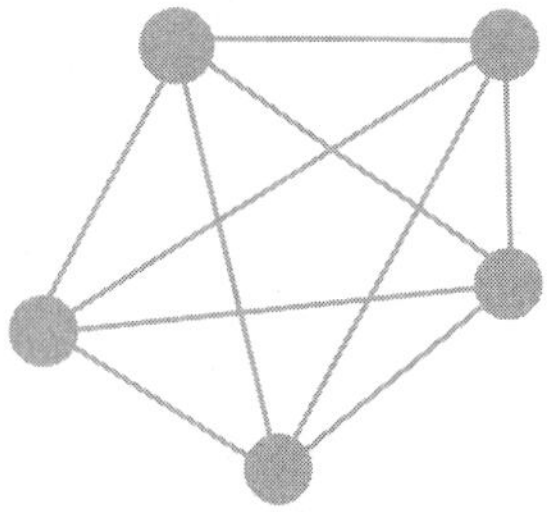

图 12–5 自组织结构

随着组织的成长，可以建立更多的结构。不过，并没有一个“最佳”结构。图 12–6 展示了一个经典的层级结构。营销、生产和会计等职能部门可以形成分级的部门，通过中央控制进行协调。这促进了稳定性，并鼓励以高效的、由规章驱动的方式来运营，它向员工展现了在其部门内有一条职业发展道路。当一家企业成长到超出一定规模时，就会倾向于采取一种代表不同产品或市场分组的部门结构，然后每个部门可能在其内部也会有自己的部门结构。部门可能是法律上独立的公司。

任何层级结构都有一个问题，就是它内部的管控幅度。有些层级结构具有“高耸”结构和更多的管理人员，每个管理者的管控幅度更窄（向他们汇报的人更少）。另一些则是“扁平”结构，管理的层级更少，而每层都拥有更宽的管控幅度（向他们汇报的人更多）。结构越高耸、控制范围越狭窄，需要的管理人员就越多。近年来的趋势一直是减少层级——使结构扁平化和增加管理者的管控幅度，技术，特别是互联网的发展使这样做变得更容易了。一些日本的制造业公司只有四个管理层级：顶层、工厂、部门和科室。你需要决定你的初创企业的结构，而这主要取决于你想雇用的人数。

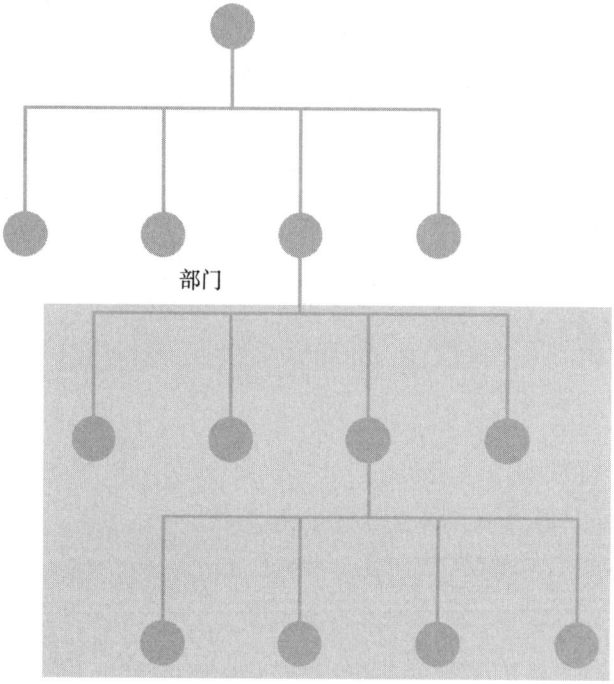

图 12–6　层级结构

矩阵式结构。一家拥有多个产品、职能或地理位置的企业，还需要在所有这些维度上协调各种活动，矩阵式的组织结构往往会有助于此，如图 12–7 所示。人员有多条汇报线——向他们的职能经理（如会计）和地区经理或产品经理汇报。在 20 世纪 60 年代和 70 年代，这在大型组织中很流行，但由于过分复杂以及对变革反应迟缓，随着这些问题变得明显，这种结构越来越不常见了。不过，星巴克公司仍然会使用一种结合了职能部门和产品部门的矩阵式结构，员工向两位经理汇报。

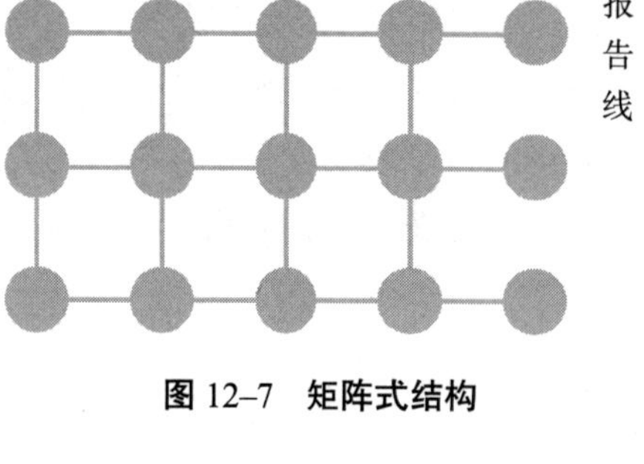

图 12–7　矩阵式结构

团队工作。矩阵式蓝图也成为形成非正式自组织项目团队的基础，这样的团队来自机构中的不同部门或地理区域（见图 12–5）。这被广泛用于希望鼓励创意和创新的企业，尤其是苹果和谷歌等技术型公司，它们将不同的职能原则结合在一起，促进沟通和互动，而且具有高度的灵活性。

团队也习惯于在正式结构内进行非正式的协调，例如，跨国公司内部需要在地区之间保持职能的一致性。有一家广泛使用基于项目的团队结构的公司，就是著名的高科技膨体聚四氟乙烯（Gore-Tex）纺织品制造商戈尔（Gore）公司，它把自上而下的指令减到最少。员工（被称为伙伴）或是自己申请，或是受到其他团队成员的请求，而加入特定的团队。他们选举团队领导者、决定自己的目标和管理自己。

案例洞察

谷歌：团队工作

谷歌的经营处在一个快速发展的商业环境中，这种环境重视创新和迅速行动。公司具有一种扁平的、去中心化的精简层级的组织结构，有着高度的民主，而且联系紧密，每个经理大约有 20 个人向其汇报。它还有一种非正式的文化，工作专业化程度低，强调原则而不是规则，并且鼓励横向沟通。员工可以有 20% 的时间从事新项目，所有参与产品开发的员工都以三四个人的小团队方式工作。较大的团队被分解成较小的子团队，每个子团队都处理较大项目的特定方面。每个团队有一个领导，根据不断变化的项目需求进行轮换。大多数员工都在不止一个团队中工作。

管控人员

你雇用的员工越多，你就越需要对他们进行正式的管控。大多数的组织管控系统旨在将风险和不确定性降至最低，并提高效率和效果。你对公司员工施加的管控程度不仅应当反映你自己的理念，还应当反映你的公司所基于的核心价值主张。如果你的商业模式是低成本 / 低价类型的，那么你可能需要非常高效，而且可能需要很严格的管控。按照定义，一个极为高效的组织是不会懈怠的，每件事都会受到严格的控制，每一分钱都要解释清楚，所有的工作都是定义好的，每个人都被要求遵照服从。这种环境会带来很高的效率。

然而，你所施加的管控程度也取决于另外两个因素：任务复杂性和公司所处的运营环境。任务越简单、重复性越高，就越容易实施管控，对主动性的需求就越少。同样地，环境越稳定，对主动性的需求就越少。但是，严格的控制会扼杀主动性，抑制企业家精神，因此任务越复杂，对自主性的需求就越多。同样，环境越多变，对自主性的需求就越多。这个关系如图 12–8 所示。

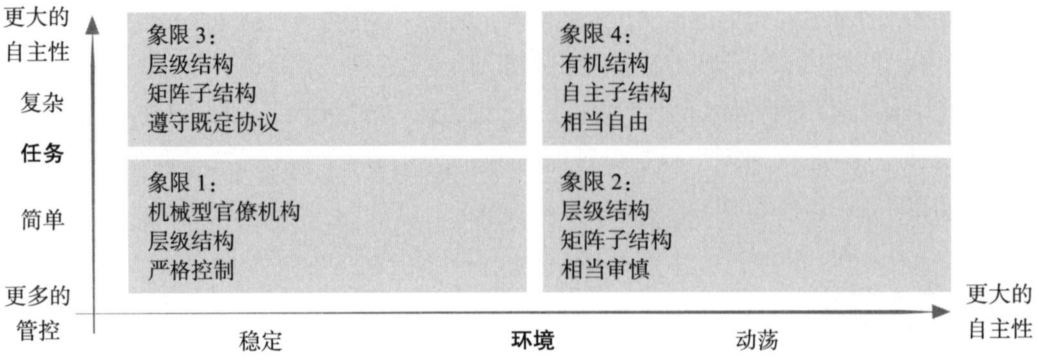

图 12–8 结构、变化和任务复杂性

象限 1。机械型官僚机构是一个具有层级结构和严格控制的机构。当组织在以广泛的标准化处理简单任务时、处于稳定的环境、在安全性很重要的情况下，以及在需要认真遵守计划和方案的情况下，这是最适合的。为了使生产 / 加工活动有效，需要有发展完善的信息系统来报告活动。权力是集中的。它更关心生产而不是营销，它擅长生产大批量的产品，并能在生产和分销方面取得一定效率。这适用于第 10 章里概述的连续生产和生产线类型。

象限 2。随着环境变得更加多变，标准化变得不那么可行了，应对意外变化的责任需要向下层推动。员工通常被给予更多的自主权，尽管还是在指导方针范围内。这种结构需要对变化做出响应——尽管它具有层级结构，但相对来说比较扁平，中间管理岗位很少。矩阵子结构（团队）可以用来处理意外项目。文化很重要，因为员工需要被激发起来频繁改变自己的工作习惯。这适用于第 10 章里概述的零散和批量生产类型。

象限 3。在稳定的环境中执行复杂的任务，这意味着开发标准技能来解决复杂问题是值得的。在一个层级组织内，矩阵可能是一种有效的子结构。矩阵式团队可以在设定的规则内从事复杂的任务，比如，外科手术就是这样。在一个不断变化的环境中，矩阵式团队必须拥有更大的自主性，因为即使他们面临的是简单的任务，既定的规则也可能不适合变化的环境。这适用于第 10 章里概述的零散和批量生产类型。

象限 4。在任务复杂度高的动荡环境中，需要创新、灵活、去中心化的结构，这常常涉及结构内部的结构。决策权需要被授权，团队合作可能成为组织中以某种方式构建的矩阵式结构的规范。员工的自主性变得更大了，明确的工作定义不应导致职责范围的缩小，而使人们忽视新出现的任务。这常常被称作“有机结构”——一种高度灵活、不断变化、层级有限的结构；一种比起强调结构来更加强调个人关系和互动的结构；一种权力分散、权威与专业知识相联系、很少有官僚制度或标准程序的结构。在很多方面，对于这样一家公司来说，比正式的组织结构重要得多的是文化，它告诉人们需要做什么，并激励他们去做——这是一家真正的创业型公司。这适用于第 10 章概述的项目生产类型。

虽然这些原则看起来很简单直接，但在实践中应用起来可能很困难，尤其是在公司不断发展的环境中。和大多数管理领域一样，没有一成不变的规则，它们的应用需要判断力。不过，你所处的环境越不稳定、越不可预测，以及你面临的任务越复杂，你给予员工的自主权就应该越多，而且在给他们指明方向的时候，组织文化（而不是组织结构）就越重要。

在面临不断变化的、不确定的环境时，初创企业对管控程度和自主性需求进行平衡，归根到底就是为不同的员工找到适当的“平衡”。然而，创业型公司通常需要更宽松的管控（或员工具有更大的自主权），而对实现目标负有更严格的责任。随着你的成长，你就可以通过投资来建立具有不同结构、不同管控程度和不同文化的运营部门或者子公司。

为你的公司创建文化

组织文化是关于一个组织中的“正确”行为方式的潜规则、普遍规范、基本信仰和假设。对于一家初创企业来说，这可能比其所采取的任何正式结构都更重要，因为它是以人们倾向的和可能的行为方式，而不是以他们被期望的行为方式来自我呈现的。作为公司的创始人，你会自觉或不自觉地对企业文化产生深刻的影响。它以你的基本信仰和价值观为基础，这些东西应该成为你的使命和愿景（详见第 6 章）的支撑。你如何构建自己的企业文化，这基于三个影响因素：认知过程、组织过程和行为。所有这些影响因素如图 12–9 所示。

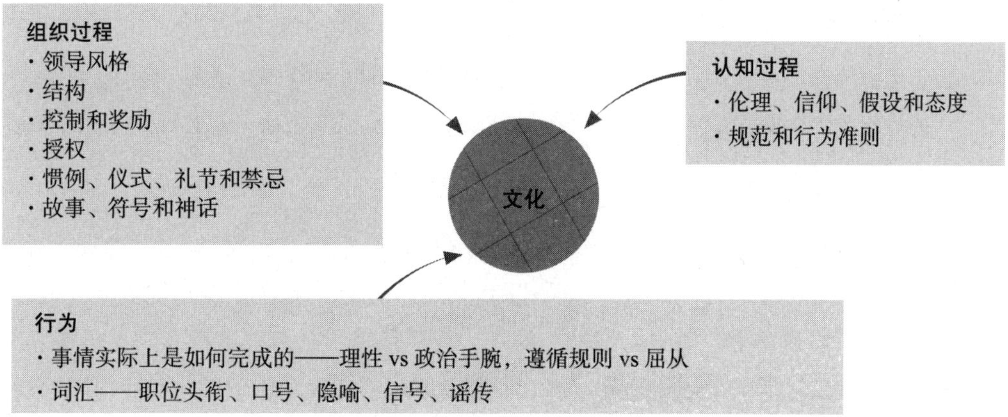

图 12–9 对组织文化的影响

认知过程。这是员工共同持有并认可的信念、假设和态度，它们植根于公司的哲学、价值观、道德和信条之中。它们产生行为规范——规则或权威标准，组织的创始人真正关注的事情以及他们实际做的事情，而不仅仅是他们所说的事情，对这些方面具有强烈的影响。但重要的是，这些方面的成型需要时间，而不会在一夜之间发生。

组织过程。这可能是经过深思熟虑的，也可能就是以一种意想不到的方式呈现出来，有机地发展演变，并可能产生众多的影响。

- 领导风格。这传达了关于行为得当的信号。你如何对待人们、如何应对情况，甚至如何分配自己的时间，都会传达出关于优先事项的有力信号。
- 组织结构。层级组织可能会对主动性造成阻碍。职能专业化可能导致态度狭隘，并传达出哪些技能可能受到重视的信号。具有更大管理幅度的扁平化、有机式结构，以及经常采用团队方式，有助于鼓励创造力、创新和创业精神。
- 控制和奖励。人们会注意到哪些行为会受到奖励（以及哪些行为会受到惩罚），并采取相应的行动。如果工资主要以销售奖金为基础，并且有一个最佳销售人员的月度排行榜，那这会告诉人们关于公司及其价值观和目标的信息。招聘、选拔、晋升和退休的标准都很重要，地位、赞扬和公众认可是强有力的激励因素。
- 授权。做出（或不做出）决定的权力会传达明确的信号。具有决策授权的扁平化、去中心化结构会鼓励本地决策，尽管有时候非正式的权力可能存在于正式的层级之外。对失败的反应是其中一个重要的信息。
- 惯例、仪式、礼节和禁忌。这些构成了日常生活中无可置疑的结构，并传达了大量关于组织的信息。“有人把守的”或“开放的”经理办公室、保留的或不保留的停车位、着装规范、一般沟通方式，都会影响企业文化。
- 故事和符号。谁是公司里的英雄、坏蛋和特立独行者？员工在午餐时谈论什么？是否有重要的象征地位的东西，比如汽车或办公室的大小？员工如何谈论客户、其他关键管理者，甚至是你？这些故事和符号是一种文化的延续。

行为。这是组织中实际发生的事情。它决定了结局是否理性和透明，或政治拉拢的结果如何。它会影响到组织是否真的会遵循规则，还是在适当的情况下会扭曲规则。行为也与词汇有关——职务头衔、口号、隐喻、信号，甚至是闲谈八卦。语言充满了价值判断，这是我们大多数时候都没有意识到的，但它们在潜意识中影响着组织的文化。要巩固组织文化，行为必须与其他影响因素保持一致，并与你的组织结构和领导风格保持一致。

即使你并未积极尝试创造一种文化，它也会出现。如果这种文化是错误的，你没法责怪别人。然而，拥有正确的文化能够帮助你管理公司和取得成功。因此，你希望在自己的公司里创造出什么样的文化，你希望鼓励哪些行为来加强这一点呢？

案例洞察

托尼·费尔南德斯和亚洲航空（2）：管理风格

托尼·费尔南德斯于2001年成立了亚洲航空公司。《经济学人》的一篇题为“廉价，但不下流”的文章（2009年3月）对他的管理风格及其对公司文化的影响进行了大量观察，说他进入这个行业时没有先入为主的观念，但发现这里存在着严格的区隔和职能。他希望亚洲航空公司能体现出自己无拘无束、开放和开朗的个性。人们看到的他，很少不是戴着棒球帽、穿着开领衬衫和牛仔裤的，他对公司的层级少而感到自豪（这在亚洲是很不寻常的），这意味着任何人都可以升职去做别人的工作。亚洲航空公司雇用行李搬运工和乘务员出身的飞行员，而费尔南德斯先生自己也在实践他所宣扬的事情，每个月他都要做一天行李搬运工，每两个月做一次乘务员，每三个月做一次柜台登记员。他甚至建立了一个“文化部门”来“传递信息和举行聚会”。

托尼·费尔南德斯把亚洲航空公司的成功归结为“文化、专注和纪律”。公司的文化体现在他对管理风格的评价中。

创业文化

如果你希望自己的公司在成长过程中保持创业精神和避免官僚主义，那么建立创业文化就至关重要。你可以收集用来描述在这里工作的感受的词汇——结构、故事、仪式、惯例、符号、控制以及其中的权力和权威基础，以此来描述组织文化。

创业文化应当反映出企业家的性格特征和管理方法，最重要的是授权员工利用他们的主动性来做决定和抓住机会。实际上，它会尽可能下放决策权，让信息被共享而不是被藏着掖着。它鼓励试验、创意和创新，理解冒险和容忍失败，但鼓励而且奖赏成功。它从错误中吸取教训，尽量不重蹈覆辙。这种文化的基础是强有力的个人关系，这种关系可以带来强烈的群体身份认同感。它应该是主张平等且反权威主义的，总是敢于质疑和与众不同。它视变革为常态，所以变革当然不是什么令人恐惧的东西，而且应该对未来充满信心。图12–10中的文化网络显示了可能用来描述创业文化的词语。

图 12–10　创业型组织的文化网络

创业架构

创业型组织在竞争性的、不断变化的环境中茁壮成长。在这种环境下，任务很复杂，创造力和创新很重要，这些都是靠构建一种组织架构而产生的，包括以下几个方面。

- 结构。如图 12–8 的象限 4 所示，它需要一种有机的结构，这种结构具有自主性的子结构，允许员工有相当大的自由度。
- 文化。这个词所描述的创业文化如图 12–10 所示。
- 领导力。下一章将重点讨论你的领导力如何创造和加强这种架构。

就像营销组合一样，这个架构要想有效，所有这三个要素都必须保持一致——它们彼此互相加强。架构创造价值，创业架构意味着整个企业是由创业者组成的，在你离开之后，它还将继续蓬勃发展。投资者知道，值得为之付出代价。

一旦你开始往前走，许多结构特征和文化特征都需要植入到你的组织中，而且只能过一段时间再进行评估。下文分别提供了一份创业架构清单和一份创业文化清单（见表 12–1 所示），用来检验你的组织结构和文化是不是鼓励创业精神。你可以把它们放在自己的初创企业里用上三年，它们会让你洞察到公司的目标是什么。

表 12–1 **创业清单**

创业架构清单	创业文化清单
1. 管理团队是有机地组织起来的	1. 组织鼓励承担创业风险
2. 组织被分解成小的子结构	2. 组织善于授权
3. 组织不是层级化的	3. 组织视变化为常态
4. 组织不是官僚化的	4. 组织鼓励员工在各种层面建立关系
5. 组织结构灵活	5. 组织鼓励创意和创新
6. 管控幅度很宽	6. 组织鼓励持续创新
7. 组织控制宽松，但责任严明	7. 组织主张平等
8. 鼓励和促进团队合作	8. 组织能容忍错误
9. 组织参与战略联盟 / 伙伴关系或合资企业	9. 组织鼓励和促进授权决策
10. 组织发展和参与了众多专业网络	10. 组织鼓励团队合作
11. 内部创业者和 / 或新的跨职能创业团队习惯于提出新创意	11. 组织鼓励内部信息与知识共享
12. 结构鼓励和促进内部创业	12. 组织鼓励建立与外部人员和机构的关系网络
13. 结构鼓励授权	13. 组织鼓励从内部和外部持续学习
14. 有鼓励创造性思维的设施条件（资源、空间等）	14. 组织鼓励试验
15. 鼓励和促进众包与开放式创新	15. 组织庆贺成功
16. 有促进持续创新的结构	16. 组织是非正式的
17. 有鼓励和促进培训与发展的结构	17. 组织是以成就为导向的
18. 企业家精神和创新得到认可和奖励	18. 有用于学习和创新的时间
19. 有监控和管理风险的结构	19. 组织鼓励制定战略
20. 运营部门或子公司（如果有的话）相对独立自主	20. 组织内看重人的价值

续前表

创业架构清单	创业文化清单
	21. 员工觉得有义务对组织的未来负责
	22. 员工觉得自己“属于”组织
	23. 客户的声音很重要
	24. 供应商的声音很重要
	25. 组织鼓励自上而下、自下而上和跨部门的开放式沟通

案例洞察

维珍集团（3）：企业文化与结构

我们在第 6 章研究了理查德·布兰森如何打造维珍品牌。维珍集团把自己描述为一家“品牌风险投资公司”——一个由许多小公司组成的大品牌。在第 11 章里，我们看到了布兰森是如何组织公司以降低他的个人风险的。

维珍集团由 20 多家独立的伞型公司组成，下面经营着 370 多家独立公司，在 30 个国家雇用了约 50 000 人，全球品牌收入超过 115 亿英镑。维珍集团把自己的品牌作为在合资企业的资本资产，它贡献品牌和理查德·布兰森的公关形象，而合作伙伴则提供资本投入——在某些方面就像是一种特许经营，常常还有运营经验。这个结构反映了一种叫作“经连会”（keiretsu）的日式管理结构，在这种结构中，不同的企业像一个家族一样在同一个品牌下运作。如果说有一个主旨把维珍集团成立这些不同部门的原因关联起来，那就是商业机会。很多公司是在私有化的时候从世界各地的政府那里购买来的，如维珍金融；很多则是因为客户对现有的垄断供应商不满意而成立的，如维珍航空；还有绕过供应商直接向客户提供产品 / 服务的，如维珍直销。此外，在 21 世纪初，也有基于技术、媒体和电信的繁荣而形成的一大批公司，如维珍传媒。

布兰森是典型的创业型领袖。威尔·怀特霍恩（Will Whitehorn）自 1996 年以来一直是布兰森的左膀右臂，他说：“布兰森不相信大公司是正确的选择，他认为小就是美……他是只有一个人的风险投资公司，通过卖掉公司筹集资金并投资新公司，这就是其未来的发展路径。”

维珍集团的结构复杂且难以厘清，涉及离岸私人公司和（身份不明的）无记名股份的存在。伞式组织的股东权益由维珍集团投资公司所有，维珍的商标和徽标归维珍企业集团所有，并授权给维珍集团内部和外部的公司使用。维珍管理集团是组织的管理部门，负责任命董事会成员和高级管理人员，并协调各项活动。维基百科这样描述道：“尽管布兰森完整地保留了维珍品牌的所有权和控制权，但使用该品牌的公司的商业设立是多变的和复杂的。在维珍品牌下运营的每一家公司都是一个独立的实体，布兰森完全拥有其中一些公司，并持有其他公司的少数或多数股份。他偶尔只是简单地把品牌授权给一家从他那里购买了一个部门的公司，如维珍移动美国（Virgin Mobile USA）、维珍移动澳洲（Virgin Mobile Australia）、维珍电台（Virgin Radio）和维珍唱片［现为百代（EMI）的一部分］。”

正如布兰森所看到的那样：“维珍不是一家大公司，而是一个由许多小公司组成的大品牌。我们的优先事项与我们的大型竞争对手相反……对我们来说，我们的员工是最重要的。如果你有一个快乐、积极的工作团队，你就更有可能拥有快乐的客户，这似乎是常识。在适当的时候，由此产生的利润将使你的股东感到高兴。按照惯例的要求，大就是美，但每次我们的一家企业变得太大，我们就会把它拆分成较小的单元……每次这样做，相关人员都不会有太多的工作要做，但他们必定会有更大的绩效激励，对自己的工作有更大的热情。”

“我们公司是一个家族的一部分，而不是等级制度的一部分……它们有权管理自己的事务，但公司之间互相帮助，解决问题的方法往往来自集团内部的某个地方。从某种意义上说，我们是联合体，有着共同的想法、价值观、利益和目标。”

维珍集团的公司是多样的和独立的。1986 年，维珍集团在股票市场上市，但后来又重新私有化，因为布兰森不喜欢让自己的所作所为对机构股东负责。集团内的公司具有不同的组织结构，这反映出其核心业务的不同性质。处于中央的是维珍管理有限公司，为集团的公司提供顾问和管理支持，它在伦敦、纽约和悉尼都设有办事处，每个办事处都有部门团队，由一个管理合伙人经营。

布兰森在伦敦的荷兰公园（Holland Park）里的一座大房子里经营着维珍帝国。尽管维珍看起来没有传统的总部结构，但它聘用了大量的职业经理人。布兰森相信授权，也擅长授权，他鼓励经理人要有创业精神。他设定方向，然后回撤一步，让经理人继续做事，给予他们自由，使他们发挥主动创造性。这种委托意愿有助于在布兰森和他的管理团队之间建立起信任，这种氛围的特点是非正式的和信息驱动的——它是底层厚重式的，而不是被顶层管理卡住。维珍自认为有最少的管理层次，没有官僚主义，董事会很小，总部也很小。工作环境是非正式的，几乎是随意的，但人们相信努力工作和个人责任。一般来说，尽管结构是非正式的，但对于业绩的期望很高。维珍给所有级别的经理都设定了目标：给总部的经理设定的是整体目标，例如提高品牌忠诚度或扩张业务；给集团公司的经理设定的是与其自身业务相关的更具体的目标。层级越往下，目标就越具体、期限越短。

布兰森的主要技能据说是建立关系网、寻找机会和确保开发所需的资源。他具有传奇性的个人影响力和人脉网络。他讨厌正式的会议，喜欢面对面做决定，尽管有时候也用电话，但他始终在发展和测试自己的个人关系。布兰森的另一项技能似乎是激励员工，让他们做到最好。他能够在非常个人化的基础上做到这一点，而且还定期邀请员工团队到他家里。大多数认识他的人都发现，他特别讨人喜欢——极具魅力，具有无限的热情和好奇心。他可以做一个很好的倾听者，但他说自己从来听不进批评。他鼓励使用许多不同的媒体在所有层面上进行沟通。他似乎有一种与人联结的能力，热爱挑战，无论是与商业相关还是与他的个人生活相关。

“如果人们的主动性得到了恰当且常规的认可，那么企业就必定蓬勃发展。因为这是他们的公司，是他们个性的延伸。每个人都觉得维珍是自己应该去保有和照顾的。它运转得更为深入。我坚定地相信，要随时倾听员工的意见。一旦你停止这么做，就会面临失去最佳员工的危险。”

员工被鼓励提出新创意，而且可以得到发展资金。一旦一个新业务达到一定的规模，它就作为维珍集团内部的一家独立公司启动，而且内部创业者持有股权。布兰森个人的做法就是倾听所有的想法并提供反馈。

“我们的许多公司都有创新计划，员工可以通过这些计划提交新的生意创意，供战略领导者考虑。我们还给点对点的提名提供便利，以表彰在创新、客户服务、社区和环境这四大价值观方面具有突出表现的员工。一个幸运者甚至可以在我的内克岛上度过一周。”

维珍集团与理查德·布兰森有着密不可分的联系。现在他已经 70 岁了，问题是他还能坚持多久？当他退休后，维珍集团的未来会如何？它仅仅是一个由多样化的、独立的公司组成的松散联盟，除了布兰森之外还有什么东西可以让这些公司团结起来？而且，当他退休时，他持有的股份会怎么样？

重新阅读本书前文关于理查德·布兰森和维珍的两个案例洞察。

问题：

1. 你如何描述维珍集团的结构和文化？
2. 这种结构的优缺点是什么？
3. 总部对于运营子公司的作用是什么？描述总部的文化。
4. 维珍集团的结构和文化是如何强化品牌的，品牌又是如何强化结构和文化的？
5. 理查德·布兰森对公司有多重要？他退休后可能会发生什么？

小结

- 任何公司都首先与人有关。你需要为自己的公司建一个技能框架，即启动和运营你的公司所需的技能、知识和网络。你通过创始人、员工、合作伙伴、投资者、专业顾问和董事会来满足自己的技能需求。
- 为了获取一系列知识、技能和网络，使用专业顾问可能是一种有吸引力的方式。让高质量的顾问围绕在你身边，有助于应对成长的挑战，并增加你的管理团队的可信度。
- 利用你的技能框架，你可以为关键角色起草岗位描述，并在此基础上对人员要求进行描述，勾勒出可能从事这些工作的人的技能、知识和特点。
- 选择一个有效的管理团队，即将不同个性的人组合在一起，作为一个集体一起工作。贝尔宾识别出九种所需的人格特征：三种以“思考”为导向——智多星、审议员和专业师；三种以“人员”为导向——协调者、凝聚者和外交家；三种以“行动”为导向——鞭策者、执行者和完成者。
- 结构创造秩序，但没有单一的“最佳”结构。这取决于任务的复杂度和环境的动荡程度。
- 如图 12–8 所示，你所处的环境越不稳定和不可预测，你所面临的任务越复杂，你就越应该给予员工更大的自主权。合适的结构是“有机的”——这是一个高度灵活、不断变化、层级有限的结构，它更注重个人关系和互动而非结构，权力在结构中是分散的，权威与专长挂钩，很少有官僚主义的规则或标准程序。在这种结构中，文化对于提供方向是非常重要的。
- 文化是一个组织的基本信仰和假设——它是做什么的、它的成员应该如何行事以及它如何定义自己。它的基础是自己的价值观和信仰，而这些通常是从创始人那里得来的。
- 文化可以通过行为、组织和认知过程来创建。
- 随着公司的发展，它将面临可预见的挑战。格雷纳的成长模型的含义是，为了保持其创业优势，一个组织需要保持其创造力，但有明确的方向。它需要决策授权，但决策要由有效的合作来协调。它需要避免有效领导力的潜在危机，对员工自治和管控的需求进行平衡，并不惜一切代价来避免过多的官僚主义。这意味着要建立一个适当的组织架构。
- 创业架构是建立在有机结构中的创业文化基础上的，由有效的领导力创建和强化。

第13章

领导你的团队

领导和管理

对人进行领导和管理是一项需要某些独特技能和能力的挑战。领导和管理是不同的术语，尽管与之相关的技能和能力是互补的。管理关心的是在组织过程中处理复杂性和执行工作，它关系到在一个层级结构中授予管理者的权限。早在19世纪，麦克斯·法约尔（Max Fayol）就把管理的五大职能定义为计划、组织、指挥、协调和控制。法约尔的工作概述了这些职能是如何需要某些技能的，而这些技能可以在人们中间进行系统性的教导和发展。因此，管理是关于细节和逻辑的，也是关于效率和有效性的。

另一方面，领导与设定方向、沟通和激励有关。它涉及广泛的原则和情感，而较少涉及细节。如果管理是头脑，那么领导就是组织的核心。因此，一个组织很可能被过度管理但领导不足，或者恰好相反。一个组织既需要良好的领导，也需要良好的管理。在一家初创企业里，为了做成事情，良好的领导至关重要，而有效的管理很快就变得越来越重要。但良好的领导力是基于具体情况的，有些领导者在某种情况下很好，但在其他情况下则不然。领导者可能会有过山车式的职业生涯，因为他们也许会在特定的分立时间段、特定的环境下和特定的人员一起，表现出成功的领导力特征；但当事情发生变化时，这些特征就不起作用了，他们无法适应这种变化。温斯顿·丘吉尔是广为认可的一位伟大的战时领导者，但在和平时期却是一个差劲的领导者。因此，企业家在初创时可能是好的领导者，但随着企业的发展，他们可能会变成差劲的领导者——除非他们适应并改变自己的领导风格。

有一个把领导者和其他人区别开来的显著特征，就是领导者有心甘情愿的追随者。这是为什么？他们是如何说服别人追随他们的？优秀领导者的性格特点和人格特征告诉我们的信息有限。领导力与你是谁没有关系，它更多的是关乎你认为“自己是谁”，以及你是如何与自己的追随者建立关系的。它也跟特定的集体、任务、情况或环境有关。而且，正如我们在本章后面会看到的那样，可以对领导风格进行精雕细琢，以满足这些不断变化的环境。不过，尽管光说领导者具有某些持久的性格特征过于简单化，但有些人可以在各种情况和任务中成为领导者，而且看起来确实如此，这给了我们一些关于领导创业型组织所需的领袖特征及行为的启示。更重要的是，我们更好地认识到了领导者的个人认知能力、动机、社交技能、专业知识和解决问题的技能等方面的重要性。这里体现的是许多因素的复杂交互作用，着重强调了有效的领导是一门艺术而不是一门科学，而且它与环境密切相关。虽然我们可以把影响它的主要因素分立出来，并在特定的环境中指向良好的实践，但其中并没有神奇的配方。

定义领导者的角色

我们对领导者的传统看法是，他们是特殊人物，通常是像丘吉尔这样富有魅力的“英雄”——设定方向、做出关键决策并激励员工，频频在危机时刻战胜困难。他们具有远见——这是大多数企业家都拥有的。他们是战略思考者和有效的沟通者，同时依然能够监控绩效。最重要的是，他们在组织内部创建适当的文化来反映自己的优先级。的确，领导力更多的是跟指导愿景、文化和身份有关，而与决策无关。因此，对于领导者的岗位描述，应包括以下五个要素。

对组织有一个愿景。这让人们对组织的方向、价值观、面临的关键问题和关切的事情有一个清晰的聚焦。愿景以组织的价值观为支撑，价值观体现在组织的文化中。你可以试试根据自己的价值观创建自己的愿景。

能够制定战略。知道你想去哪里是一回事，知道如何到达那里又是另一回事。领导力的核心在于能够为未来的发展规划一条路线，以引导组织朝着领导者的愿景前进，这就是战略的意义——以一致的方式将各种行动和战术联系起来，形成一个连贯的计划。你的商业计划为你提供了如何实现这个业务愿景的策略。中国有一句格言：没有战略的战术只是失败前的瞎吵吵。它强调指出，不仅是确保成功需要一个一致的、连贯的战略，而且如果没有了战略，各种各样的战术只会在你的追随者中引发关于该做什么和为何要做的噪音。

能够有效沟通，尤其是沟通愿景。除非你能够有效地沟通一个愿景，并且这个愿景能够激励和动员员工，否则就没有必要为组织制定愿景。员工需要理解如何实现愿景，并相信他们能够实现它，尤其是在一个不确定的世界中。他们需要了解组织的发展方向，以及为了实现愿景采取的战略。

在组织中创建适当的文化。正如我们在上一章中看到的，一个组织的文化是将其结成一体的胶合剂，它影响人们的思考方式和行为方式。为一个创业型组织创造一种适当的文化，这可能是一个领导者必须做的最重要的事情，但这并不是一项容易完成的任务。

管理和监控绩效。领导者仍然需要进行管理。你需要成为一个好的领导者和一个好的管理者。这可能是一项常规任务，但在一个创业型组织中，有一些特殊的挑战，比如应对快速的变化、在自由与管控之间进行平衡，以及管理风险——我们在前面的章节里已经介绍过所有这些内容了。

案例洞察

盖瑞·雷德曼和 Now Recruitment 公司：改变你的领导风格

Now Recruitment 公司成立于 1991 年，是一家获得行业奖项的全球招聘代理机构，在英国各地设有办事处，并在澳大利亚和阿联酋设有国际办事处。这家公司 90% 的股权属于盖瑞·雷德曼（Gary Redman），他坦承自己的管理风格曾经被迫发生过巨大的变化，以适应公司的成长。当营业额达到 600 万英镑时，员工流动率激增，公司陷于停顿。

盖瑞请来了一位管理咨询顾问。盖瑞上了一门管理发展课程，这门课教给了他如何对责任进行授权，而不是自己控制一切。他改变了自己的领导风格，并收到了效果。员工保留率得到了改善，业务再次实现增长。

领导者的个人特质

领导者的一个关键思想转变是成为一名战略思考者。他们从运营细节转向广泛的、战略的、组织的视角——这是一种超越日常危机并看到更大图景的能力，涉及以长期的整体观点来看待组织。战略制定了一个框架，在此框架内，可以对短期行动进行判断。领导者了解自己是从哪里过来的——这是过去的知识，还有它如何影响当前的形势、自己将去向何处，以及如何到达那里。他们也在持续不断地“扫描”环境，以寻找机会和识别风险。因此，他们成了战略型的学习者。这种学习可能涉及从大局出发来看问题，努力找到随时间而变化的模式，并寻找复杂的交互作用，以便了解根本的原因。本质上，找到你最初的商业创意所需的发现技能就是一个“扫描”的过程（见第 3 章）。随着你的公司的成长和发展，你需要学会使用它们。

基于这些信息，领导者能够展望出一个新的、值得期待的未来，并在组织的背景下重新构造这个新的未来——战略意图。在这个过程中，他们进行分析和综合。然而，领导力关系到劝说人们追随你。正如我们在下一节将要看到的那样，你可以有很多方法来做到这一点，不过它们都有赖于你的情商。

- 了解你自己，包括你的优点和缺点。
- 理解不同的情境——无论是人，还是这些人发现自己所处的环境。
- 对你的行为进行调适的能力，以满足这些不同的情境。
- 与人相处和沟通的能力。

整个过程的一个关键技能是诚实的反思，而这是需要时间的。这也意味着你需要检视你对自己的看法，或者你对不同情境的感知是否与他人一致。那是真实的吗？这涉及某种程度的成熟判断力，这种判断力不太容易教得出来，而是随着时间的推移发展起来的；通过在你身边建立一个你能与之对话的支持性的人际网络，这种判断力可以得到很大的增强。

领导者需要与他们希望领导的人建立关系，信任和尊重是此关系的基础。追随者需要有新的未来，并认可使之成为现实的战略。但他们也需要相信，领导者能够实现且将会实现那个目标，而人们更容易信任一个具有很高的道德品行或正确的伦理价值观的人。这些是真正享有我们的尊重和忠诚的领导者，他们从员工那里得到了更多的承诺。但伦理不是一个“附加物”，那些不代表你真实为人的个人特征是不容易被接纳的。最终你的守护者会溜走，你的追随者也会看穿你所描绘的形象。要维持你的领导力，你需要做得真实，即你需要相信并实践这些道德基础。信任和尊重不仅来自言语，也来自行动——要言行一致。

领导风格和权变理论

领导风格是一件复杂的事情，它取决于领导者、任务、被领导的集体，以及形势或环境之间的相互作用和相互联系。采取何种风格取决于这些因素是如何相互作用的，这被称为情境理论或权变理论。人们普遍认为，有三种广泛的领导风格。

权威型。这种风格把决策权集中在领导者身上。在危机时刻，这是最合适的，但它往往无法赢得人心。

民主型。这种风格有利于集团决策和建立共识。它更适用于除危机以外的情况。

放任型。这种风格为追随者提供了高度的自由。然而，采取这种风格的领导者往往被认为是软弱的。

如图 13–1 所示，每种风格都涉及给予员工不同程度的自由或对他们的控制。在现实中，这三个极端有许多排列方式，而权变理论认为，领导者应当调整自己的风格，以适应不同的情况或环境。

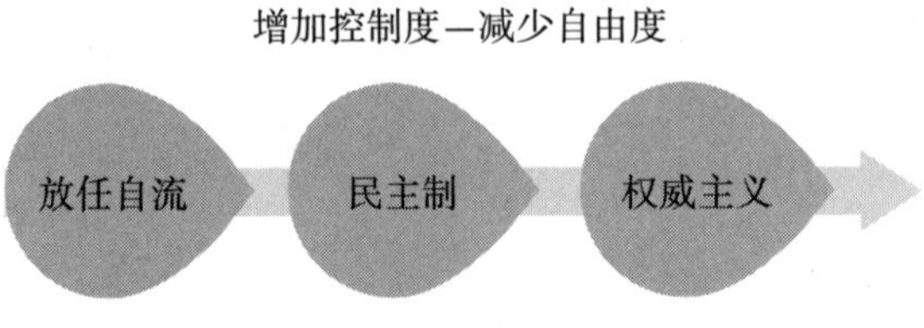

图 13–1　领导风格和控制度

权变理论强调，没有一种最佳的管理方式或领导方式。这取决于图 13–2 中所有因素的相互作用——领导者、集体、任务、形势或环境。一个领导者可能更喜欢非正式的、无方向性的风格，但面对一个没有经验的、正在危险的车床上工作的学徒时，他可能会恢复到一种相当正式的、严格监督的指导型风格，而这种做法会得到人们的谅解。在这种情况下，改变风格是恰当的。如果是一组高级创意营销顾问，用同样的风格就会有问题。对于不同的任务、不同的集体和不同的环境，多种不同的风格可能是有效的。要记住，没有证据表明任何单一的领导风格是成功企业的特征。更重要的是，领导者对自己的风格进行改变和适应的能力可能会有很大的不同。

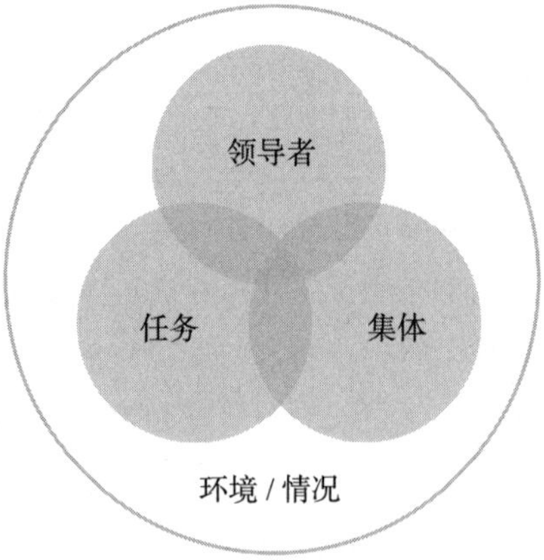

图 13–2　领导风格

不过，通过挑选这四个因素中的个别因素，我们可以了解哪种风格最适合于不同的环境。

领导者和任务

领导者必须通过他人来完成任务。相对于手头的任务，他们对属下的关注度在一定程度上决定了他们的领导风格。图 13–3 所示的领导风格说明，风格取决于领导者在任务关注度和人员关注度上的对比。企业家通常更关心完成任务，但随着公司的成长，如果要完成任务，你就必须变得更加关心人。在某些情况下，例如紧急情况下，任务领导力可能都是合适的。然而，如果要发展有效的、信任的关系，在某个时刻必须表现出对人的关注。如果对人和任务的关注度都很低，那根本不是领导力。很少有公司会高度关注人（这是乡村俱乐部风格），这可能适合社区团体、小型慈善机构或社交俱乐部，在这些地方，良好的关系和高昂的士气可能是主要的目标。通过回答本章末尾的领导力问卷，并将你的结果映射到评分表中，你可以找到自己喜欢的风格。

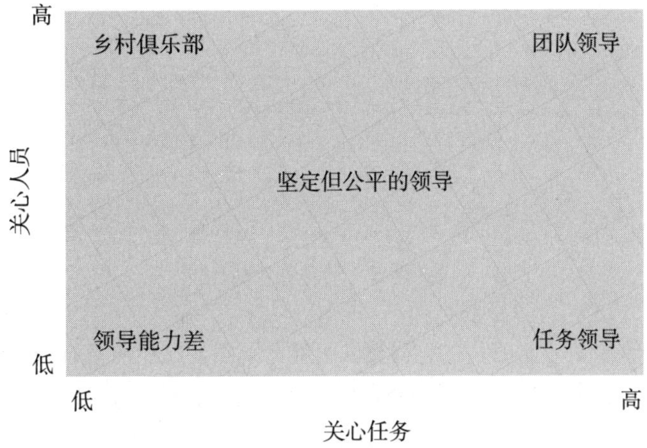

图 13–3 领导和任务

领导者和集体

和不同的集体在一起时，领导者可能会采取不同的风格来处理相同的任务。领导风格还取决于领导者与其所领导的集体的关系。图 13–4 表明，这与领导的权威程度和团队的决策自主性有关。如果一个领导者具有很高的权威，但集体的自主性很低，那么他们会倾向于采取一种专制式的风格，简单地指示人们要做什么。如果他们的权威性很低（也许由于过去的失败），那么他们会倾向于采取一种家长式风格，诱哄团队做事情，挑选个别人给予一些恩惠，以换取业绩表现。如果领导者的权威性低而集体的自主性高，那么他们会倾向于采取一种参与式风格，让整个集体参与决策，并按照共识向前推进。如果领导者有很高的权威，那么他们会征求意见，但会采用咨询协商式的风格自己做决定。

领导者和环境 / 形势

领导者会如何重视这些不同的影响取决于形势或环境。然而，对于任何环境来说，获得客观的看法总是有困难的，因为我们是通过自己带有偏见的视角来看待生活的。正如我们已经观察到的那样，领导者对环境的判断可能是错误的。更重要的是，他们可能会受到诱惑，去构建符合他们预期行为的社会环境，而不是客观地看待它们。而且，大多数领导者都有自己偏爱的风格，他们倾向于采用这样的风格。

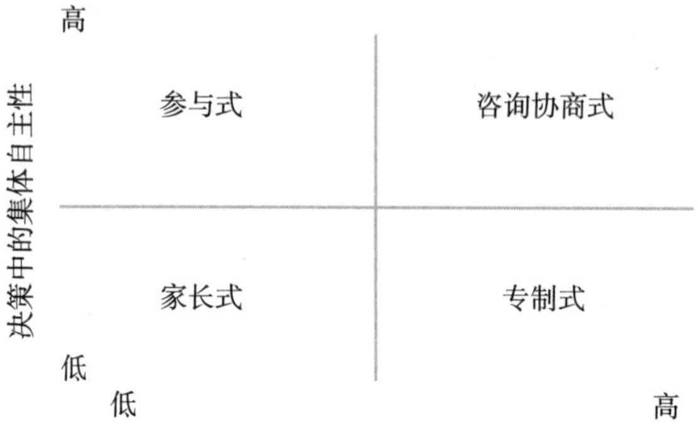

图 13–4 领导者和集体

创业型公司面临着一个不确定的、模棱两可的、不断变化的环境，当他们试图让人们以不同的方式做不同的事情时，往往会导致冲突。托马斯 – 基尔曼冲突模式工具（Thomas-Kilmann Conflict Modes Instrument）为我们提供了一种如何处理冲突的见解。虽然每种风格在某些情况下都有自己的优势，但妥协或者更好一点的合作，通常被认为是团队工作的最佳方式。

创业领导力

学术文献提供了许多领导力范式——事务型、变革型、远见卓识型和分散型只是其中少数几种，每一种都适合于不同的情境。环境是领导力的一切，而领导力的创业环境具有不确定性、快速变化和冒险性的特点。那么，创业型领导者，即成长中的创业型企业的领导者的特质、技能和行为又会是什么样的呢？

创业型领导者与这些领导力范式有着微妙的不同。他们既有远见卓识又具有变革性，但重要的是，他们应该着手在组织中建立和植入领导力——这不仅仅是把领导力分散开来。要成为一名创业型领导者，你不仅需要让自己转型，还要让你的组织转型。你需要建立一个在根本上具有创业精神的组织，一个体现你的性格特征或 DNA 以及管理方法的组织。你需要建立一家既有远见又具有变革性的企业。为了做到这一点，你可以通过构建结构和文化（已在前一章论述过），开发与领导风格相结合的战略，来创建具有创业精神的组织架构。另外，你不应该只专注于获取领导力的个别特质，而应该采用一种架构性的方法——将这些领导力特质构建到组织中，并将它们传播到整个组织。

然而，即使是创业型领导者也需要保持灵活性，并根据不断变化的环境调整自己的风格。当一个组织周期性地经历快速变化（变革型领导），整合随之而来（事务型领导）时，创业型领导者可能会通过这种方式来改变自己的领导风格。这种影响的结合如图 13–5 所示。

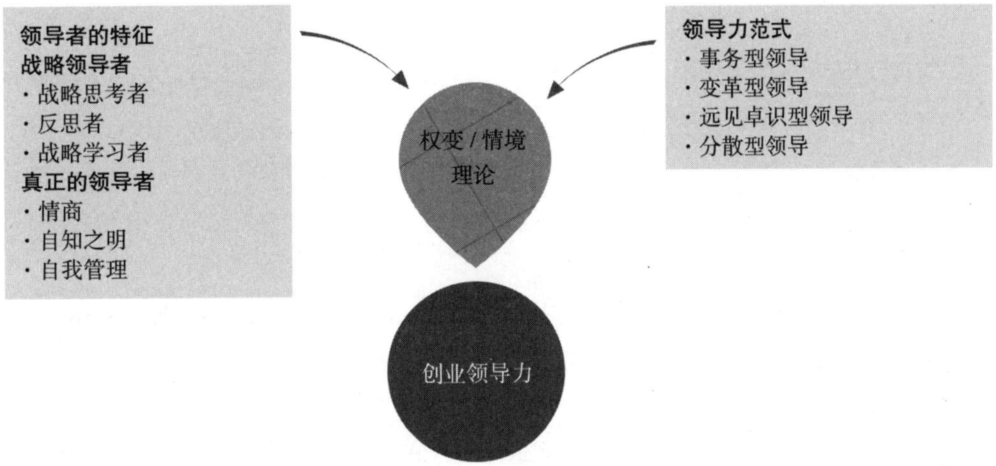

图 13–5　创业型领导者

本章强调了创业型组织的领导者必须成为一名优秀的战略思考者和学习者，这涉及从愿景到执行的所有要求。它强调你需要有很强的情商——良好的人际交往和团队合作技能，以及良好的解决冲突的技能。但是，最重要的是，你需要有强大的影响技能，通过你的非正式结构和文化来进行管理。这些技能的焦点在于，要通过共识和协定而非口授的方式让组织跟随你。如果你成功了，那么你将使自己的公司持续自我创业，增加它在不断变化的竞争环境中蓬勃发展的能力；如果你决定卖掉它，这也会提升它的价值。

下文总结了创业型领导者应当具备的特质、技能和行为。但是，在不同的环境中执行特定的任务时，你需要"微调"自己的方法，以适应特定的受众。这些技能可能会随着时间的推移而得到发展和提高，它们有些可以分享给你的管理团队的其他成员，这样在某些情况下，他们领导团队就会更为轻松。然而，创业型领导者的主要目标始终是为自己的组织构建一个创业架构，以便他离开之后公司也能够有效地自行运转。正如老子所言：

太上，不知有之；其次，亲而誉之；其次，畏之；其次，侮之。

创业型领导者的特质、技能和行为总结如下。

- 远见卓识。这是领导力的基石。愿景应该给出明确的方向，并以价值观为基础。然而，它应当立足于现实。

- 良好的沟通者 / 激励者。愿景应当被组织中的所有员工共享，并激励他们去实现。激励的基础应当是对领导者和组织的忠诚度。
- 战略思考者和学习者。应当了解如何实现愿景，以及战略选择可能是什么，以此作为愿景的补充。
- 具有很高的情商和很强的人际技能。能够倾听、影响而非指挥，能够解决冲突和“轻巧”地管理。他们应当“言行一致”；对他们所期望的他人行为进行示范。
- 关系建立者。能够建立一支有凝聚力、开放和信任的管理团队。这源于行动随时间的推移而始终如一，这种做法基于一系列显性的价值观，从而产生信任（坚定但公平），并以关心和尊重员工为基础。
- 团队合作者。愿意和团队分享信息并对其授权。这是基于对团队如何工作的理解。
- 建立信心。在面临不确定性和冒险时，鼓励组织的自信和自我效能。他们应当激励他人分享自己的愿景和梦想。
- 建立一个共享信息的开放式组织。促进知识、信息和想法的分享，以及质疑现状、进行试验和承担风险的意愿。
- 澄清模糊性和不确定性。以便在面临快速的变化时，对组织所面临的关键问题和关注点给出一个清晰的关注点。这个关注点应当得到有效的沟通。
- 创造授权机会。以便让员工把组织要做的“正确的事情”当作他们自己的优先事项去充满热情地完成，换句话说，在整个组织中传播创业精神和领导力。

创业架构

领导风格、组织文化和结构是相互联系的——一个因素强化另一个因素。正如我们已经观察的，这个架构要想有效，所有三个要素都必须是一致的——它们彼此强化。正如我们所看到的领导风格本身，某些组合适用于不同的任务、不同的团队和不同的情境或环境。

在查尔斯·汉迪（Charles Handy）的著作《管理之神》（*Gods of Management*）一书中，他以通俗化的手法介绍了四种领导类型——基于希腊神话，以及它们最适合的文化和结构。这些内容被总结到表 13–1 中。宙斯是一位极具魅力和远见卓识的企业家，通过人际关系进行管理，端坐在蛛网中央，这与阿波罗的传统层级官僚体制及其规章制度形成了反差。雅典娜是矩阵型组织中的团队工作领导者，不断地解决问题或应对新任务。最后还有狄俄尼索斯，他是一个有机组织的合伙人而非领导者，这个组织支持人们的独立，而不对独立形成威胁。

表 13–1 **汉迪的管理之神总结**

领导风格	组织文化	组织结构
宙斯 众神之首 富有魅力 / 远见卓识的领导者：有远见，独立，凭直觉，有说服力，关系、权力和网络的建立者；对不确定性挑战感到兴奋	**俱乐部文化** 个体独立但负责任，受到信任（而非控制）做出正确的决定，理解错误决定的后果。权力关系影响行为	**蛛网结构** 建立在与中心领导者的关系基础上。管理者是专业人士，可以遵从本能自由行事，他们也是领导者
阿波罗 规则与秩序之神 领导者靠任命：威权、逻辑、循序、分析、科学，一切都井井有条。喜欢重复	**角色文化** 个人被分配任务，并通过规章制度、工作描述和直接监管来组织和控制。人员是车轮上的齿轮，可预测，不灵活，对变化反应迟钝	**传统层级官僚体制** 强有力的管理控制。管理者是行政人员
雅典娜 女战神，为工匠解决问题的人，先锋船长 凭借专业知识和经验的领导者：可信、有说服力、专注，但不爱冒险	**任务文化** 问题就是任务。对个体的判断是根据他们承担任务 / 解决问题的能力来进行的。才能、创造力、主动性和直觉都很重要	**矩阵结构** 基于项目的团队工作。管理者通过分配人员和资源来定义和解决问题。他们因其专业知识和经验而受到重视。组建和改组团队是为了承担不同的任务 / 解决不同的问题
狄俄尼索斯 酒与歌之神，个性且独立。 合伙人而非领导者。有专业才能	**个人主义与独立的文化** 组织是个体的仆从。没有老板。重视个人才能。通过同意和协商一致来做决定	**有机结构** 支持性的结构，松散协调有才能的独立个体。没有老板

当然，没有一个组织只专门供奉一个神祇，它们在多个神祇之间搞平衡。领导层的任务就是让这种平衡恰到好处。汉迪认为，这受到以下四个因素的影响。

- 规模。合作所需的人群（或组织）越大，就越有可能由阿波罗统治。小集体或小团队更喜欢雅典娜。
- 工作模式。在工作重复和成为常规的地方，由阿波罗统治。在工作不断变化的地方，由宙斯和狄俄尼索斯统治；如果工作是分组进行的，则由雅典娜统治。
- 生命周期。如果生命周期短，而新产品开发又很重要，就由雅典娜统治。如果生命周期长，阿波罗会重新施加其影响力。

- 人员。专业人士、年轻人和受过良好教育的人更喜欢狄俄尼索斯。有循规蹈矩文化的国家觉得阿波罗更让人感到舒服，而重视个人主义的国家则更喜欢宙斯或狄俄尼索斯。

汉迪的分类法阐释了不同文化和结构的组合如何支持或培养出不同的领导者。我们所描述的创业型领导者绝对不是阿波罗，而是宙斯、雅典娜和狄俄尼索斯及其相关文化和结构的混合体。这并不奇怪，因为尽管我们希望保持强有力的创业聚焦（宙斯），但强调了小组工作（雅典娜）、竞争反应速度（雅典娜）和持续变化（宙斯和狄俄尼索斯）。我们在考虑你可能领导的人员之前就有这样的描述。这一切都凸显了本章开头的立场，即有效的领导是一门艺术而非科学，尽管我们可以把影响它的主要因素孤立出来，并指出特定环境下的优良实践，但并没有什么神奇配方。

最后，一旦你开始上手，我们讨论过的许多领导力特征都需要植入到你的管理团队中。下文提供了一份组织特征清单，这份清单展示了创业领导力实践。你可能要在创业三年后才用到它们，但它们能让你洞察目标。

创业领导力清单：

- 组织有一个清晰的愿景；
- 管理团队勾画出了组织的愿景和价值观——他们“言行一致”；
- 组织的愿景被清晰地传播；
- 有明确的价值观支撑着组织所做的一切；
- 有一个明确的战略来实现愿景；
- 愿景是现实的、可实现的，但需要很努力才能做到；
- 了解组织面临的机遇和威胁；
- 组织对于未来具有战略选择；
- 管理团队以团队方式工作；
- 管理团队易于接近；
- 管理团队能够倾听；
- 管理团队施加影响而非直接指挥；他们以“轻巧”的方式进行管理；
- 管理团队善于协调冲突；
- 管理团队善于澄清前进中的不确定性，努力专注于重要事项；
- 管理团队会反思并有自知之明；
- 管理团队与员工关系良好；

- 管理团队关心和尊重员工；
- 管理团队值得信赖；
- 管理团队在行为上与员工一致；
- 管理团队从战略上进行思考和采取行动；
- 在组织中鼓励团队合作；
- 跨职能的团队工作在组织中司空见惯；
- 在组织中共享信息和知识；
- 管理团队赋予了人们处理问题和把握机会的能力；
- 对决策进行授权。

案例洞察

史蒂夫·乔布斯和苹果公司（2）：创业领导力

我们在第1章中看过史蒂夫·乔布斯和苹果公司的故事。这里的案例分析将以更具批判性的眼光看待他的领导方式。乔布斯是一位创业型领导者的典范，他变革了三个产业——计算、音乐销售和电影动画。他的故事是一位硅谷英雄的故事。到2011年他去世的时候，按市值计算，苹果已经成为世界上第二大最有价值的公司，现金储备高达800亿美元。

然而，乔布斯的许多个性特征并未使他在商界受到别人的喜爱。他是一个完美主义者，城府极深，起码可以说具有一种强硬的管理风格。1993年，当他在NeXT公司时，《财富》杂志就将他列为美国最难相处的老板之一，并引用联合创始人丹尼尔·列文（Daniel Lewin）的话说："高明得不可思议……但粗鄙得无法想象。"14年之后，该杂志称他为"硅谷数一数二的自大狂"。从新产品设计到他们使用的芯片，他都因对事物的微观管理而臭名昭著。《每日电讯报》2011年10月6日刊登的悼文称，他在跟新闻记者和媒体打交道时，具有"几近病态的控制欲"，积极地试图扼杀任何可能对他或苹果公司持批评态度的报道。该报道揭示了他的黑暗面的一些元素。

他流露出傲慢，恶毒地对待商业竞争对手，拒不接收任何企业责任的概念，这跟比尔·盖茨截然不同。他习惯性地把自己的车停在苹果总部的残疾人车位上，1997年重返苹果公司后最早的举动之一，就是终止公司所有的慈善项目……他以出言不逊、爱发脾气却富有魅力、冷嘲热讽和阿谀奉承来统治苹果公司……那些处于他的固定轨道上的人发现，他可以在毫无预警的情况下，从一个类别跳到另一个类别……然而，乔布斯的核心圈子的成员，其中很多是从 NeXT 跟随他过来的，这些人发现为他工作是一个令人振奋的经历。为了把他们留在董事会，乔布斯把大部分现金奖励从高管薪酬中剔除出去，转而开始发放股票期权。

《星期日泰晤士报》2011 年 10 月 30 日的报道同样严厉地批评了他的个性，举了他脾气暴躁的例子，他经常粗鲁无礼地对员工和供应商发脾气。他内心敏感，这篇文章举了一个例子，当他在苹果公司的工资单上被分配为 2 号，而沃兹尼亚克被分配为 1 号时，他大发脾气并哭了起来。乔布斯坚持要做“0 号”。文章举例说他经常声称其他苹果员工的创意是他自己的，并形容他“自私自利、粗鄙不堪、咄咄逼人、哭哭啼啼、难以捉摸……一个来自地狱的老板的最佳人选”。该文章将苹果描述为“一个狂热、偏执、无趣的组织，在那里经常发生公然的羞辱，而且鼓励在内部进行割喉式的竞争”。不过它也观察到，即使是在他帮着发了财的人当中，乔布斯也能激发出难以置信的忠诚度。

乔布斯的个人生活也同样阴沉幽暗。有一个很出名的故事，在创立苹果公司之前，雅达利支付给他 5000 美元，让他干一个活，他只给了他的合伙人史蒂夫·沃兹尼亚克 300 美元报酬，而当时他跟沃兹尼亚克的协议是对半分。在他的生活已经变得富裕后，他曾经否认跟他的女儿有父女关系，而让她母亲靠接收社会救济过活，甚至发誓说他不是父亲，因为他实际上“不孕不育”。他最终承认了亲子关系。后来乔布斯与劳伦·鲍威尔（Laurene Powell）结婚，又有了三个孩子，住在旧金山湾帕洛阿尔托的一处不张扬的房子里。

这对于苹果公司组织文化的形成应该有影响，在乔布斯去世后，亚当·拉辛斯基（Adam Lashinsky）的撰文为我们提供了一个难得的深入见解。正如他所说的：“你应该一开始就克制自我。”因为实际上这个空间只容得下一个人的自我——即乔布斯的自我，他说，乔布斯表现出“自恋、异想天开以及漠视他人的感受”，是个脾气暴躁、专制主义的独裁者，无情地推动甚至凌辱员工去完成分配给他们的任务。在一条（稍微）正面的记录里，乔布斯被描述为“一个有远见的冒险者，燃烧着改变世界的欲望……有魅力的领导者，愿意为胜利做任何事情，对于受人喜爱则不屑一顾”。

苹果文化的核心是卓越的产品——这是一种对产品的狂热崇拜，员工们不想因为自己成为最薄弱的环节而让公司失望。如果他们让公司失望了，他们可能就会因为咄咄逼人的竞争环境而受到间接伤害。这种文化是以工作为导向的，绝对不是以玩乐为导向的——长时间工作、错过假期、紧张的截止期限是人们希望看到并加以鼓励的。不过，拉辛斯基承认说：“总的来说，苹果公司有着协作和合作的环境，没有公开的政治活动……但它通常不会令人感到友好和放松。”在他看来，为了确保指令在这个指挥与控制结构中进行传达和得到遵循，无条件的协作与合作是必须的。他认为，员工的幸福从来不是史蒂夫·乔布斯的最高优先级。但另一方面，员工的自豪感源于苹果的产品和为乔布斯的愿景而工作。尽管事实上只有很少的人能进入乔布斯的办公室，但乔布斯似乎无处不在，至少在办公区随处可见。

> 保密、猜疑和偏执似乎是苹果文化的基础。拉辛斯基曾说："苹果公司守口如瓶。它的员工远未获得授权，而是在狭小的职责范围内工作……公司希望员工服从命令，而不是发表意见……苹果公司的首席执行官是一个微观管理者……微观到了一种令人惊讶的低层……苹果公司甚至不是一个很好的工作场所……乔布斯对待下属的暴虐让一种严厉、欺凌、苛刻得令人害怕的文化合法化，这是一种让恐惧和恫吓扎下了根的文化。"

苹果的组织结构鼓励保密——它没有组织结构图，尽管拉辛斯基试图画出一幅图，乔布斯居于蜘蛛网的中央。他将苹果公司描述为非传统组织，15 位高级副总裁和副总裁直接向"位于中心的"乔布斯汇报。员工经常被组织在小型项目团队周围，团队彼此孤立，并在严格的保密制度下运作——这就是"竖井内的竖井"。对于新产品开发的要素，员工只知道他们需要了解的部分。没有传统的组织结构图，这一事实限制了员工在其直接环境（一种细胞状的结构）之外所认识的人数。

和所有企业家一样，乔布斯的个性也是其领导风格的组成部分。他建立了一个与其领导风格相匹配的组织结构和文化。然而，这几乎与硅谷最成功的高科技公司截然相反——拉辛斯基经常将苹果与谷歌进行对比。而且，当乔布斯去世时，许多评论者都观察到，这个组织过于以一个人为基础，因此质疑道，没有了他，这个组织还能繁荣多久。

尽管如此，乔布斯还是有很多崇拜者，而且他无疑在自己的一生中取得了巨大的成就。沃尔特·艾萨克森（Walter Isaacson）认为，你不应该"过于关注他个性的粗糙边缘"。他评说乔布斯道："似乎正常的规则对他并不适用，而他带到日常生活中的激情、紧张和极端的多愁善感，也是他在产品中所倾注的东西。他的易怒和不耐烦是他的完美主义不可或缺的一部分。"

- 艾萨克森认为乔布斯的成功有 14 个秘诀，如下所示。
- 专注。乔布斯始终能够专注于他认为重要的事情，并且愿意花时间在这上面，这往往会令试图让他考虑其他事情的人感到灰心丧气。正如他在 1997 年苹果全球开发者协会上阐释的那样："专注就是要会说不……这种专注的结果就是一些真正伟大的产品，其总体远远大于各部分之和。"
- 简化。乔布斯崇尚简单，而简单易用是苹果所有产品的一个关键设计特点："为了使某件事情变得简单，真正理解潜在的挑战，并提出优雅的解决方案，这需要大量的努力。”

- 从头到尾承担责任。在追求简单的过程中，乔布斯对用户体验承负起从头到尾的责任，将硬件、软件和外围设备集成在一起——这是他控制欲天性的一部分，也是追求完美的动力。
- 在落后时实现跨越。乔布斯不是去模仿竞争对手，而总是试图创造出更好的、与众不同的东西。
- 追求完美。乔布斯是一个完美主义者，他会推迟生产，直到他认为产品是 100% 正确的。
- 把产品置于利润前面。因为他是一个完美主义者，所以他也希望自己的产品是最好的，不管价格如何。他相信如果产品很棒，利润就会随之而来。
- 不要成为焦点小组的奴隶。因为苹果公司的产品如此创新，所以乔布斯从来不相信焦点小组调研和市场研究，他更喜欢自己的直觉：“客户不知道他们想要什么，除非我们展示给他们看。”
- 扭曲现实。乔布斯著名的“现实扭曲力场”使人们相信，他对未来的愿景将大行其道。有些人称之为霸凌和撒谎，其他人则称之为战略意图的有效沟通。
- 灌输。乔布斯利用产品的设计甚至包装来给客户“灌输”信号，这种信号支撑了品牌形象。
- 只容忍得“A”的球员。乔布斯对完美的热情延伸到了员工身上，或许这也可以解释，对于那些表现达不到他的期望的人，他为什么这么粗鲁无礼了。
- 面对面接触。乔布斯是面对面开会的信奉者。他的高管团队每周举行一次会议，以“交流想法”，没有议事日程。
- 既了解大局又知晓细节。乔布斯既有远见，又有对细节的把握，或者至少掌握了他认为重要的细节。
- 结合人文与科学。乔布斯能够将不同学科的想法联系起来，在他的产品中创造出客户看重的功能（一种创意“发现技能”）。
- 求知若渴，虚心若愚。乔布斯从来不想失去他年轻时的动力，总是希望苹果保持一家初创企业的文化。

那么，史蒂夫·乔布斯是一位伟大的创业型领导者吗？他当然是一位伟大的企业家。而且在他的领导下，苹果公司无疑是极其成功的。但他是否创建了一个具有创业精神的组织，这个组织没有了他还能成功和繁荣吗？这只有时间才能回答了。

问题：

1. 回顾第 2 章中你对案例问题的答案。你在乔布斯身上看到了创业基因的哪些要素？这些性格特征的积极面和消极面是什么？
2. 一个组织的文化和结构，对于反映其领导者的性格特征有多重要？
3. 乔布斯是一位伟大的创业型领导者吗？请解释和证明。
4. 你只有成为一个讨人喜欢的人，才能成为一个伟大的创业型领导者吗？请解释和证明。

小结

- 管理和领导是不同的术语，尽管与之相关的技能和能力是互补的。管理关心的是组织过程中的复杂性处理和工作的执行，它涉及细节和逻辑、效率和效果。另一方面，领导关心的是设定方向、沟通和激励，它涉及广泛的原则和情感，而且特别关注变革。

- 影响和建立人际关系的能力需要领导者的某些特征——情商、自知之明和自我管理。领导者还需要能够成为战略思考者和学习者，而且能够反思。

- 权变理论告诉我们，适合一种情境的领导风格可能不适合另一种情境。恰当的领导风格取决于领导者、集体、任务和领导者所面临的情境或环境。

- 领导力的创业环境具有不确定性、快速变化和冒险的特点。关于这种环境下的领导力，我们知道有许多其他的领导力范式——事务型领导、变革型领导、远见卓识型领导和分散型领导。

- 总结了有效领导创业型组织所需的特质、技能和行为。不过，按照权变理论，它们可能需要根据具体的环境进行“微调”。

- 领导风格、组织文化和结构是相互关联的。如果任何一个因素和另外两个不相适应，那么组织就不会运作得那么好。创业型领导者的任务是构建一个一致的组织架构，让这些因素彼此强化。

第 14 章

融资

选择正确的融资方式

许多新公司都需要资金来启动。你需要的固定资产越多，你的股票持有量越高，支付债务的时间越长，你对资金的需求就越大。虽然现金流预测会告诉你，你需要多少资金、资金需要多长时间（我们将在下一章讨论这个问题），但它不会告诉你，你需要什么样的资金。

首先要认识到的是，并非所有的钱都是一样的。不同种类的钱应该用于不同的目的，也不是所有的新公司都能获得所有类型的钱。事实上，许多创业者，特别是在初创企业，都尽量避免通过全额贷款或尽可能利用他人资产的方式来使用资金，即尽量“自力更生”。他们还使用自己个人的信用卡，经常按月偿还和循环来周转资金。如果这样不行了，他们可能会向朋友或亲戚去借钱。朋友和亲戚可能很灵活，也许会同意以很低的利率或零利率借钱而不需要任何担保，因为他们了解你也信任你。他们甚至可以帮助你运营公司，并带来宝贵的经验。

然而，大多数顾问建议起草更正式的贷款协议，而不是依靠非正式协议，以避免日后产生误解和争论。不可避免的是，大多数公司在其存续期的某个时候，都需要获得某种形式的外部融资。

表 14–1 总结了资金的主要形式，以及在理论上应当如何使用它们。原则就是，资金来源的期限应与其使用期限相匹配。固定资产或永久性资产，包括营运资本的永久要素（股票和债务、债权人净值），应由中长期资金来源提供融资，只有营运资本的波动才应当由短

期资金提供融资，比如透支。

表 14–1 **匹配资金来源和用途**

融资期限	资金来源	资金用途
中长期	· 股权 – 个人、家庭和朋友投资 – 天使资金 – 风险资金 · 中长期贷款 – 个人、家人和朋友 – 银行 · 租赁和分期付款 · 众筹（股权或贷款）	· 固定资产：土地、建筑物、机械、厂房、设备、车辆、家具等 · 永久性营运资本：存货、债务（净债权）
短期	· 银行透支 · 短期贷款 – 个人、家人和朋友 – 银行	· 营运资本的季节性波动：存货、债务（净债权）

对于一家有限公司来说，你投进公司的钱可能有两种形式——股权或贷款。股权以股本的形式存在，随着时间的推移，股东权益随着交易的盈利而增长。如果公司失败，那么股东就有失去一切的风险，包括他们投入公司的股本。对于盈利且快速增长，而且有一个良好的管理团队的企业来说，可能有机会吸引到来自众筹、天使投资或风险投资组织的进一步股权投资。本章在后面会详细介绍这些内容。

贷款可能有许多来源，但大多数公司在某个时候将不得不向银行寻求贷款。接收贷款要定期支付利息，而且最终必须偿还本金，具体取决于贷款期限：短期（一年以下）、中期（最多五年）或长期（五年以上）。利息可能随着基准利率而变化，或者在贷款期限内是固定的。同意一个固定利率可能需要某种程度的预测，但这确实可以让一家小公司知道，在未来一段时间内它的融资成本是多少。

正如我们将在下一节看到的，银行很可能会寻求资产抵押作为任何贷款的担保物，如果找不到，它们可能会要求你提供个人担保。个人担保可以来自你、你的家人或朋友。很多国家都有政府贷款计划，为小企业提供较低的利率和 / 或担保条款，以替代或补充个人担保。一些国家为小公司提供信用互助计划，这种计划具有类似的优点。

购买固定资产，还有其他两种融资方式。

- 租赁。允许公司通过定期租赁付款使用资产而不拥有资产；
- 分期付款购买。允许公司在一段时间内购买资产，同样，通过资产的定期付款作为违约担保。

这两种方法在实践中的主要区别在于它们的税收待遇。租赁和分期付款购买计划的利率可能高于贷款利率，但对于一家几乎没有抵押品可以提供给银行的公司来说，这可能是获得融资的唯一途径。

一旦你开始交易，其他的资金来源就变得可用了。尽管商品和服务供应商可能会要求信用证明，也可能会进行信用调查，但它们大多数都提供贸易信用期限（例如 30 天内付款）。它们还会对账户设定信贷限额。为了获得信贷，初创企业可能需要建立一个支付历史记录，而且信贷额度只会逐渐地提升。贸易信贷是大多数老字号公司的重要融资来源，而且是免费的。同样值得一提的还有保理和发票贴现，这只有在你建立交易历史记录后才可以用。这些都是根据你开具的发票来获得融资的方法（通常为票面价值的 75%~80%）。你用现金预付利息，直到发票支付为止。它可能很昂贵，也有许多限制，但可能是资金不足、快速成长的企业的生命线。你的银行会让你与提供这些贷款的机构联系。

最后，毫无疑问，如果有补助金或“软贷款”可用，那么应该考虑使用。补助金是“免费的钱”，尽管它们可能涉及官僚机构，而且需要一些时间来疏通。它们在国家之间甚至地区之间的差异很大，经常变来变去，反映出国家和地区的优先事项。对于初创企业，尤其是社会企业，而且往往是针对年轻人，经常有一些特殊的计划。

大多数新公司寻找适合其需求的资金时都会很挣扎，这很不容易。图 14–1 中的流程图试图指导你经历这个过程，确定哪种融资方式最适合你而且对你可用。在实践中，你最可能使用两种或更多的资金来源。例如，有些资源可以自力更生，较小的差额可以用某种形式的补助金和 / 或外部股权来弥补。当然，实际说服别人为你提供股权融资或贷款融资较困难。

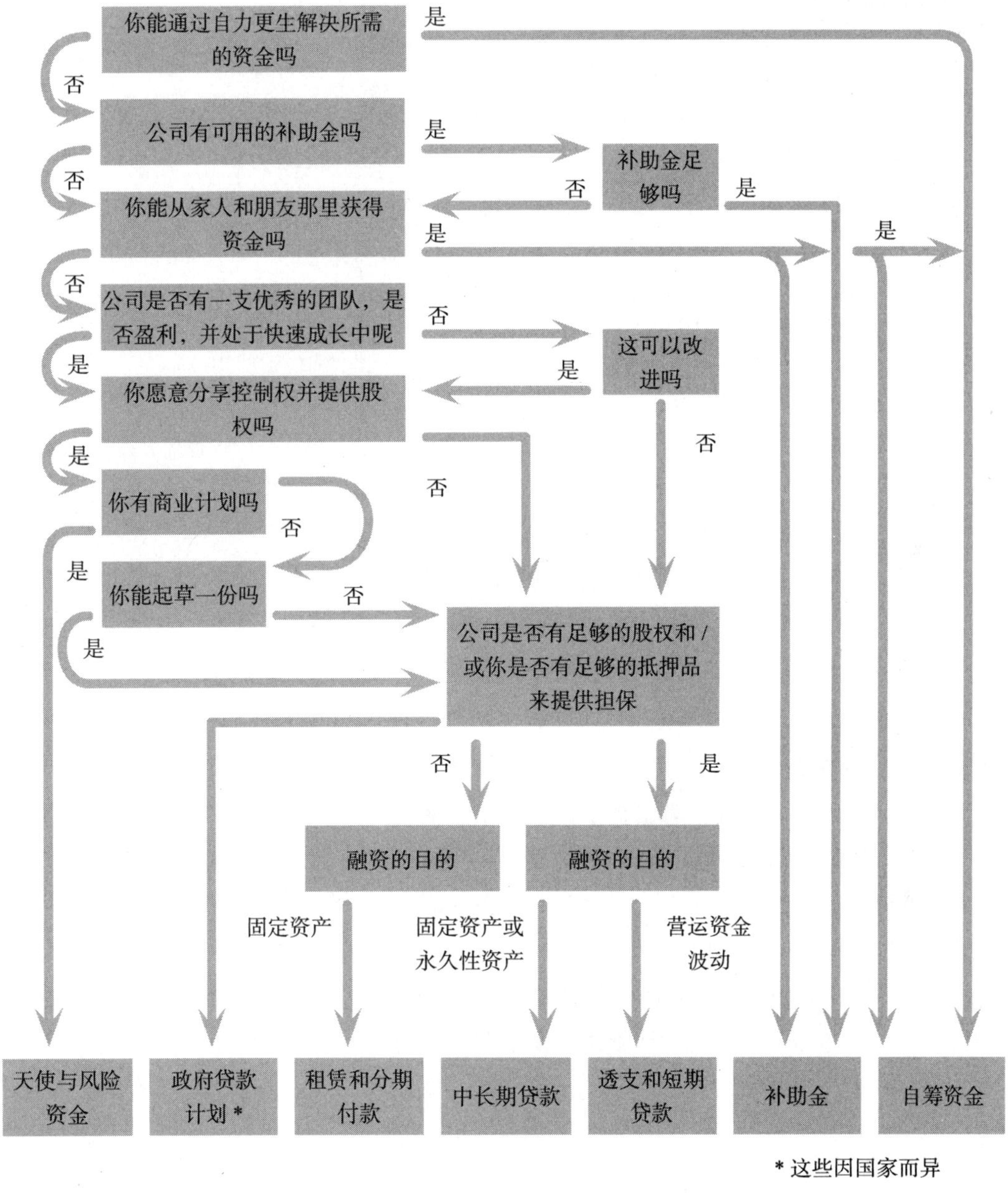

图 14–1　为新公司选择适当的融资方式

案例洞察

软件猫：保理

彼得·凯利（Peter Kelly）没有完成自己的学业，而是在返回英国之前去周游世界了。他在兰克施乐（Rank Xerox）公司干了七年销售和培训，然后在 1993 年开始启动了软件目录（Software Catalogue）公司。这是一家做邮购软件的公司。后来这家公司成了软件猫有限公司（Softact Limited），现在位于英国的马洛，彼得仍然是董事长。软件猫雇用了 200 多个人，营业额超过 1 亿英镑。它已经成了为企业提供软件许可、硬件、安全解决方案和相关 IT 服务的领先供应商。

成功为早期的软件猫带来了意想不到的问题。起初，彼得起草了一份商业计划，投入了自己的 35 000 英镑资金，并且找到了两个外部投资者，他们每个人都愿意再投 10 000 英镑。当时邮购软件市场几乎还没被开发，而正是公司的成功导致了问题。在一年之内，由于债务 / 应收账款以惊人的速度增长，公司耗光了现金，其不断增长的透支限额也到头了。公司过度交易——交易量超出了自己的财务资源。彼得的对策是对自己的债务进行保理——依靠资产负债表中的一项资产作为抵押品。这可能比透支融资成本要高，但它帮助公司生存并成长起来，之后才有了它今日的成功。

案例洞察

巧克力饭店：从客户那里募集资金

巧克力饭店（Hotel Chocolat）是一家奢侈品巧克力制造商和零售商，由安格斯·瑟尔威尔（Angus Thirlwell）和彼得·哈里斯（Peter Harris）于 20 世纪 90 年代创立。多年来，它发展出了一个忠实客户群，为公司以后的发展打开了有趣的融资机会。2010 年，它通过向 10 万名“品味俱乐部”成员提供为期三年的、2000 或 4000 英镑的债券，筹集了 370 万英镑，每两个月提供一个巧克力品尝盒作为支付的利息。

2013 年债券到期偿还，公司以类似条件将其重新提供给客户，97% 的人又签了三年的合约。

案例洞察

Lingo 24：资金困境

Lingo 24 是一家位于爱丁堡的在线翻译公司，由克里斯蒂安·阿诺（Christian Arno）创办，当时他还在上大学。如今公司的营业额超过了 700 万英镑，员工超过了 200 人。令人惊讶的是，这种增长完全是靠自筹资金。不过，为了给一个新的自动化翻译平台融资，克里斯蒂安在2013年考虑出售公司的股权。但他宁愿找银行贷款，也不愿意把股权让给风险投资者，所以他聘请了企业财务顾问来帮他选择正确的方案。

银行贷款和透支

银行是小企业贷款融资的主要来源。只要你从公司总资产中获得的回报（见第15章）超过了当前的利率，你就可以从银行的钱中获得额外的回报。然而，如果你的回报率低于利率，那么贷款就会把钱从公司抽走。

银行可能不愿意贷款给小公司，尤其是新公司，因为它们认为这是很冒险的主张。为什么会是这种情况？这值得了解。银行借出一笔钱，以换取约定的利息支付和借款偿还。它们不分享公司的利润，如果一家公司倒闭，它们就会失去自己的资金，补偿这笔坏账的代价很高。例如，如果银行在一笔贷款上获得4%的利润（即它们可以借入的利率和它们可以借出的利率之间的差额），那么每100英镑的坏账，就需要再借出2500英镑，才能恢复总和（2500英镑 ×4%=100英镑）。换言之，银行必须再发放25笔贷款，以弥补这一笔坏账。因此，毫不奇怪，银行是不愿承担风险的，它们会尽其所能避免坏账。由于它们都太了解初创企业的失败统计数据了，所以企业家们面临着一项艰巨的任务，即说服银行相信他们的项目的可行性，并获得贷款，甚至是透支便利。

企业家们似乎很自然地被透支融资所吸引，调查显示这是小公司的主要融资来源。毕竟，它很灵活，一旦达成协议，你可以在需要的时候使用它，而且在你使用它的时候，只需要支付利息。然而，如果银行要求立即偿还，你就必须立即偿还，如果拖欠不还，利率通常高于定期贷款。定期贷款（短期、中期或长期）是指固定期限的贷款。它们通常不按银行的要求立即偿还（但一定要检查期限）。资本偿还是固定的，会提前知道。利率可能变化也可能固定，通常低于透支利率。

银行期望从它们认为风险更高的贷款中获得更高的回报率。因此，新公司很可能面临比已有业绩记录的大公司更高的利率，也可能面临贷款抵押品的要求。抵押品是万一发生贷款违约时要求的额外担保，它可能采取多种形式，通常在法律贷款协议中以某种形式的费用或担保加以规定。抵押品可能来自公司资产，如果这些资产不足，那么企业家（或其家人、朋友）也可能会被要求为贷款提供个人抵押品或担保。这可能意味着，你的财务状况和有限责任公司的财务状况之间的分离仅仅是理论上的。

在评估公司抵押品时，银行假设资产将在二手市场上出售，这通常会导致资产价值远远低于你的预期。表 14–2 给出了一个对期望值的指导。考虑到这些资产抵押品的价值，很明显，新固定资产的全部成本永远抵不上公司的抵押品——这就是采用租赁或分期付款的动机。

表 14–2 **资产抵押品价值**

资产	可借到的价值的百分比	
永久产权土地和建筑物	70	
长期租赁	60	
专业厂房和机械	5~10	100% 可以通过租赁获得
非专业厂房和机械	30	100% 可以通过租赁获得
债权	30~50	取决于债务的期限和“质量”
存货	25	取决于存货的时间和“质量”。如果生意失败，原材料的价值将超过在制产品或产成品库存

银行想要什么

银行从事的业务是以最小的风险赚到尽可能多的钱。银行经理是员工，他们在一个高度管制的环境中工作，自由裁量权非常有限。贷款决策受到银行贷款政策和程序的影响很大，一些银行使用基于计算机的信用评分系统来为经理生成贷款建议。除了贷款申请本身，贷款决策也可能反映一般经济状况和银行贷款组合的余额。被一家银行受理的申请人，可能会遭到另一家银行的拒绝。

对银行来说，它最初批准任何贷款就反映了它的意图。这与银行政策一致吗？这合法吗？这对公司最有利吗？接下来，银行需要评估金额是否合适。是否项目的所有相关成本都已包括在内？借款人自己投钱进来了吗？是否存在意外情况？它还希望确保在到期日支付利息和偿还贷款本金。那么现金流是否足够？最后，银行要评估还款期限是否现实。为了做出这个判断，银行希望了解借款人的业务基础，即它是否切实可行，并要求提供财务信息。简单来说，银行通常会要求一份商业计划。

在商业计划中，银行特别热衷于审查现金流预测，因为它显示了利息是否能支付，以及可能存在什么“隐患”。它们希望首先支付利息，这可能意味着推迟资本支出，以及减少或推迟个人提款。它们还热衷于研究盈亏平衡点和安全边际（见第 11 章），这会告诉它们，公司在其所面临的管理费用和所能控制的利润率方面有什么运营风险。这些都是判断是否给一家初创企业贷款的重要信息。银行也可能会考察未来的杠杆比率（尤其是对于规模较大的初创企业），以确定公司是否会过度借贷。这些财务措施在第15章中进行解释。银行也热衷于看到有良好的财务控制措施到位，因为这将导致强劲的现金流。

不过，银行明白大多数小公司都是由法人经理控制的，也往往想对它们的贷款对象有一个良好的了解。它们对你的个性很感兴趣。诚实和正直是很难判断的，但大多数银行家仍然认为贷款是一件非常私人的事情，对你的性格做出判断也是至关重要的。你的商业记录和个人信用记录很重要。它们也会对你的个人能力做出判断。你有多大可能把这个商业计划变成一家成功的企业？你身后有一个好的管理团队吗？银行往往通过查看你的信用记录、教育和培训、相关业务经验以及可靠的业绩记录，来判断你的个性和能力。不幸的是，在所有这些个人判断中，一个人的客观评论可能导致另一个人的偏见。

银行关系

即使贷款发放以后，银行仍将继续监控公司的财务绩效——它们会用到很多比率，这些在下一章里进行概述。它们希望看到借款人的年度审计账目，有时候还有明年的预算。更重要的是，它们还会监控借款人的银行账户，留意有无违规行为，并检查流量是否符合预期。它们的期望会以你的现金流预测为基础。

尽管银行不断集中化，本地银行业的重要性在下降，但你仍然需要与本地的银行经理保持良好的工作关系。他们需要你的公司的相关信息，密切的关系有可能为他们提供这些信息，从而避免信息不对称问题。与任何关系一样，这必须基于两个要素：（1）信任，即双方都将遵守贷款条款；（2）尊重，即双方都擅长自己所做的事情。这是通过保持定期接触而发展起来的一件个人事务。银行最终必须信任和尊重你，而不仅仅是关心业务。这意味着拜访和提供信息，银行家们喜欢定期拜访，他们喜欢感觉自己了解公司和其中的个人。然而，银行家最不喜欢意外。有些事情会让他们担心公司出现了问题，这包括以下内容。

- 银行账户经常超出约定的透支额度。这使银行开始认为，现金流没有得到恰当的控制。
- 透支额度中的核心借款增加。这使银行相信，定期贷款可能更合适。
- 缺乏财务信息。如果不能定期获得账户和其他信息，它们会担心公司能否提供监控信息，在极端情况下，可能会怀疑一切都大事不妙了。
- 找不到你。如果你从不参加会议，甚至无法进行电话交谈，银行就会认为有问题了。大多数人都不想给出坏消息，而逃避是大可不必的。

- 无法达到预期。银行会开始质疑你的预测可信度、你的能力和你对市场的理解。
- 持续亏损、利润率下降、营业额迅速减少，或者甚至是营业额不断增加。银行实际上只对你偿还贷款的能力感兴趣。
- 客户或供应商过少，对它们过度依赖。失去仅有的一个客户或供应商，这会给小公司造成不成比例的问题。

案例洞察

InSpiral Visionary Products：**众筹**

多米尼克·施耐尔（Dominik Schnell）和贝拉·威尔林克（Bella Willink）于2010年创立了InSpiral Visionary Products公司。该公司从伦敦的卡姆登市场附近一家素食咖啡馆起步，销售有机产品，包括紫甘蓝脆片，最初每包售价3.49英镑。2013年，Inspiral公司成为第一家通过众筹而非贷款融资来筹集股本的公司。公司通过CrowdCube众筹平台从120位投资者那里筹集了25万英镑，转让了10%的股权，即公司估值为250万英镑。CrowdCube平台向Inspiral公司收取了所筹集资金的5%作为费用。该众筹平台拥有30 000名注册投资者，自2011年推出以来，已经筹集了超过550万英镑。

Inspiral公司利用筹集的资金重新设计了包装，并通过Graze.com和其他零售店在线销售自己的产品，现在它也为一些位于主要商业街的店铺生产自有品牌产品。产量的增加使它得以分散管理费用和大幅降低销售价格。例如，甘蓝脆片的价格降到了每包2.19英镑，这就打开了更多的零售机会。

天使投资和风险融资

对于一家真正具有增长潜力的公司来说，也可能有机会让私人（称为天使投资人）或风险投资机构对公司进行股权投资。股权融资不适用于个体经营者或合伙公司。股权投资关系到放弃部分企业所有权，可能还有部分控制权，以换取现金。这意味着放弃公司将会创造的一些未来财富。投资者获得股息，这只能由公司自行决定支付。虽然所投资的资本可以以股份的形式出售，除非公司终止生意，并且只有在其他债权人得到全额偿付的情况下，所投的资本才可能被偿还。因此，它是长期风险融资。

天使投资人和风险投资机构都可能期望有股息，但更重要的是，如果公司表现良好，它们希望看到自己的股本价值增加。它们可能会期望在未来的某个时候（通常是5~10年），通过出售他们在公司里的股份来兑现自己的投资。天使投资人往往具备将被投资企业带到一个能够对风险投资公司产生吸引力的程度上的能力。

天使投资人的金额（1 万 ~100 万英镑）比风险投资机构要少，运作方式也没有那么正式。他们通常是“高净值个人”，往往有成功的创业背景，在寻求支持初创企业和处于早期阶段的公司。典型的英国天使投资人每年只做一两笔投资。基于个人的知识，许多人对所投资的领域或阶段有偏好，很多人还希望对公司实行一定程度的董事控制。大多数人更喜欢本地投资，比如说，在距离自己生活或工作地点 100 英里以内的公司，而且多数人更愿意匿名投资。

由于天使投资人主要是本地人，所以现在从英国的剑桥到印度的孟买都可以找到天使投资网络。在向天使们进行实际推销或陈述之前，天使投资人之间会在这些网络下交流商业计划。如果任何天使投资人有兴趣投资，那么在承诺资金之前，会进行一段时间的调查和谈判。这些网络通常会向找投资的公司收取一笔费用，如果交易谈成了，有些网络会在公司持有部分股份。有些网络还可以帮助从其他渠道筹集资金和准备商业计划，这要额外收费。

在英国，很多天使投资人隶属于英国商业天使投资人协会（British Business Angel Association）。它为会员制定了行为准则，在其网站上可以找到会员名录。本地的天使投资人也可以通过当地的商务联系网或企业管理局联系，它们也有自己的本地投资网络公司（Local Investment Network Company, LINC），其任务是为寻找资金的小公司匹配潜在的投资者。投资者会收到一份投资机会月公告，这是正在寻找资金的小公司提交给 LINC 的商业计划。LINC 苏格兰（LINC Scotland）是苏格兰的全国性商业天使协会。在美国，天使投资人群体也是本地化的，当地的商会或小企业发展中心应该能够让你与当地团体取得联系。

风险投资机构所投资的金额通常比天使投资人的大（通常超过 200 万英镑）。它们主要投资于立足已稳的公司（往往买下天使投资人的份额），还有管理层收购（由公司的管理层买下来）和管理层购入（外部经理人买入公司，一般会替换原有的管理层），但他们也可能投资于较大的初创企业。无论是天使投资人还是风险投资人都不想从企业家手中夺走公司的控制权，因此通常会将自己的投资限制在股本的 50% 以下。然而，由于风险投资机构投资的额度较大，它们常常将普通股、优先股（无表决权，股息为面值的固定百分比，但在清算时优先于普通股股东）和贷款融资的资金交易放在一起。在过去，它们设计的一些管理层收购和管理层购入交易由于其高杠杆率而闻名。英国风险投资协会（British Venture

Capital Association）编制了一份免费的成员名单，列出了风险投资机构及其投资标准的完整清单。

案例洞察

Purplle.com：**早期融资**

马尼什·塔内加（Manish Taneja）和拉胡尔·达什（Rahul Dash）在2012年辞职，在孟买成立了Purplle.com，这是一个销售美容产品的网站。一年后，他们在城市北部的一个小办公室和仓库里雇用了25个人。他们这样说道："我们意识到，印度的美容业正处在一个转折点，我们知道它会起飞。"

起初，他们用自己的积蓄成立了公司并建起了网站，但后来他们向家人和朋友寻求贷款和股权融资，并利用贸易信贷为自己销售的产品提供资金。一旦商业模式被证明是成功的，他们就确定自己需要更多的股权融资，并与孟买的15个天使投资团体接触，向它们推销自己的商业模式。他们成功了，投资者不仅带来了资金，还带来了网站专业知识和一张关系网。时间会告诉我们，公司是否能够成功。

问题：

1. 软件猫利用保理，巧克力饭店利用客户债券，InSpiral利用众筹，Purplle利用天使投资筹集资金。在什么情况下，你可以使用这些不同的融资方式？
2. 有适合你的公司的融资方式吗？如果有，为什么？在什么阶段用？

投资者想要什么

虽然商业天使投资人和风险投资机构考察的标准范围可能和银行家一样，但他们的视角非常不同，因为他们跟银行家不一样的地方在于，他们是分担公司风险的。如果公司失败了，他们就会失去一切。因此，他们对回报和风险都很感兴趣。他们特别感兴趣的是自己的投资所带来的回报，而不是他们能从企业家那里获得的抵押品。一笔投资的回报必须补偿另一笔投资的损失。他们也想确定能在未来的某个时间卖掉自己的投资并兑现利润——这在英国叫作退出路径，在美国叫作变现。评估这些事情不可避免地会比安排一笔银行贷款花费的时间更长。

回报和风险。对于大多数投资者来说，相比他们可能得到的股息，他们更感兴趣的是出售其投资所得的资本收益。对于自己的投资，他们通常会寻求30%~60%的年度收益，这取决于认知风险。初创企业通常处于这个范围的顶部，但最终交易总是需要谈判。例如，对一笔 10 万英镑的投资的预期，可能是在五年内获得 40~80 万英镑——是初始投资的 4~8 倍。尽管有些投资可能实现这样的回报，但别的项目做不到，投资者把自己的钱完整地拿回来就很幸运了。对于投资者来说，初创企业的商业计划非常重要——因为它们没有担保，也没有过往记录来依靠。对于一个具有强劲增长潜力的明确且可及的市场，它们会特别感兴趣。如果你的公司是一家技术型初创企业，那么技术必须有现成的市场。投资者也更加关注管理质量——你的经验和管理团队的经验，这是它们仅有的历史记录，他们希望这些经验和专业知识能够在商业计划中得到体现。在查看财务预测时，他们会应用到第 15 章概述的全部绩效标准、盈利能力和风险比率。他们还会非常关注你对业务风险的详细评估，以及你打算如何克服这些风险。

退出路径（变现）。大多数天使投资人都希望在五年内兑现自己的投资。风险投资者可能会看得更长远，也许长达 10 年。对于一家初创企业来说，这可能是一个问题，因为在这段时间内，它们的股份可能没有一个现成的市场。那么谁会购买这些股份呢？一个选择可能是你想回购股份，重新获得 100% 的公司控制权。管理层收购或购入可能是另一种选择。天使投资人可能会把自己的股份卖给风险投资机构。对天使投资人和风险投资机构来说，另一个选择是将他们在公司的股份（也可能是创始人的股份）卖给另一家公司，这经常是以同行交易的方式卖给同一行业中的公司。他们还可能寻求在股票市场上市——这样他们就可以把自己的股票卖给其他机构投资者或公众。这叫作首次公开募股或 IPO，费用可能很高（同行交易要便宜得多），并且意味着公司必须遵守一系列法规和披露要求，这些要求旨在使其股票交易更为公平。这也意味着公司需要可靠的盈利记录和良好的增长潜力。英国有两个“初级”市场，即未上市证券市场（OFEX）和另类投资市场（Alternative Investment Market, AIM），它们提供有限的交易，最终是要将公司引向证券交易所的主市场全面上市。不过，在股票市场“走向公众”也暗示着公众责任和丧失控制权，很多企业家（如理查德·布兰森）并不喜欢这样做。

天使投资人和风险投资机构都会对创始人和公司进行彻底的调查，他们希望在董事会中担任非执行董事。前面提到过代理理论和信息不对称，这是他们对这些问题的回应。尤其是天使投资人，也可能期望更多的“上手”，在公司参与日常事务。就像与银行经理打交道一样，发展密切的个人关系很重要。最终他们投资的是人而不是公司，而且由于他们比银行家面临的风险更多，他们需要确信企业家和管理团队能够真正实现商业计划。信任和尊重很重要。因为只有公司成功了，他们才能赚钱，所以他们非常愿意帮助成长中的公司解决其将要面对的不可避免的问题。他们可以成为分享问题和想法的宝贵的共振板。很多天使投资人具有有用的商业经验，有时候是在同一个业务领域，他们能提供战略视野，这会帮助你透过日常问题洞察业务。他们还可能带来大量的业务联系人。简而言之，恰当地使用他们，他们可以成为公司的宝贵资产。正如我们看到的，当柯丝蒂·亨肖（见第 10 章）进入《龙潭》节目时，她在寻找资金的同时，也在寻找经验和知识。

案例洞察

米尔斯集团：融资阶梯

米尔斯集团（Mears Group）成立于 1988 年，从一家小型私人建筑承包商开始起步，已经发展成英国领先的公开上市的股份有限公司。1992 年，米尔斯从地方当局获得了第一份多门类维护和维修合同。从那时起，它成长为英国领先的社会住房维修和维护供应商。1996 年，公司的营业额达到了 1200 万英镑，有 83 名员工，董事长兼首席执行官鲍勃·霍尔特（Bob Holt）让公司在 AIM 上市，筹集了 95 万英镑，公司市值达到了 360 万英镑。在接下来的几年里，它继续增长，部分通过有机增长，部分通过收购，进入了居家护理市场。2008 年，它正式在伦敦证券交易所（London Stock Exchange）上市，营业额达 4.2 亿英镑，员工超过 8000 名。2009 年，米尔斯集团赢得了伦敦证券交易所主市场“年度最佳新公司奖”（PLC Award for New Company of the Year）。作为对其社区与社会责任活动的认可，米尔斯集团被列入了富时指数（FTSE4Good Index）企业。

通往融资的阶梯

对于任何初创企业来说，决定需要什么资产、何时获得这些资产以及如何融资，都是重要的战略决策，在这些决策中，独立的专业建议可能会很有价值。一般来说，最好建议你在业务的每个阶段让自己所需的资源最小化。记住，你不一定要拥有资产才能使用它。你可以自力更生，或者与他人合作。如果你想要最大限度地发挥业务潜力，那么资金是必不可少的。不过，一旦你开始使用外部资金，你就会让自己的灵活性受限并可能失去控制权。因此，确定资金的形式与商业计划中的其他任何事项同样重要。

大多数公司使用一系列资金来匹配它们的不同需求和环境。表 14–3 总结了这些不同的融资方法的优缺点。起步登上融资阶梯可能很困难，尤其是在低迷的贸易环境中。作为一家初创企业，许多来源看上去对你不是开放的。获得第一批资金需要你说服融资人，你能够让自己的商业梦想成真。他们需要相信你。你需要有信誉，并获得他们的信任和尊重。然而，一个好的商业创意最终总会得到支持，尤其是如果你有一个好的商业计划来阐释它。

一个好计划将会给你带来信誉，从而获得他们的信任和尊重。

表 14–3 **不同资金来源的优缺点**

来源	优点	缺点
股权 个人、家人和朋友的投资	· 良好、安全的长期融资 · 没有利息或资本偿还 · 可用于撬动进一步的贷款融资	· 投资人可能希望有股息 · 向外部人士出售股份会稀释你在公司的股份，并可能导致你失去控制权 · 提供股权融资的外部人士可能希望干预公司业务
股权 天使资金	· 良好、安全的长期融资 · 可用于撬动进一步的贷款融资 · 少量可用股权 · 投资基于商业计划而非担保 · 通常是 5~10 年的投资 · 往往会亲自提供专家经验	· 只有具有增长前景的公司才能真正拿到资金 · 公司的利润和资本增长有很大一部分将流向天使投资人 · 投资人可能希望有股息 · 在未来的某个时候，天使希望出售其在公司的股份，以兑现自己的利润 · 手把手的专家经验可能被视为对业务的干扰
股权 风险融资	· 良好、安全的长期融资 · 更大数量的可用股权——通常用作第二阶段融资，而不是在启动阶段使用 · 投资基于商业计划而非担保 · 通常是 5~10 年的投资 · 能提供长期战略建议 · 通常不插手公司的日常运营 · 如果需要，应该能够同时安排股权投资和贷款 · 没有利息或资本偿还，除非贷款是一揽子计划的一部分	· 只有具有显著的增长前景、着眼于在股票市场上市的公司才能真正拿到资金 · 公司的利润和资本增长有很大一部分将归投资者所有 · 投资人可能希望有股息 · 在未来的某个时候，投资者希望出售其在公司的股份，以兑现自己的利润，这通常是通过在股票市场上市来实现的 · 需要非常详细的公司信息 · 需要时间来安排
股权 众筹	· 良好、安全的长期融资 · 可用于撬动进一步的贷款融资 · 少量可用股权 · 投资基于商业计划而非担保	· 投资者需要看到退出路径（变现）——他们可以如何处置其股权投资 · 投资人可能希望有股息 · 众筹网站希望根据募集的资金收取费用
定期贷款 个人、家人和朋友	· 不太可能需要担保 · 贷款可能是“非正式”的，即在现金流改善时偿还资本 · 可能不需要支付利息，也可能延迟支付利息	· 可能需要支付利息 · 如果未按预期还款，可能会造成关系紧张 · 如果生意失败，家人和朋友可能会受影响 · 家人和朋友可能会干扰业务

续前表

来源	优点	缺点
定期贷款 银行和众筹	·贷款期限是固定的，通常不按银行要求偿还（但要检查条款） ·资本偿还是提前确定和已知的 ·利率可能是变动的或固定的，通常低于透支利率	·通常用公司或个人资产提供担保 ·可能因为缺乏担保而被拒绝 ·需要良好的现金流来支付利息和偿还资本 ·众筹网站希望根据募集的资金收取费用
租赁和分期付款	·不需要抵押品。购买的资产就是担保	·比贷款利率贵 ·需要足够的现金流来支付定期偿还
银行透支	·灵活——一旦达成一致，可按需提供 ·如果你进进出出来回倒腾，可能很便宜——你只在用它的时候才付利息 ·针对短期融资需求的良好解决方案	·按银行要求偿还 ·利率会变动 ·如果你长期透支，可能很昂贵，因为收取的利率通常高于定期贷款利率 ·通常以公司资产提供担保，可能由于缺乏担保而被拒绝 ·到时候可能需要个人抵押品

获得投资

融资阶梯的上升给创始人带来了机会，他们可以卖掉自己的全部或部分公司股权，以资本收益的形式收获全部或部分投资。你可能会意识到，你更擅长创立一家公司而非经营一家公司。一旦公司成功，你就想卖掉它——这样你就可以继续创立另一家公司了。你可能早于预期收获投资。英国国家科技艺术基金会（National Endowment for Science, Technology and the Arts，NESTA）的研究表明，在 2008 年，技术型初创企业从第一轮融资到退出的平均生命周期只有六年——实际上自 2005 年以来，这个周期增加了 18 个月。但并非所有的企业家都想迅速离开公司。越来越多的人希望在公司获得第二轮或第三轮股权融资时把钱拿出来，几年以后再退出。他们希望通过出让一些所有权甚至控制权，在公司成长的过程中分享成功，但不抽走资本，以免危及公司的成长。

案例洞察

月亮猪：收获投资

2011 年，尼克·詹金斯（Nick Jenkins）将自己在 12 年前创立的个性化贺卡公司“月亮猪”以 1.2 亿英镑的价格卖给了法国在线相册公司“相片盒”（Photobox）。他用自己的 16 万英镑创办了这家公司，但吸引了其他私人投资者，包括一位邻居和两位有贺卡相关经验的朋友。当他卖掉公司时，他自己仍然拥有公司 34% 的股份。“你有投资者，但他们想要退出。这时让公司上市就没有意义了，它还不够大。”尼克说道。尼克提前做好了卖掉公司的准备。四年前，他聘请了一位经验丰富的执行董事，并逐渐将管理权移交给了他。

尼克的父亲是阿尔弗雷德·麦卡尔平（Alfred McAlpine）工程和建筑公司的董事。他在伯明翰大学（Birmingham University）学习俄语，后来在俄罗斯工作。他在那里工作赚出了创办月亮猪的钱，但他是在克兰菲尔德攻读 MBA 时想到这个创意的。在学习期间，他研究了五个商业创意：种植奇异蘑菇、经营公司健身房、经营互联网孵化器、在线教日本商人学英语，以及他最终决定要做的月亮猪。月亮猪允许你选择一张贺卡并在上面写一条个性化的信息，所有这些都是在线的。实物贺卡在 24 小时内递送给你或另一位收件人。“我过去经常买贺卡，把说明文字涂掉并写上自己的话——我只是想，如果我能用互联网来做，我就能做出一个更好的产品。”尼克说道。

事实也证明，这是一个独特的产品，没有竞争，也就没有价格压力，一旦建立，市场准入门槛很高。当他卖掉公司时，该公司占据了英国在线贺卡市场的 90%，营业额达 3200 万英镑，盈利达 1100 万英镑，只有 100 名员工。但在 1999 年，当大多数竞争对手都认为电子贺卡是客户想要的东西时，创办一家销售个性化实物贺卡的公司似乎有很大的风险。尼克在读 MBA 时学会了领导一家公司所需了解的重要事情。

问题：

1. 为什么一家大公司要购买同一个行业中的一家小公司？
2. 为什么它们愿意支付溢价购买它？
3. 如果你想卖掉你的公司，这会在多少年以后发生，为此你需要做什么准备？

如果你的公司已经成长到了即将上市的地步，那么你的股份就有了一个现成的市场。然而，如果你完全卖掉自己的股份或是放弃了运营控制，股价就可能下跌。如果你还没有发展到这个地步但又想卖掉，那么最有吸引力的选择可能是找到一个商业买家，即一个了解行业的竞争对手。他们可能比别人更看重你的公司，因为他们能够看到通过购买来增加价值的方法，也许是通过协同作用。对技术型初创企业来说尤其如此，小公司提供创新，大企业提供资源，能够比小公司更快地把创新带到大规模的全球市场。在许多情况下，大公司可能愿意支付现金，所以你可以在卖掉的当天就离开公司，尽管他们可能会限制你在一定时间内与他们竞争。如果你有其他股权投资者，如天使投资人或风险资本机构，他们可能会不得不同意出售。事实上，它们很可能会对此有所帮助。当然，公司必须能够证明自己是成功的，通常是以良好的财务记录的形式来证明，并且必须能够在没有你的情况下有效地运作。这意味着它必须拥有良好的管控体系和管理团队。

另一种选择可能是管理层收购或收购。对于收购，这取决于你的管理者的意图。管理层收购更难确定，但一些会计师对寻求公司收购的管理者进行保密登记。

寻找买家、评估公司和谈判出售是一系列令人望而生畏的任务，如果没有专业的建议和帮助，这些任务是无法承受的。许多较大的会计师事务所可以帮助寻找买家，就像它们可以帮助寻找想要购买的公司一样，它们可以在搜寻过程中充当秘密“前哨”。它们对公司估值采取的看法也很可能比企业家更客观（我们在下一章讨论这个主题），而且在整理交易细节时是必不可少的，包括买方会要求的必不可少的保证和赔偿。最后还有一个重要的税收考虑，做好规划可以大大增加企业家实际得到的资金。

案例洞察

生动想象：收获投资

生动想象（Vivid Imaginations）公司通过购买特许经营权，专门生产与电视或电影系列相关的玩具，其产品包括《莫希怪兽》《哈利·波特》《玩具总动员》《怪物史莱克》《赛车罗里》《歌舞青春》《怪兽大战外星人》等影视作品的相关玩具，以及其他许多产品。它最初是由尼克·奥斯汀（Nick Austin）和艾伦·本尼（Alan Bennie）在 20 世纪 60 年代创立的，他们把自己以前工作的遣散费集中起来，还抵押了房子，得到了 25 万英镑。他们还说服朋友们向他们提供了 38 万英镑的贷款。经过一段时间的努力，一家银行提供了相同金额的滚动投资。

到 1998 年，生动想象公司已经成为英国增长最快的私人公司之一，奥斯汀和本尼决定兑现了投资，以 2700 万英镑的价格将公司卖给了一家美国风险投资公司乔丹集团（Jordan Group）——这笔交易为他们每人带来了近 1000 万英镑的收入。这其中包括一份协议，他们俩要在公司再待五年。但是当时间到了之后，他们依然无法离开自己创立的公司。相反，在英国风险投资公司凤凰股权投资合伙公司的帮助下，他们进行了管理层收购，以 6200 万英镑的价格回购了公司，他们与员工分享了所有权，各自保留了 4% 的股份。生动想象公司仍然是英国最大的独立玩具公司。

小结

- 在使用外部资金来源之前，你应当尽量减少资产的使用（资源自力更生），与别人合作，使用自己的资金，并向家人和朋友借钱。

- 决定初创企业的资金性质和来源是一项重要的战略决策。为了谨慎起见，你应当将资金来源的期限与其用途进行匹配。固定资产或永久性资产应通过股权、中长期银行贷款或租赁 / 分期付款来融资。营运资本可以通过短期贷款和保理来融资，而运营波动则通过透支来融资。
- 表 14–3 总结了不同资金来源的优缺点。
- 银行非常厌恶风险。它们不会分享公司的成功，但如果公司失败，它们将失去所有的资本，因此它们会尽量避免坏账。小公司比大公司的贷款风险更大。
- 银行可能会为贷款寻求个人或企业抵押品，在违约时为其提供担保。由于初创企业的资产基础不太可能提供这一点，银行家通常会要求提供个人抵押品或担保。
- 银行家在做出贷款决策时会考虑一系列财务指标，但他们对现金流预测特别感兴趣，因为这显示了公司支付利息和偿还资本的能力。
- 与银行建立良好的工作关系非常重要。这是基于相互信任和尊重。
- 近年来，基于互联网的众筹已成为一种将借款人和投资者与需要融资的小公司进行匹配的方式。现在评估它的成功还为时过早，但是通常带有社会目标的“古怪”公司，已经通过这个机制成功融资。
- 股权融资可以从家人、朋友、天使投资人和风险投资机构那里获得。股权投资者分享公司的成败，因此它们可能会非常仔细地审视你的商业计划。
- 天使投资人和风险投资机构期望年化回报率为 30%~50%，通常是作为资本收益。它们通常也希望在五年内变现自己的投资。它们会希望在董事会中有一席之地，很多天使投资人希望更密切地参与公司的管理。
- 天使和风险投资者可能通过同行买卖、管理层收购、管理层购入或股票上市来兑现自己的投资。这些也是创始人兑现全部或部分投资的机会。
- 尽管始于 2008 年的金融危机和调查都显示，资金供应是增长的主要制约因素，但无法从客观上确认小企业存在长期的、系统性的融资缺口。

PART8

第八部分

财务计划

第15章

财务预测

财务目标

对于一家新公司来说，为了生存和发展，必须在财务上保持可行性。这可能意味着许多不同的事情。为了吸引股权投资者和创始人，它需要盈利且有效率。为了生存，它需要足够的流动性来支付账单。为了吸引提供贷款的银行家，它需要低风险，而风险和创始人及股权投资者同样重要。评估这些事情，需要考虑一系列不同的概念和度量。

- 盈利性。利润是指销售额/营业额与成本之间的差额。商业公司的利润越高越好。然而，利润不同于现金。你可能没有收到销售付款，也没有真正支付成本，因此，你可能盈利，但流动性不足。反之亦然，这两件事是不同的。利润测量的是公司的所有资产是如何通过交易活动（销售额减成本）而增加的，这不仅仅是现金。最终利润确实应该变成现金，但与此同时必须支付账单和工资。如果你没有现金来支付这些，你可能就破产了。盈利性应体现在公司的损益表中。
- 效率。效率测量一家公司如何使用其资产来盈利。它用来测量你使用这些资产带来的利润的质量。由于这些资产是由投资者（包括你在内）支付的，因此这将对你能否获得融资产生重大的影响。如果你得到的回报（利润/资产）低于现行利率，你最好还是把钱存入银行。资产体现在公司的资产负债表中。显然，为了提高效率，你需要用最少的资产尽可能地盈利。我们稍后将使用一种叫作比率分析的技术，来处理许多测量效率的指标。不过，请注意，由于现金也是一种资产，因此在高效率和高流动性之间存在着一种矛盾。
- 流动性。流动性测量公司履行常规的短期财务责任的能力。在所有资产中，最具流动性的是现金，现金流量表显示了你对它流入和流出公司的速度的估计。现金流是公司的生命线——它支付账单和工资。如果没有足够的现金流，公司可能会倒闭。现金流量表显示了销售现金流入的速度，以及与成本和资产投资（如建筑物、厂房和机械）相关的支出的时间。它还显示来自贷款或股本的现金投入。还有其他的流动性指标，我们稍后会讨论到。

- 风险。在财务报表中，有两种风险测量方法。运营风险是通过比较运营固定成本（即无法轻易改变的成本，如房屋租赁成本）与盈利能力来测量的。这通常用盈亏平衡点来测量（见第 11 章）。融资风险是指你的利息支付水平（这是你影响不了的）相对于你的盈利能力，它也以你的借款额与你的总资产相比较来衡量，这叫作联动比率或杠杆。你对这两种固定成本几乎没有决定权。你运营或融资的固定成本越高，你的风险就越高。

商业公司的财务目标通常涉及取得高利润和高效率，同时保持足够的流动性，并将运营风险和财务风险降至最低。挑战在于将这些东西量化，然后实现它们。对于一个具有社会性目标的社会企业来说，盈利能力和效率可能是制约因素，而不是需要最大化的指标。

在商业计划中，对这些因素的测量涉及至少三年的财务预测——对于尚未解决重大商业化风险的大型项目，这些风险又是该项目特有的，这就需要五年的预测。这些预测包括：

- 损益表（包括盈亏平衡预测）；
- 现金流量表；
- 资产负债表。

你的公司的实际表现如何，是由你的历史财务报表来衡量的，报表通常按年度生成。这些报表是用来对公司征税的基础。英国的公司必须把它们提交给公司注册署，在那里这些都是公开的。不过，大多数公司会编制月度损益表，并定期监控现金流。

预测销售额 / 营业额

财务预测既可以从预测销售额 / 营业额、达到这个销售水平所需的成本以及由此产生的利润开始（这是最常用的方法），也可以通过计算创建公司所需的成本开始，再回到产生目标利润水平所需的销售水平。不管采用何种方法，在计算出令人满意的利润目标之前，可能需要多次反复——改变价格、数量和 / 或成本。第一年可能需要月度销售预测——在这些重大的商业化风险仍未解决的情况下，可能需要更长的时间。

现实的、可实现的销售预测是其余财务预测的起点，因此这些预测不仅仅是期望，还很重要。然而，正如我们在第 3 章中看到的，你在新公司引入的产品 / 服务创新和 / 或市场创新越激进，预测销售就越困难。正如我们观察到的那样，市场调查不太可能洞察到这种新产品 / 服务或市场的需求，因为客户对其并不了解。要想知道这个创意能否带来一桩有利可图的生意，通常唯一确定的方法就是试一下——启动这家公司，但把你的风险降到最低。这意味着计算建立公司所需的最低成本，然后回到产生目标利润水平所需的销售水平上。在那之后，就可以自信一跃了，那就是亨利 · 福特和史蒂夫 · 乔布斯的做法，但如果你需要资金支持者，你将需要一个有说服力的论点和非常有吸引力的利润目标。

对于产品 / 服务或市场更多的增量创新，你的销售预测需要如下证明。

市场需求充足。你可以通过市场调研来证明，市场需求尚未得到满足。这可以采取多种形式，但必须以对客户、竞争对手和差异化优势的令人信服的理解为基础。表 15–1 显示了实地市场研究和案头市场研究的优缺点。例如，你可以通过案头研究证明，与市场需求相比，某个地区的竞争对手相对较少，那么你可以确定市场的总规模（TAM 和 SAM），而且应该能够说明市场增长（见第 4 章）。或者，如果你能甄别出潜在客户，你可以直接联系他们，至少确定他们是否愿意试用你的产品或服务。如果你想在某个地区开一家新店，你可以决定亲自进行实地调研，来评估这个地区的客流量。另一种方法是证明你在一个特定市场（这需要仔细定义）的份额非常小，以至于非常可能实现（即你的 SAM 相比 TAM）。虽然你无法证实有足够的市场需求，但你应当能够确定可能有这个需求。

表 15–1 **市场调研：实地调研与案头调研的优缺点**

	实地调研	案头调研
优点	· 反映你的需求 · 控制质量 · 最新信息	· 廉价 · 快速 · 有利于获取背景信息
缺点	· 昂贵 · 需要时间 · 可能会告诉竞争对手你想要做什么	· 不是特别针对你的业务 · 可能不完整、不准确 · 可能过时

在公司的运营和成本范围内，目标是可以实现的。你的预测需要保持内在的一致性。如果你没有投入足够的成本来满足你所预测的销售，那么对足够的需求做出令人信服的预测也就没有意义了。建立销售预测所依据的假设很重要，这意味着要清楚地说明销售价格和销售量，并确保预测的销售量与成本一致。有些成本是成立公司所需发生的固定成本，

但如果你的销售预测不准确，这并不会有显著的变化——它们不会随着活动或销售的数量而变化，例如，物业租赁成本或固定工资（详见第 11 章）。这些预测需要基于合理的估计。有些成本是随销售量变化的可变成本，例如材料或计件劳动成本，每生产和销售一个额外的单元，都会产生一笔额外的成本。这些成本随着你的销售预测而变化，可以根据销售额的百分比来计算。

投资者通常会非常关注这些用来支持新公司财务预测的假设，而且如果他们认为这些假设不现实，那么整个计划的可信度可能会受到重挫。他们通常会采用一系列实用的、常识性的测试。例如，一家零售企业的预测销售额可以除以所占的销售空间，这往往可以拿来与行业标准相比较。或者，可以计算每天的预测销售额，并除以每位客户的预期平均支出，来得出每天的买家数量，然后将其与客流量和买家转化率进行比较。在一家酒吧或餐馆，你可以查看台面的数量和每个台面的平均花费，来看看预估的销售额是否现实。不管你怎么证明，投资者肯定想知道支撑这些估计的数量和价格假设。

案例洞察

极限雪板：构建财务预测——销售 / 营业额

极限雪板是一家由两位年轻的滑雪爱好者成立的公司，旨在生产一种专业滑雪板，他们俩用了两年将其发展完善。这些滑雪板在竞赛中经过了专业人士的测试和使用，反响特别热烈。事实上，许多零售商都已经联系该公司询问订购事宜。滑雪板有三种设计，适用于不同的条件。他们俩对市场进行了调查，并和已经预定滑雪板的两家全国性零售连锁店和一家海外经销商达成了一致。滑雪板第一年的初步销售估计如下所示，这些数字代表滑雪板的总数，其中 60% 将通过两家主要零售商和海外分销商进行销售。销售估计具有高度的季节性，主要发生在冬季。

创始人打算在 9 月建立自己的小型制造厂，10 月开始生产。这些滑雪板将发送到商店作为演示型号，但根据协议，直到第二年 1 月份才会为它们开具销售发票。创始人预计，到那个时候，已经生产了大约 400 块滑雪板，这些将在 1 月份算作起始库存，销售发票将在同一个月开具。他们估计，在任何一个月份，自己的最大生产能力是 320 块板，在 3 月份会达到这个产能，这意味着他们将无法满足 3 月份的初步销售估计。因此，他们修改了自己的销售预测。与销售不同的是，生产水平必须保持不变，尽管 8 月和 12 月的产量由于节假日而下降。因此，预计总产量为 3780 块板（3380+400），修订后的预测销售额为 3140 块板，第一年年底库存为 640 块板（3780–3140）。

表 15–2　极限滑板第一年初步销售预测表

初始销售预测	生产				
	数量	开始库存	+ 生产	– 销售	结束库存
1 月	400	400*	180	400	180
2 月	400	180	240	400	20
3 月	440	20	320	340**	0
4 月	280	0	320	280	40
5 月	100	40	320	100	260
6 月	100	260	320	100	480
7 月	80	480	160	80	720
8 月	80	720	320	80	800
9 月	200	800	320	200	920
10 月	360	920	320	360	880
11 月	360	880	320	360	840
12 月	440	840	240	440	640
总计	3240		3380	3140	

*1 月之前生产

** 无法满足销售预测

修订后的销售预测，包括收入和板的数量，现在可以算出来了。135 英镑的销售价格（交易价格）扣除了交付成本，代表三种板的平均价格，因为目前最好的猜测是这些板的销售比例相等。

表 15–3　修正后的第一年销售预测表

修订后的销售预测	数量	价值（千英镑）
1 月	400	54.0
2 月	400	54.0
3 月	340	45.9
4 月	280	37.8
5 月	100	13.5
6 月	100	13.5

续前表

修订后的销售预测	数量	价值（千英镑）
7月	80	10.8
8月	80	10.8
9月	200	27.0
10月	360	48.6
11月	360	48.6
12月	440	59.4
总计	3140	423.9

注：价值 = 数量 × 平均价格（135英镑）。

极限雪板是一家虚构的公司。

预测损益表

一旦你对自己的销售额和成本有了估计，你就可以准备利润预测，这叫作预测损益表或形式损益表。这只是简单地将估值划分为损益表的可接受格式。你给出的细节数量是一个判断的问题，但初创企业的规模越大，预期的细节就越多。

财务报表通常会强调企业的毛利润，从中扣除运营成本（如销售、营销、管理成本等），就得到运营利润，再从中扣除融资成本（利息），就得到（交税和分红前的）净利润。

毛利润 = 营业额 – 销货成本

运营利润 = 毛利润 – 运营成本

净利润 = 运营利润 – 利息

销货成本这个词名副其实。不过，这些成本可能既包括可变成本，也包括固定成本。对于一家商店来说，这些成本代表了售出商品的成本——这的确是一个可变成本。对于一家服务公司，比如咨询机构，大多数成本（主要是工资）是固定的，很少有成本是可变的。对于一家制造型企业来说，除了原材料成本，增加商品价值也会涉及劳动力成本。如果工人的工资是按他们生产的数量来支付的（称为计件工资），那么这就是一个可变成本。然而，大多数员工现在期望每周付一次工资，这就是固定成本。销售成本还代表其他固定的工厂管理费用，如工艺过程中使用的机器和设备的折旧成本。因此，制造企业的销售成本可能包括材料成本（可变）、劳动力成本（可变和/或固定）和工厂管理费用（固定）。为了计算销货成本（以及库存商品的价值），你需要知道每种制成品的成本。这意味着要进行成本核算，以便固定成本可以分摊到所生产商品的数量上（不一定与售出的商品相等），这是所谓“成本加价法”的基础（见第5章）。如果一家制造企业未能售出其生产的所有产品，则超额成本将反映在未售出库存/存货的估价中。总的来说，销售成本可能是一家商店的可变成本，可能是一家服务公司的固定成本，对于制造企业来说则包括了可变成本和固定成本。

案例洞察

极限雪板：构建财务预测——损益表和盈亏平衡

创始人需要一系列机器来生产他们的滑雪板。他们估计这个机器的总成本是55 680英镑，在需要更换之前，它可以用大约八年。因此，计算折旧为每年6960英镑（第一期的15个月为8700英镑）。他们还找到了一个合适的场所，可以用作工厂，每年的租赁成本包括利率在内是11 520英镑（每月960英镑，或前15个月14 400英镑）。

创始人打算从10月开始雇用两名工人。他们将按照每月固定工资来支付——每个月总计3000英镑。3月份会再加一名员工，那时候产量会达到最高水平，他每个月将得到1300英镑的报酬。创始人也会在工厂工作，并打算在第一年（从1月开始）给自己每个月发2000英镑的固定工资。因此，前15个月（第一年10月至第二年12月）的工资账单估计为10.6万英镑。

创始人进行了详细的成本核算，显示每块板的平均材料成本为32英镑，平均可变工厂管理费用为每块板5英镑（消耗品、电力等）。因此，总可变成本为每块板37英镑。

生产一块板的平均成本如下所示（基于预计总产量3780块）：

可变成本：			
直接材料			32.00
直接工厂成本			5.00
固定成本：			
直接劳动力	106 000		
工厂管理费用——折旧	8700		
——工厂租赁	14 400		
	129 000	÷ 3780 =	34.15
生产每块板的总平均成本			71.15

因此，创办人估计，在计算其他运营成本之前，他们应该在每块板上平均获利63.85英镑（47.3%）。

他们打算在10月花1万英镑用于宣传材料。在那之后，他们估计他们的市场营销和其他一般成本将为每月3000英镑（前15个月为45 000英镑），年底支付的专业服务费用为3000英镑。这些都是固定成本。创始人算出前15个月交易的盈亏平衡点，将其加入固定生产成本中，然后除以边际贡献率：

边际贡献（销售价格 – 可变成本）= 135 – 37 = 98英镑/单位

边际贡献率 = 98 ÷ 135 = 0.726或72.6%

固定生产成本（15个月）= 129 100英镑

其他固定成本（15个月）= 58 000英镑

总固定成本（15个月）= 187 100英镑

盈亏平衡点 = 187 100 ÷ 0.726 = 257 713英镑

安全边际 =（423 900–257 713）÷ 423 900 × 100% = 39.2%

他们的边际贡献如此之高，再加上低固定成本，相比他们对销售的预测，盈亏平衡点这么低，创始人对此非常高兴。他们认为，第一年的高安全边际，加上处于高位的滑雪板预购订单，意味着他们确实在追求一个制胜的商业创意。

他们继续按销售3140块的数量来估计15个月的收入：

销售额　3140 × 135 = 423 900英镑

销售成本　3140 × 71.15 = 223 422英镑

毛利润　200 478英镑（47.3%）

市场营销和一般成本　55 000英镑 + 专业服务费用3000英镑 = 58 000英镑

运营利润　142 478英镑（33.69%）

预测现金流量表

利润很重要，但它们不等于现金，而你的生存可能取决于对现金流的准确预测——你的销售现金流入有多快，以及你何时进行与成本和资本投资相关的支出。在第一个客户进门之前，一家新公司可能会将现金花在房屋、设备、库存/存货等上面。第一笔交易甚至可能是赊销的，而且还需要一段时间才能收回债务。在此期间，企业的现金流将为负。活过图15–1所示的死亡谷（Death Valley）曲线可能很难。如果没有外部融资，公司将无法偿还其债权人。谷底的长度和深度取决于你支付现金和收回现金的速度。它的深度决定了你需要借多少钱，它的长度则决定了你需要借多长时间。这可能因行业而异，并受到经济周期的影响。你的成长越快，它可能就会越深和越长。事实上，如果销售增长超过了你的预期，你的现金流可能会恶化，死亡谷也将延长。所以，一定要当心，许多公司的生存时间不足以活过死亡谷。

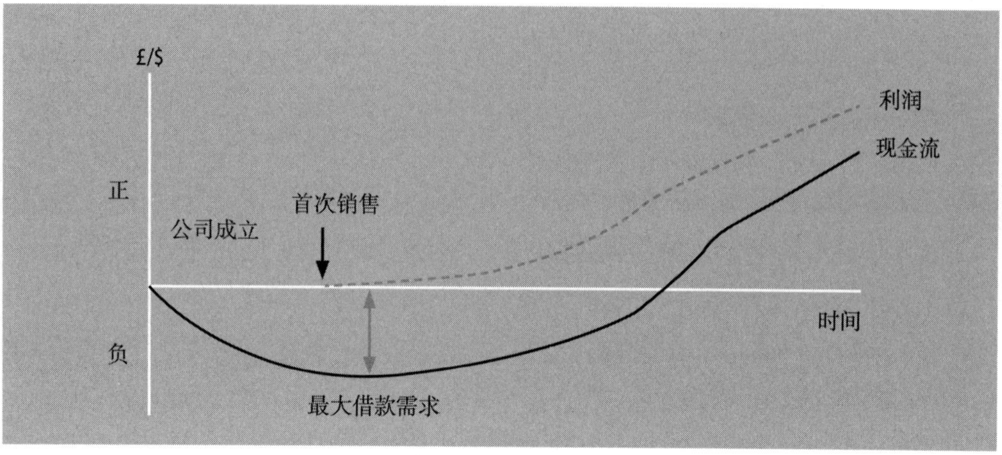

图 15–1 死亡谷曲线

你需要规划死亡谷的路线，并计划如何度过它——这意味着要准备一份现金流预测。只有这样你才能知道，启动公司需要多少资金。此外，改变现金流模型所基于的假设，你就可以看到它对死亡谷的影响。一个好的模型应该能让你理解如何缩减死亡谷的深度和长度。

现金流量预测列出了公司在期望进入或退出的期间，预期的现金收入和付款情况。它可以按照每天、每周来准备，或者更通常的做法是按每个月来准备。

现金流 = 任何期间内的总现金收入 – 总现金支付

在死亡谷中，如果你的现金用完了，即你的现金储备是负数，你就需要借钱。你在任何时期所拥有的现金，都是用当期现金流加上（或者，如果为负则减去）上期结转的现金余额来计算的。在极限雪板的现金流预测中，你可以清晰地看到死亡谷。如果你预测现金余额为负，那么你就需要寻求外部融资或同意透支，以支付你的账单。无法支付这些账单的后果可能是破产，尽管事实上你是盈利的。

案例洞察

极限雪板：构建财务预测——现金流量表

创始人相信他们的滑雪板呈现了一个非常有吸引力的机会，但他们需要知道如何为这个机会融资，因此他们决定准备一份初步的现金流预测。他们的估计基于以下假设。

（1）销售收入滞后 2 个月。

（2）材料采购和其他直接工厂成本（37 英镑 / 块）可以直接与生产相匹配，这意味着，在 320 单位的最大产量下，采购额为 11 840 英镑（320×37 英镑）。付款延迟 2 个月，但与 1 个月前生产的 400 块滑雪板相关的付款必须在 12 月支付（400×37 英镑 =14 800 英镑）。

（3）工资按月支付。

（4）4.1 万英镑的促销支出将于 11 月支付。其他市场营销和一般成本在这段时间内平均分摊。

（5）专业服务费用在 12 月支付。

（6）9 月以 55 680 英镑购买的机器将于 11 月支付。

（7）租赁成本和费率在每年 10 月支付（11 520 英镑）。

表 15–4　　极限滑板现金流量表

（单位：千英镑）

	收款	付款						净额		
	销售额	材料	工资	营销	专业费用	机械	租赁	现金流	期初现金	期末现金
10 月			3.00	3.00			11.52	–17.52	0.00	–17.52
11 月			3.00	13.00		55.68		–71.68	–17.52	–89.20
12 月		14.80	3.00	3.00				–20.80	–89.20	–110.00
1 月			7.00	3.00				–10.00	–110.00	–120.00
2 月			7.00	3.00				–10.00	–120.00	–130.00
3 月	54.00	6.66	8.30	3.00				+36.04	–130.00	–93.96
4 月	54.00	8.88	8.30	3.00				+33.82	–93.96	–60.14
5 月	45.90	11.84	8.30	3.00				+22.76	–60.14	–37.38
6 月	37.80	11.84	8.30	3.00				+14.66	–37.38	–22.72
7 月	13.50	11.84	8.30	3.00				–9.64	–22.72	–32.36
8 月	13.50	11.84	8.30	3.00				–9.64	–32.36	–42.00
9 月	10.80	11.84	8.30	3.00				–12.34	–42.00	–54.34
10 月	10.80	5.92	8.30	3.00			11.52	–17.94	–54.34	–72.28
11 月	27.00	11.84	8.30	3.00				+3.86	–72.28	–68.42
12 月	48.60	11.84	8.30	3.00	3.00			+22.46	–68.42	–45.96
总计	315.90	119.14	106.00	55.00	3.00	55.68	23.04	–45.96		

当创始人审视这个预测时，他们发现，尽管公司的盈利性很好，但每个月都有现金赤字，2 月份达到最大值 13 万英镑。当年的总赤字是 45 960 英镑。他们还观察到，年底赤字减少，此时正值销售的黄金时段（以及销售的现金收入）来临之际，并推测赤字可能在下一年得到扭转。因为他们不想和别人分享一家如此赚钱的公司的所有权，他们决定投入 4.2 万英镑的自有资本，包括 3 万英镑的股本和 1.2 万英镑的两年期无息贷款。他们决定寻求银行融资，也可能是透支，以获得资金余额。修正后的现金流预测如下所示。2 月份的最高透支需求是 88 000 英镑，但此后这一需求迅速降低。然而，创始人认识到这只是一个预测，事情可能会出错，所以他们决定向银行申请 12 万英镑的透支额度。

表 15–5 **修正后的现金流预测表**

（单位：千英镑）

	净现金流量	资本	期初现金	期末现金
10 月	–17.52	42.00	0.00	+24.48
11 月	–71.68		+24.48	–47.20
12 月	–20.68		–47.20	–68.00
1 月	–10.00		–68.00	–78.00
2 月	–10.00		–78.00	–88.00
3 月	+36.04		–88.00	–51.96
4 月	+33.82		–51.96	–18.14
5 月	+22.76		–18.14	4.62
6 月	+14.66		4.62	19.28
7 月	–9.64		19.28	9.64
8 月	–9.64		9.64	0.00
9 月	–12.34		0.00	–12.34
10 月	–17.94		–12.34	–30.28
11 月	+3.86		–30.28	–26.42
12 月	+22.46		–26.42	–3.96
总计				

预测资产负债表

资产负债表是一个时间点的快照，它显示了以下两个方面。

- 公司拥有的资产——现金、债务 / 应收账款（你的销售欠款金额）、存货 / 库存（原材料、在制品和产成品库存）和固定资产（公司需要保留多年的物品，如设备、机械、车辆、房屋等）。

- 这些资产的资金来自何处——透支、贷款、债权人 / 应付账款（你欠商品和服务供应商的金额）、投资于公司的股本和公司的累计利润（记住，利润测量的是公司的所有资产如何通过交易活动得到增加）。

资产负债表有两个部分，它们必须始终保持平衡。如果你起草一份资产负债表，当你向新公司投资 10 000 英镑时，它会显示两件事：现金 10 000 英镑和股本 10 000 英镑。如果你继续用 10 000 英镑的现金购买资产，这些资产将与其购买价格一起列出，而资产负债表的另一边将保持不变，会显示 10 000 英镑的资金来自何处。如果你能拿到更多的资金或信贷，这将在资产负债表中显示为负债，而在资产负债表的另一边，所购资产则被记为资产。例如，赊购 5000 英镑的存货 / 库存将作为债权人 / 应付账款显示在资产负债表的一边，存货 / 库存位于另一边作为资产。一旦公司开始交易，并通过收取高于生产成本的产品 / 服务价格而获得利润，公司的资产就会开始增长。

资产	10 000 英镑	债权人 / 应付款	5000 英镑
存货 / 库存	5000 英镑	股本	10 000 英镑
	15 000 英镑		15 000 英镑

作为正常交易的一部分，存货 / 库存被拿来出售，因此会显示在现金流量表以及最终的损益表中。然而，当一家公司购买固定资产（这种资产是用来创造价值的，而且会持续数年）时，它必须找到一种办法，将这些资产的成本分配到损益表中。当花费现金时，固定资产的现金成本在现金流量表中进行确认，而资产的成本需要在其使用寿命内分配给损益表。折旧是一种在利润表中表明这一点的方法。它不是现金支出，因此是利润和现金流之间的主要差异。

计算折旧最简单的方法为“直线法”，即在资产的使用寿命内等额注销资产。例如，如果资产成本为 10 000 英镑，使用寿命为 5 年，到时候可以按 2000 英镑的价格出售，则年折旧为：

$$\frac{\text{初始成本} - \text{最终残值}}{\text{固定资产使用寿命}}$$

$$= \frac{10\,000\text{ 英镑} - 2000\text{ 英镑}}{5} = 1600\text{ 英镑 / 年}$$

资产的价值每年下降 1600 英镑。在第一年底，其价值为 8400 英镑，第二年底为 6800 英镑，如此直到第五年，它将成为 2000 英镑。折旧不代表任何现金支出——这个支出在购买资产时发生。

除了列出公司拥有的资产和负债外，资产负债表还强调了股东的总投资，即股东资金——股本加累计利润。在资产负债表的另一边，这代表股东拥有的净资产——总资产减去总负债。

案例洞察

极限雪板：构建财务预测——资产负债表

在头 15 个月的交易后，创始人现在要为极限雪板起草资产负债表了。他们意识到，他们拥有的资产包括机械、滑雪板存货、销售欠款（称为应收账款）和提前支付的租赁成本（称为预付款）。他们也认识到，自己欠着材料购买费（称为应付账款）和透支。

表 15–6　　极限滑板资产负债表（英镑）

机械	**成本 – 折旧**	= 55 680–8700	=46 980
存货 / 库存	板的数量 × 平均成本	= 640 x 71.15	= 45 538
应收账款	11 月 +12 月销售额	=48 600 + 59 400	= 108 000
预付款	9 个月的租赁成本	= 960 × 9	= 8640
总资产			209 158
应付账款	11 月 +12 月采购	=（320 + 240）× 37	= 20 720
透支	来自现金流预测		3960
股东资金：			
创始人贷款资本		12 000	
创始人股本		30 000	
本年利润		142 478	184 478
资本和负债			209 158

比率分析

公司的绩效可以用一种称为比率分析的技术来分析。投资者希望自己的投资回报最大化。如果他们投资 100 英镑并得到 10 英镑，获得 10% 的回报，那么他们就可以对比其他的投资机会。拥有公司全部资产的所有者（股东）希望自己获得的投资回报最大化。股东回报率是一个关键的绩效比率，投资者期望它尽可能高：

$$股东回报率 = \frac{净利润}{股东资金}（以百分比表示）$$

为了最大化这个值，运营利润应当尽可能高，利息应当尽可能低，股东资金也应当尽可能低。这就存在一种两难境地。保持股东资金低的一个办法是借贷（股东资金 = 总资产 – 负债），但这会增加利息支付和减少净利润。所以，问题就是，要借多少钱？答案是，只要你能获得超过利率的贷款回报，尽可能多地借款就是值得的。

例如，创始人将 5000 英镑投入公司，然后以 10% 的利率获得 5000 英镑的银行贷款。如果这项投资的回报率是 25%，那么他们就会在银行贷款上获得额外的 15%，即 750 英镑（5000 × 15%）。这直接归创始人所得，加上他们自己投资所获的 1250 英镑（5000 × 25%），总共带给他们 2000 英镑，相当于 40% 的股东回报（2000 ÷ 5000 × 100%）。这个做法的不利方面在于，随着借贷水平的提高，企业的财务风险也增加了。不管利润是多少，公司都有义务支付 500 英镑的利息。如果公司只能从 10 000 英镑中获得 5% 的回报，那么所有的钱都将用于支付利息（10 000 × 5%=500 英镑），这样股东们就会一无所获，尽管他们已经投资了 5000 英镑。适当的借贷水平是经典的风险 / 回报权衡决策——这是个判断问题。正如我们将在本章后面看到的那样，银行有一些基准比率来告诉它们如何进行贷款决策。

就公司而言，关键的绩效比率是总资产回报率，这测量的是公司的运营绩效（去除了借贷的影响），必须尽可能高。

$$总资产回报率 = \frac{运营利润}{（股东资金 + 贷款资本）}（以百分比表示）$$

其中，股东资金 + 贷款资本 = 总资产 – 流动负债

不过，请注意创始人是领工资的，这在计算运营收入时是被扣除的，因此如果工资过低或高得不切实际，比率（及股东回报）可能会被扭曲。

公司为了尽可能高效，要做两件事情：最大化运营利润，最小化总资产减流动负债。在比率分析中，可以通过分别查看利润管理和资产管理来帮助理解这一点。

利润管理

利润通常随着营业额的增加而增加。因此，孤立地看待利润并不能告诉你公司的运营

效率如何。你需要根据利润占销售额的比例来评估。

运营利润率测量的是相对于销售额或营业额的整体盈利能力。它反映的是，与你所面临的成本相比，你可以收取的价格是多少。这个比率应尽可能高。

$$运营利润率 = \frac{运营利润}{销售额（营业额）}（以百分比表示）$$

毛利润率反映了对产品 / 服务的直接成本（即销货成本）的控制度，它应该尽可能高。

$$毛利润率 = \frac{毛利润}{销售额（营业额）}（以百分比表示）$$

毛利润率不同于边际贡献率（它反映了你对可变成本的控制）。与销售额相比，公司经常对这个比率进行进一步分解，查看主要直接成本（如材料或劳动力）的比率。

资产管理

资产也往往会随着销售额的增加而增加。因此，孤立地看待资产水平并不能告诉你公司的运营效率。下面的关键比率测量的是资产相对于销售额或营业额的使用效率。它们都用数字表示，并应尽可能高。

$$总资产周转率 = \frac{销售额（营业额）}{总资产}$$

$$应收账款周转率 = \frac{销售额（营业额）}{应收账款}$$

$$库存周转率 = \frac{销售额（营业额）}{库存}$$

流动性

还有一些比率用来测量公司的流动性。任何提供信贷的人都对前两个特别感兴趣，因为它们测量的是公司偿还债务的能力。它们都用数字表示：

$$流动比率 = \frac{流动资产}{流动负债}$$

这个指标预计应当大于 1，表明流动资产超过流动负债。

$$速动比率 = \frac{不包括库存在内的流动资产}{流动负债}$$

预计这个指标接近 1，可能低至 0.8。借贷水平被称为资产负债率或杠杆比率，它的测量比率对银行家尤其重要。高联动或高杠杆是风险很大的。

$$资产负债率或杠杆比率 = \frac{所有贷款 + 透支}{股东资金}（以百分比表示）$$

银行家喜欢这个比率低于 100%，这意味着股东比银行投入的资金多。对于成长中的公司来说，情况往往并非如此。如果这个比率超过了 400%，就被认为风险非常高——公司可能会失败。然而，有些管理层收购的杠杆率甚至超过了这个水平。银行家也经常会考虑所有短期贷款（一年内到期的贷款）的比例。他们也关心利息支付的担保。

$$利息保障倍数 = \frac{运营利润}{利息}（用数字表示）$$

这是测量利润覆盖利息的倍数，数值越高越好。

评估绩效

比率可以让你评估绩效。它们之所以很有用，是因为它们用一个数字相对另一个数字来测量，因此可以体现增长。比方说，随着业务的增长和销售额的增加，应收账款必然会增加，但重要的不是应收账款的绝对值，而是其与销售额的关系（以应收账款周转率来测量）。同样，你无法知道一家公司的 200 万英镑利润是否比另一家公司的 100 万英镑利润更好，除非你知道它们为达到这个目标投入了多少资金。

要获得更高的股东回报，公司需要有效的利润管理和资产管理。简单来说，利润率要尽可能高，而资产要尽可能少。对这些比率进行系统性的计算，可以为你提供相关线索来了解利润是如何增加的，以及资产可能在哪里减少了。当然，要做到这一点，你需要一些参照的基准。利率是一个基础的参照基准。总资产回报率永远不应该低于这个水平，否则你最好关掉公司，把钱存入银行。其他所有的测量指标都是一个判断问题，但你可以根据以下情况对其进行评估。

- 预测。可根据预测的和实际的财务信息来计算比率。将实际财务绩效与预测的财务绩效进行比较，这是有效财务控制的一部分。
- 随时间变化的趋势。比率确实会随时间的推移而变化，而趋势可以带来好消息和坏消息。
- 业界标准。以行业为基础的比率，通常基于公开的财务报表，由多个组织制定。例如，在英国，有企业间比较中心（Centre for Interfirm Comparison）和 ICC 商业比率（ICC

Business Ratios）。这些都是判断预测现实性的重要参照基准。如果你的利润高于业界常态，那么你如何证明其合理性？创始人和投资者使用这些标准和比率来验证一系列财务预测。

案例洞察

极限雪板：构建财务预测——评估绩效

创始人现在可以使用比率分析来评估极限雪板在最初15个月交易的表现了（单位：英镑）。

$$\text{总资产收益率}=\frac{\text{净利润}}{\text{股东资金}}=\frac{142\ 478}{184\ 478}=77.2\%$$

$$\text{运营利润率}=\frac{\text{运营利润}}{\text{营业额}}=\frac{142\ 478}{423\ 900}=33.6\%$$

$$\text{毛利润率}=\frac{\text{毛利润}}{\text{营业额}}=\frac{200\ 478}{423\ 900}=47.3\%$$

$$\text{边际贡献率}=\frac{\text{单位贡献率}}{\text{单位售价}}=\frac{98}{135}=72.6\%$$

$$\text{安全边际}=\frac{(\text{营业额}-\text{盈亏平衡点})}{\text{营业额}}=\frac{(423\ 900-257\ 516)}{423\ 900}=39.2\%$$

$$\text{总资产周转率}=\frac{\text{营业额}}{\text{总资产}}=\frac{423\ 900}{209\ 158}=2.0$$

$$\text{应收账款周转率}=\frac{\text{营业额}}{\text{应收账款}}=\frac{423\ 900}{108\ 000}=3.9$$

$$\text{存货周转率}=\frac{\text{周转率}}{\text{存货}}=\frac{423\ 900}{45\ 538}=93$$

尽管创始人没有任何行业标准可以参照，而且在交易的第一个阶段也看不到趋势，但他们认为，就任何标准而言，这都是一个优秀的水平，反映了高利润率和严格的成本控制。不过，他们知道，他们接受的薪水比自己希望的低（估计这带来了额外的20 000英镑），而且为公司提供了无息贷款（估计节省的利息成本为2000英镑）。他们计算出，如果收取这些成本，总资产的回报率将会下降到65%，营业利润率会下降到29%——这仍然是很好的。应收账款周转率反映了他们对商店要求的2个月信贷期限，而很高的库存周转率既反映了滑雪板价格体现的高附加值，也反映了他们尽力坚持的最低库存政策。

高安全边际使他们相信，这是一个相对低风险的业务。他们俩确实打算在第二年的运营中，给自己支付更多的薪水。不过，通过快速的计算表明，在这个盈利水平上，他们可以把自己的工资翻一番，而仍然取得50%以上的总资产回报率。这给了他们信心，如果一切按计划进行，他们应该期望在第二年扩大业务。

$$\text{流动比率}=\frac{\text{流动资产}}{\text{流动负债}}=\frac{162\ 178}{24\ 680}=6.6$$

$$\text{速动比率}=\frac{\text{不包括存货在内的流动资产}}{\text{流动负债}}=\frac{116\ 640}{24\ 680}=4.7$$

尽管早期需要现金，但公司在第一个期末看起来流动性很高，因为与应付账款相比，应收账款的价值更高，这同样反映了滑雪板价格的高附加值。然而，他们俩非常清楚，在今年早些时候，当实际透支额高得多时，这些比率会低得多。

$$\text{杠杆率}=\frac{\text{所有贷款}+\text{透支}}{\text{股东资金}}=\frac{15\ 960}{184\ 478}=8.7\%$$

这个杠杆率水平不仅很低，而且未偿还的无息贷款都是来自创办人而非外部借款人。这使他们认为，公司不仅可能在明年初偿还他们的贷款，而且在借钱进行扩张时，应该会处于非常有利的地位。创始人总结说，这些财务预测看起来非常鼓舞人心。不过，出于固有的谨慎，他们意识到这些都只是预测，他们俩必须努力地将其变为现实。

对你的公司进行估值

对一家业已成型的公司进行估值可能很难，对一家初创企业进行估值更是如此，因为这涉及很多不确定性，也缺乏任何可以评估未来预期收入的历史记录。然而，如果你正在寻求股权投资，那么投资者在向你出价购买一定比例的股权之前，会尽力判断公司的价值。因此，在寻找外部投资者之前，你自己尝试对公司进行估值，这是值得做的事情。这有助于你进行判断，你可能需要放弃多少股权来筹集一笔给定的投资。

因此，举例来说，如果他们向你提供50 000英镑来购买20%的股份，他们对公司的估值就是250 000英镑（50 000/0.2）。如果你断定投资者对某项投资所要求的股权额度过高，那么实际上就是，你认为公司的价值要高于他们的估值（如果你认为50 000英镑只值10%，那么你对公司的估值就是500 000英镑）。在这种情况下，你可以调整自己的财务模型来减少你需要的股权投资额，或者找到某种方法说服他们提高他们对公司的估值。例如，信息不对称可能会导致投资者意识不到你掌握的某些信息，从而给出一个较低的公司估值。

有两种广泛使用的公司估值的方法，如下所示。

- 资产的市场价值。资产丰富的公司，如农场或自有零售场所，常常以这种方式进行估值。应收账款、存货、设备、固定装置和营业装修等有形资产，尤其是不动产，按其市场价值估值。对于某些类型的公司，这可能会比第二种方法给出的估值更高。但对于任何公司来说，资产价值都只是一个最低估值。
- 利润乘数。许多公司，尤其是那些几乎没有有形资产的公司，都是以净利润的某个倍数为基础进行估值的。例如，如果适当的利润乘数是5，那么一家年利润10万英镑的公司，其价值为50万英镑。如果乘数是20，那么其价值为200万英镑。如果你看金融媒体（如《金融时报》），每一家上市公司都会报出其市盈率（PE ratio），这就是当前股价代表（上一年）净利润的倍数。

公司也可以用这两种方法的组合来进行估值。如果有有形资产（比如不动产），那可以按市场价值以及基于利润乘数所增加的商誉因素来估值。

虽然金融媒体上报道的市盈率是基于实际报告的利润，但初创企业只有预测的利润。原则上这并不是一个问题，因为股票和股权的买家感兴趣的是公司的未来利润，而且只把实际利润作为一个间接测量尺度。然而，影响乘数大小的一个要素是收益的“质量”。公司盈利交易的记录越长，乘数就可能越高。因此，没有历史业绩记录的初创企业，其对乘数的要求往往低于已经立足的公司。其他因素可能会增加乘数的大小，是因为它们使利润预测更可信，例如管理团队的经验，或在启动前就有可观的订单。不同的行业部门往往有不同的乘数，这反映了人们对该行业存在的风险的认知。所认知的风险越低，乘数越高。因此，如果投资者认为你的公司面临的风险越高，那么他们给出的乘数就会越低。然而，尽管面临着风险，但如果人们相信，通过创建一个全新的行业（如Facebook或Twitter），参与颠覆性创新或新技术的初创企业就可能会获得巨大的先发优势，那么他们有时候也会给出一个很高的乘数。不得不说，事实证明这些估值经常是人们没有发现的。

那么，关键的问题在于，利润的乘数是多少？没有简单的答案，一切都是个判断问题。就像任何产品或服务的价格一样，它需要一个有意愿的买家和一个有意愿的卖家——一家公司可以像任何产品或服务一样被“营销”。但是，对于一家初创企业来说：

- 风险很高；
- 没有过往记录；
- 如果买家希望出售其股份，没有可供出售的既定市场（这与上市公司不同）。

这些因素意味着，对于一家初创企业，个位数的乘数在目前是相当正常的。然而，如果你的公司涉及颠覆式创新，那么乘数可能会高得多。一旦公司成型，有了得到事实证明的业绩记录，乘数就会提升。如果你决定卖掉公司，一家大公司出于某种原因认为它在战略上很重要，那么这个乘数可能会非常高。例如，安飞士公司在 2013 年购买 Zipcar 时，支付了 5 亿美元——34 倍于它的 1460 万美元净利润。

在公司估值中，那些你无法控制的外部因素也很重要。由于预测经济活动减少，2008 年的金融危机使得私营公司的估值大幅下降。随着经济走出衰退，估值应该会提高。另一个因素是利率，高利率通常意味着较低的乘数，因此估值也较低，因为对公司的投资在与市场利率竞争。在撰写本书时，利率非常低，因此未来的增长将意味着估值应该会下降。不过，净效应很可能是公司估值在未来会提高。为初创企业筹集股权融资经验的会计师可以就特定部门的乘数提供“现行利率”建议。

解决早期估值问题的一种方法（特别是对于快速高增长的公司）是推迟估值，但要详细说明如何在未来某个时间确定估值。然后，最初的投资者根据这个未来估值的折扣获得股权。当分阶段寻求股权融资时，这尤其有效，而且在后期阶段估值更容易进行。例如，一家新公司获得 10 万英镑的股权融资，其前提是，当一年内需要 20 万英镑时，该估值将以下一个投资者估值的 50% 折扣为基础。如果估值为 200 万英镑，投资者获得 10% 的股权，那么原始投资者也将获得 10%，体现 50% 的折扣。

案例洞察

极限雪板：构建财务预测——对公司进行估值

创办人对极限雪板在最初 15 个月交易中的表现非常满意，并通过比率分析对其进行了评估。尽管他们没想这么早就卖掉公司，但他们很好奇，如果他们实现了目标，这个公司会值多少钱。

从最初开始，他们把自己的 4.2 万英镑投入极限雪板，建立了一家拥有约 18.4 万英镑资本或净资产的公司（尽管其中近 5 万英镑的机器在市场上也许不一定值这个价）。与此相反，他们本来希望拿更高的薪水，但却没有对公司的贷款收取利息。这将使利润和资产减少约 2.2 万英镑。不过，如果他们能以 18.4 万英镑的价格变现或出售这些资产，那将使这家公司变得有价值。

然而，他们了解到，一家欣欣向荣的公司通常按照其利润的倍数来估值，带着约 14.2 万英镑的净利润（或扣除他们额外工资和利息后的 12 万英镑），他们试图找出这个倍数可能是多少。问题是，没有人会给他们一个确切的暗示。一方面，有人告诉他们，这家公司可能有很大的未来潜力，但另一方面，它没有历史记录，股市由于金融危机也普遍低迷。他们得到的倍数从 12 到 3 不等，尽管大多数顾问认为在这个阶段，倍数可能是个位数。在这个宽泛的范围内，公司的估值在 42.6~170 万英镑之间（或扣除他们的额外工资和利息后，在 36~140 万英镑之间）——这远远超过了净资产。

创始人大吃一惊。考虑到净资产价值和收入的最低倍数，该公司的价值在 18.4 万至 42.6 万英镑之间（算上额外的工资和利息，为 16.2~36 万英镑）。对于 4.2 万英镑的投资和超过 15 个月的大量辛勤工作来说，这很不错。不管他们怎么看，如果预测得以实现，公司将会非常成功，这使得他们比以往更加坚定。

问题：

1. 仔细研究极限雪板的所有财务预测，确保你了解它们是如何构建的，以及信息来自何处。
2. 你认为他们依据的假设是现实的吗？如果不是，请对你所做的任何改动进行效果评估。
3. 你同意创始人对公司预期业绩的看法吗？他们对公司的估值是否现实？
4. 展望未来，这些预测是否会提醒你，公司面临什么潜在问题？

监控绩效

准备好收入、现金流和资产负债表的预测后，你会认为工作已经完成了，这情有可原。不幸的是，要实现这些预测目标，还需要更大的努力。这些预测可以用来监控你的绩效，并帮助你控制公司。它们提供了一个框架，根据这个框架可以判断公司的绩效。通过及时比较实际财务结果和预测结果，你可以进行“例外管理”，只在绩效偏离你的预测时进行干预。这可以让你腾出时间去专注于战略或处理实际的业务问题。

基于计算机的会计系统提供了你监控绩效所需的财务信息，通常是按月提供。然而，有时候它们能提供的财务信息如此之多，以至于你会变成“数字盲”——由于提供的细节太多而无法看到重要的信息片段。事实上，大多数公司都可以只通过监控六条信息来进行控制，这些不同但至关重要的信息会把公司的绩效告诉你。这些信息被称为财务驱动要素，它们就像汽车仪表盘上的仪器，告诉你关于公司的引擎的不同事情。不同的信息在不同的时间和环境中都很重要。在一条有速度限制的道路上，你要注意自己的车速表。当速度换挡时，你要注意转速表。当汽油不足时，你的眼睛从不偏离燃油表。

你需要知道如何推动公司的知识，财务驱动要素会把所有这些都告诉你。它们可以在一张纸上再现提供公司运作方式的主要信息。如果它们揭示了一个问题，就需要更多的信息来准确诊断原因和采取适当的纠正措施。有六个财务驱动要素，如下所示。

- 现金。它对监控你的流动性（现金流和现金余额）至关重要。在公司创立的早期，你在通过死亡谷时，可能需要按周来对其进行监控。如果你确实缺乏现金，那么你可能必须每天监控它。
- 销售额/营业额。这告诉你的是公司的业务量，它驱动其他所有的财务结果。在公司创立的早期，你可能需要每周甚至每天对其进行监控。如果比预测超前，你是否有资源来满足增长的需求？如果你落后于预测，那么是否有足够的销售线索，或者你必须削减开支？
- 利润率。这告诉你的成本是否与销售额相符。只有以适当的价格以及成本处于控制下达成销售量目标，才能实现你的目标利润率。运营利润率、毛利润率和边际贡献率都为你提供了不同的信息。它们可能只需要按月监控。
- 安全边际。它告诉你公司的运营风险。如果安全边际日益恶化，就应该敲响警钟。这意味着你正在接近盈亏平衡点，可能意味着销售量下降，边际贡献率没有得到维持（价格打了折扣，或可变成本增加），或固定成本失控。如果安全边际恶化是由于销售下降，那么你可能会尝试降低固定成本，尤其是那些你有一定自由决定权的成本。因此，这是一个强有力的信息，应该按月监控。
- 生产性。对于大多数公司来说，它们面临的最大和最重要的开支就是工资成本，因此它需要小心地加以控制。工资最好是根据其产生的生产力来测量，对于许多公司来说，用工资占销售额的简单百分比来测量是最容易的。通常有行业标准来比较这一点。例如，在英国的许可贸易中，酒吧员工的工资应该占销售额的20%左右。如果高一点，酒吧就会员工太多；如果低一点，那就会人手短缺——这是一个粗略但简单有效的测量尺度，至少需要按月检查。当然，要实现这个参照标准，员工需要轮班工作，并在高峰时期调入。
- 应收账款和/或存货周转率。类似地，大多数公司的资产负债表上都有一项重要的流动资产，占到总资产的50%以上。对于服务公司来说，这可能是应收账款，对于零售公司来说，这可能是存货，而对于制造业的公司，可能两者都有。你可以用应收账款和存货周转率来监控这个投资，同样也是按月监控。

控制绩效

预测并不只是用于初创企业。随着公司的发展，你应该继续准备财务预测，因为它们有助于你对公司进行控制。对一家成熟的公司所做的预测被称为预算，它们可以在部门级别和公司级别来进行准备，这与你组织公司的方式相一致（见第 12 章）。你可以使用预算帮自己把责任委托给管理团队，随后按照你的领导风格来监控他们的绩效（见第 13 章）。然后，预算流程可以用作管理团队沟通和协调活动的流程。它可以成为一个系统化的工具，用于建立绩效标准，提供激励和评估你的管理人员取得的成果。

在这个让管理者负责的过程中，一个基本的要素是，每个人都要清楚自己的责任，而且确实控制着公司运营的这个方面。没有授权就无法分配责任。除此之外，一个清晰的管理结构是基本的必要条件。这里的原则是，让每个管理者对其控制的成本和收入负责，即使他们之后又把责任下放。

当然，如果管理者要对他们控制的成本和收入负责，他们会希望参与预算过程。这与分散型领导风格是一致的，在这种风格下，你希望让他们参与到公司战略的制定中来。事实上，随着公司的增长，他们应该比你更了解他们所负责的领域。因此，让管理者参与制定他们自己的预算，就意味着他们应该保持现实。如果预算要激励员工，他们必须认可这些责任，并相信这是现实的和可实现的。一旦他们接受了自己将要被评判的绩效标准，他们通常会努力实现这些标准。从上面强加预算通常会引起不满，并导致缺乏承诺。

为你的公司建立有效的监控流程，有助于你进行管理。它们将帮助你授权和控制，帮你实现自己的目标，也为你的公司增加价值。

小结

- 对于一家新公司来说，要想生存和发展，必须具备财务上的可行性。这意味着它需要盈利和高效，有足够的流动性来支付账单，同时使自己面临的风险最小化。
- 利润用销售额或营业额减总成本来测量。它以公司所拥有的全部资产的增长来表示。
- 利润不同于现金流。你可能盈利但流动性不足，没有现金来支付自己的账单。如果你无法支付账单，就会有破产的风险。因此，一家新公司在通过“死亡谷”时，需要谨慎地规划和监控现金流。
- 资产负债表显示了公司某个时间点的大致情况，显示了公司拥有的资产以及这些资产的资金来源。

- 商业计划可以提供这些信息，包括三年（大型项目为五年）的预测损益表（包含盈亏平衡预测）和资产负债表。你的现金流预测将显示你启动公司所需的资金。
- 应当至少提供第一年（如果存在重大的商业化风险则需更长时间）的月度销售预测，销售和成本所基于的详细假设也应当列出来。
- 比率分析可以让你评估你的财务绩效。它既可以基于预测，也可以基于实际的财务信息。比率可以跟行业标准比较，或用来评估随时间变化的趋势。
- 公司可以根据其资产来估值，或者根据收益或净利润的乘数来估值，或两者兼而有之。然而，没有确定的公式来判断这个乘数应该是什么。
- 另一种方法就是推迟估值，特别适用于快速的高增长型企业，但要列出未来某个时间如何确定估值的细节，而不是直接对初创企业进行估值。然后，初始投资者根据未来估值的折扣获得股权。
- 实际绩效通常与预测绩效（称为预算）进行比较。随着公司的成长，以分散化方式来编制和监控预算能够鼓励授权，并有助于控制管理者的绩效。
- 财务驱动要素是测量公司财务绩效的主要指标：现金、销售额、利润率、安全边际、生产性、应收账款和 / 或库存控制。它们可以快速轻松地计算和监控。

N
E
W
VENTURE CREATION:
A FRAMEWORK FOR
ENTREPRENEURIAL
START-UPS

第 16 章

如何制定商业计划书

商业计划书的目的

商业计划书是一份正式的书面文件，常常用于外部目的，比如获取融资。这是你的业务规划过程的结果，这个计划应该说明你的公司寻求实现什么目标以及如何实现。没有可以用于制订“完美”商业计划的一定之规。不过，请记住，书面计划是一份正式的商业文档，需要简洁、专业和良好的呈现。虽然下一节给出了一个通常形式的计划，但每个计划都是专门针对自己公司的，它与其他公司的计划不一样。各部分可能会扩充或压缩，为了适应不同的情况，最好省略或添加整个部分。每家公司都是独一无二的。

计划书的复杂度和篇幅会随着初创企业的规模不同而有所变化。更重要的是，这可能会因撰写计划的目的而有所不同。如果仅仅是为了帮你系统地组织公司，那么只可能简短而实用，几乎类似于“备忘录”或总结计划，篇幅为 10 页或更少。在这种情况下，使用新公司创立框架来制订计划的原则可能比书面计划更有价值。然而，书面计划仍然可以提供一系列宝贵的里程碑式的节点来检查进度。如果假设和情况发生变化，那么你可能不得不开始修改自己的计划。商业计划书应该足够详细，并能够给你指明方向，但绝不能死板得让你看不到新的机会或威胁。

如果商业计划书打算用于外部，例如帮你筹集资金，那么它需要更全面、更完善地呈现，而且不可避免地需要更长的时间来准备。毕竟，这是一份用来把你的公司“销售”给出资人、供应商或商业伙伴的文件。这样一份完整的商业计划通常会长达 20 页左右，而财务预测和其他细节将在附录中列出。如果你打算筹集资金，那么你想要筹集的资金越多，它就越需要写得透彻一些。事实上，如果你试图筹集股权融资，那么它将需要极为透彻和完善地呈现。尽管你可能会让商业计划书保持大致相同的长度，但附录可能会很容易就长达 30 页并放在一个单独的文档中。话虽如此，但还是要尽量使计划简明扼要，不要无谓地把它拉长。

正如我们将在本章后面看到的那样，银行家感兴趣的东西与股权投资者略有不同。大多数股权投资者在跟创业者会见之前，更喜欢先看到一份商业计划书（或至少是执行摘要）。一些大型初创企业的计划可能会采用专业制作的小册子呈现。不过，在计划中包含足够的细节来说服阅读者知道你自己在说什么，但又不会因为内容过多而让他们失去兴趣，在这中间总有一个适当的平衡。事实上，过分关注运营可能会让股权投资者相信你是专注于产品而不是专注于市场，这肯定会让他们感到失望。

商业计划书的结构和内容

供外部使用的完整的商业计划书，其结构和内容如下所示。这是一个通用的形式，如前所述，为了适应不同的情况，省略或添加个别部分是可以的。每个部分的内容也可能需要调整，以适合你的公司。例如，对于一家零售型初创企业，位置是商业计划的一个关键组成部分；对于互联网初创企业，网络功能是商业计划的关键内容。你的计划书应该读起来像一份专业的商业报告——简明扼要，切中要害，充满了关键信息，它必须令人信服。下面是内容指南，（括号内的）指示性页码范围是基于典型的 20 页篇幅的商业计划书，如果有更多的内容，应放到附录里。

封面

封面应包含公司名称和联系方式。你应该考虑商业计划书是否需要标记为“机密”。

内容列表

这是一个包含章节和子章节的列表，带有页码。

执行摘要（1~2 页）

如果你在寻求外部融资，这可能是计划书中最重要的部分。许多股权投资者只会在发现摘要有吸引力时，才会继续阅读整个的计划书。这部分内容只有在完整的计划书完成后才写。在写这部分的时候，要在头脑里想着读者和计划的目的。如果它是用来吸引资金的，则应说明你对贷款人或投资者的请求，以及他们提供资金的话将会如何受益。

这必须是计划的摘要，而不是介绍。它应该突出你的产品 / 服务的性质、目标客户、价值主张和竞争优势。它应该通过突出公司的独特能力和潜力（包括财务回报）来吸引读者。如果计划是为了吸引股权投资者，它应该说明你提供什么样的交易；例如，“用 20% 的公司股权换取 10 万英镑”。

最重要的是，执行摘要必须聚焦和简洁，长度不超过一两页。

公司详情（1~2 页）

本部分包含公司名称、地址、法律形式和所有权等基本信息。它应包括：

- 你的产品 / 服务描述；
- 你的使命和愿景声明；
- 你的目标。

如果这是一家既有的公司，你应该包含一个简短的公司历史介绍。

行业和市场分析（2~3 页）

本部分提供你所在行业部门及市场细分的背景信息。它应该采用一种叙述性的形式，通过 SLEPT 和波特五力等学术模型提供信息。你应该审视一下你的竞争对手及其优缺点。你对行业和市场以及竞争对手的了解越多，阅读计划书的人对你在其中的竞争能力就越有信心。这部分应包括：

- 行业规模、增长、结构（宏观和微观 / 地方层面）；
- 行业和市场趋势（宏观和微观 / 地方层面）；
- 市场细分和目标市场选择的原因；
- 各细分市场的买家行为；
- 竞争对手分析（优势和劣势）；
- 如果是既有公司，市场份额如何。

在大多数行业中，为了参与竞争，行业参与者必须掌握一些关键的成功要素。这些都需要强调，但要判断对你的公司来说，什么是重要的。

客户和价值主张（2~3 页）

这部分概述你的目标市场细分和产品 / 服务的价值主张。你的独特销售主张必须清晰而简单地表达出来。在这样做的时候，你应该突出自己胜过竞争对手的差异化优势。差异点越多，这些差异点越强大、越可持续，就对你越好。

这也是你设定销售目标的地方。如果你的产品或服务有确定的订单，一定要提到这一点。

营销策略（3~4 页）

本部分提供了你如何实现这些销售目标的相关细节，不仅包括营销组合的详细信息，还包括销售策略的详细信息（产品或服务的实际销售方式）。除了启动战略，这里还应突出市场开发和产品开发带来的增长潜力有多大、你对竞争的反应，以及建立品牌的战略。它应该包括：

- 价格、促销、分销等；
- 启动策略；
- 销售策略；
- 品牌发展；
- 竞争反应；
- 产品和市场开发；
- 增长潜力。

投资者总是对定价策略特别感兴趣，因为这是公司盈利能力的首要决定因素。

运营计划（2~3 页）

本部分概述了你的公司将如何运行，以及你的产品 / 服务将如何交付。运营计划的内容因公司的性质而异。然而，重要的是强调你的公司的关键活动。运营计划必须使读者相信，你了解公司的运营——为了交付你的产品 / 服务，如何做任何需要做的事情。因此，如果业务控制的问题对公司至关重要，则需要涵盖这些问题。此外，关于可扩展性的前景，如果能证明公司比计划的更成功，也可以在本部分涵盖。你的战略选择是什么？这部分内容难以预测，但可能包括：

- 关键运营活动（如制造流程、商业模式等）；
- 伙伴关系；
- 业务控制；
- 知识产权问题；
- 可扩展性。

管理团队和公司结构（1~3 页）

本部分概述了参与公司的所有人员（他们的背景和经验的详细信息）以及你采用的组织结构。一家新公司的团队成员在业内有着公认的业绩记录或相关经验，这无疑会给任何初创企业增加可信度。记住，投资者最终投资的是人，而不是产品。一个有经验的董事会也能取得同样的结果。简短的履历可以放在附录中。对于更大的初创企业，可以在这部分介绍组织结构图。本部分应包括：

- 关键人员及其职能和背景；
- 公司组织或结构；
- 董事、顾问和其他关键合伙人；
- 技能差距和填补差距的计划。

资源（1~2 页）

本部分描述公司的设施、设备和员工要求。它应包括：

- 房屋和设施；
- 机械设备；
- 工作人员。

融资（1~2 页）

本部分重点突出你启动公司所需的资金。外部投资者会希望你投入一些资金。放款人会对他们面临的风险和可获得的担保感兴趣。股权投资者会对他们可能获得的整体回报以及如何实现这一目标感兴趣。本部分应包括：

- 创始人的贡献；
- 贷款和 / 或股权融资要求；
- 联动 / 杠杆；
- 股权投资者的时间范围和退出路径。

财务预测（1 页小结，再加附录）

投资者通常期望看到三年的财务预测，以及第一年的月度现金流预测。一家规模非常小的初创企业可能只提供第一年的财务预测。对于尚未解决重大商业化风险的大型项目，投资者可能期望有五年的预测。你应该提供一页财务摘要，并将详细的预测放在附录中。

放进附录中的财务细节应尽可能提供所需的全部信息，其中应包括：

- 收入预测；
- 现金流预测；
- 资产负债表预测；
- 关键比率；
- 你的财务预测依据的假设，尤其是销售预测的基础。

风险和战略选择（1 页）

本部分应确定你面临的关键风险，并解释如何监控和缓解这些风险。如果这些关键风险成为现实，那你就需要确定关键成功要素和你面临的战略选择。战略选择是有价值的，因为环境可能会变化，而且确实会改变。在不断变化的环境中，战略选择为你提供了灵活性。本部分应包括：

- 已识别的风险；
- 风险监控和缓解；
- 关键成功要素；
- 战略选择。

关键里程碑（1 页）

这些里程碑突出公司启动和发展所需的进展，通常结合了关键成功要素。它们可能包括原型完成、正式形成伙伴关系、获得资金、锁定关键客户等。本部分概述了重要事件的顺序和时间。

附录

任何重要的但可能妨碍商业计划书的流畅性的信息，都应列入附录。一个关键信息是财务预测依据的假设，特别是销售预测。这些需要清晰明确，你可以预计到投资者会仔细查看它们。本部分可能包括：

- 详细的财务预测；
- 财务假设——启动成本、销售预测的依据、固定 / 可变成本、利润率；
- 关键人员的背景信息（履历）；
- 位置信息（地图、布局等）；
- 运营信息（甘特图等）；

- 市场研究详情；
- IP 保护详情；
- 网站截图；
- 对于既有公司——历史财务报表、小册子等。

如果商业计划书用于外部目的，它必须使阅读者相信，你了解行业、市场和你想要建立的公司；它必须让他们相信公司的可行性——你有一个很好的产品 / 服务和价值主张，你知道如何与竞争对手对抗；它必须增强你的可信度，使他们相信你的判断。他们需要相信你能把自己的商业创意变成现实。所以，当你完成商业计划书后，要先请朋友或亲戚阅读，并给予你诚实的反馈。

准备商业计划书的五个实用技巧

- 尽量让计划书短小简单，不要凑数。计划应该足够长，可以充分涵盖项目，又要足够短，能保持读者的兴趣。要做到这一点，你需要优先考虑并专注于对你的公司重要的事情。如果你的计划过于复杂，你可能就会失去聚焦以及读者的兴趣。
- 尽量保持现实。销售目标、成本、里程碑期限等是否现实？如果你的要求不切实际，那你将永远不会获得贷款者和投资者的信任。低估实力而过度交付，比高估实力而交付不足更好。
- 使计划书清晰、具体、无歧义。市场细分是否清晰明确？目标是具体的和可测量的吗？目标和期限清晰吗？人们常常认为，缺乏明确性暗示着缺乏知识或承担责任的意愿。
- 检查你的拼写、语法、标点符号，最重要的是检查财务准确性。如果听众在你的陈述中注意到错误，就会损害你的可信度，可能会拖累你无法大步前进。计算机有语法和拼写检查功能——要用它们。使用电子表格软件进行现金流量预测，可以确保计算的准确性。
- 寻找专业建议。如果你没有信心靠自己将财务预测放在一起，请寻求专业建议，但要确保你了解它们是如何得出来的。

利用你的商业计划书获得融资

你最初的现金流预测显示你需要多少资金，第 14 章应该已经帮助你确定了适当的外部资金类型了。外部投资者希望你自己已经投入了一些资金。他们期望看到一份商业计划书，同时，虽然放贷者和投资者可能会从计划中看到相同的信息元素，但每个人对这些元素有不同的权重。然而，现实情况是，银行和股权投资者最终都投资的是人，而不是公司或计划。这个计划书只是与他们交流的一种方式，尽管是非常重要的一种方式。因此，它必须增强银行家或投资者对你和你的公司团队的看法。

在让任何人看到你的商业计划书之前，你需要考虑是否应该要求他们签署一份保密协议，这会对阅读者有保密性约束。如果你随后被邀请与放贷者或投资者会面，你需要很清楚，你是应该提出自己的计划，还是仅仅讨论它就行。如果你被要求陈述计划，那么你需要知道你有多长时间，然后准备一个专业的演讲。不过，首先回顾一下银行和投资者在寻求什么，这是值得一做的。

银行

银行从事贷款业务。在这个方面，它们就像任何其他商品供应商一样，而且你都可以去与很多银行接触。关于银行，需要记住的是，它们不进入有风险的业务。它们寻求在一段指定的时间内获得一定的利率，并看到他们的资本确保得到偿还。它们不分享一家公司可能获得的额外利润，所以不希望在出现问题时亏钱。更重要的是，如果银行经理借钱给后来失败的公司，他将损失惨重。因此，计划书需要说明，即使在最坏的情况下，公司如何支付贷款利息，如何在到期日偿还本金。在这方面，现金流预测是银行经理特别感兴趣的事情。如果公司正在寻求长期贷款用于产品开发或资本支出，且短期内偿还贷款的可能性很小，则计划书必须强调公司产生现金的能力，并考虑一年以上的时间。此外，银行对盈亏平衡和杠杆比率也特别感兴趣。在一个理想化的情况下，他们希望这两者都尽可能低一些。

银行经理代表了一套与许多企业家不同的价值观和实践。他们是员工，而不是独立的专业人士，只在非常严格的指导方针下放贷。他们经常说“一种不同的语言”，并且遵守为数众多的规则和规定，而企业家可能觉得这些规则和规定非常乏味。由于他们交易的是金钱，所以往往不能在没有得到上级批准的情况下独自做出决定。在这种情况下，商业计划书是帮助他们获得贷款授权的必备武器。任何经理都只能在银行自己的政策范围内，以可接受的风险水平和足够的担保来提供贷款。然而，这三个约束条件中的每一个都需要进行判断，因此公司不仅可以通过商业计划书的风格和内容，还可以通过创始人及其团队的可信度和过往记录来影响这个判断。

银行经理们受过严格审查商业计划的培训。所以，你要做好会受到质疑的心理准备。他们会询问商业计划书所基于的假设，会询问风险，也总是会对计划书中的一些主张提出问题，因此你的回答必须能够支持他们。要避免以笼统化来掩盖你知识上的弱点的任何倾向。你的计划书应当甄别出公司面临的风险，然后让银行经理放心。他们往往不喜欢那些他们认为过于雄心勃勃的计划，因为他们并不分享成功，而且认为这是不必要的风险。

无论商业计划书有多好，银行家们仍可能要求提供个人担保。毕竟，如果他们不问，他们就肯定不会得到。从他们的角度来看，这确实会使贷款都更加安全。但要做好讨价还价和四处寻访的准备。这只是一个销售谈判，就像其他任何谈判一样，银行家试图“销售”一笔贷款给你，尽管是以某个价格和一定的条件。

股权投资者

潜在的股权投资者通常会希望在和你会见之前看到一份商业计划书。而且，尽管大多数企业家会向多个投资者提交商业计划书供其考虑，但大多数投资者都会被寻求资金的众多商业计划书淹没。在 20 个人当中也许只有 1 个人会参加面对面的会议。因此，在很大程度上，投资人在初步阅读计划是否会决定后续面谈，关键取决于计划书的质量。商业计划书是企业家的第一个、往往也是最好的一个机会，他必须以投资建议的质量给潜在投资者留下深刻印象。因此，一份好的执行摘要至关重要——许多投资者除此之外不会阅读更多的内容。

由于这一点，以及股权投资者会分享公司的风险和回报这一事实，商业计划书往往篇幅会更长。它们更全面，提供更详细的信息，呈现得也更好。正如我们在第 14 章中看到的，投资者希望知道他们将获得什么样的回报，以及什么时候获得回报（即退出路径）。他们需要确信，创始人及其团队跟这个商业创意一样好，他们是值得信任和值得投资的正确人选。一方面，提案要足够吸引人；另一方面，又要现实地解决提案中固有的诸多风险，特别是如何应对快速增长。在这两者之间需要一种谨慎的平衡。要做到这一点，计划需要强调公司的优势，特别是与竞争对手相比的优势。所有的计划书背后都有人，而投资者就像银行经理一样，需要确信你和公司团队能够兑现自己的承诺。人们常说，投资决策中最重要的一个要素就是公司管理层的信用和质量。

任何交易中最困难的方面是决定各种合伙人之间的股权分割。简单的回答是，没有这么一套规则，最终结果将取决于提案的吸引力和相关个人的谈判技巧。投资者通常不会要求控制公司（即超过 50% 的股份），因为这可能会影响你的积极性，但他们希望有足够大的发言权来影响重要决策。团队中的关键管理者也可能希望在公司占有一定的份额，因此你需要仔细考虑最后要留下来的股权。你不想放弃控制权，所以需要考虑自己想要多少股份，不仅是在这个时候，而且是在股权投资者试图出售他们的份额的时候，他们能卖给谁?

你需要了解投资者是如何运作的。一些投资者更喜欢用亲力亲为的方式来管理他们的投资，即他们在董事会中有一位非执行董事，每月拜访公司，并保持定期的电话联系。天使投资人能够为公司带来大量的经验和关系网，所以要在你的天使投资人支持下做自己的功课。其他投资人，主要是机构投资者，有一个更“放手”的办法——一旦投资之后，他们更愿意不插手，也许每年会开一次会来审查公司的进展。

如第 14 章所述，天使投资人和风险投资机构期望的年化回报率为 30%~50%，通常以资本收益的形式实现。他们一般也希望在五年内兑现投资，因此，你认为到时候他们在公司所占份额的价值有多少，以及他们会获得多少回报，要提前算出来。他们希望在董事会中获得一席之地，很多天使投资人希望能密切参与公司的管理。你需要了解投资者希望如何兑现他们的投资——通过股息还是资本收益。你不应该害怕询问他们对于兑现自己投资的时间尺度。对于他们可能把股份卖给谁，他们也可能会有看法。对你来说，这可能是一个机会，通过买断投资者的份额来增加你在公司里的股份，就像马克·康斯坦丁和露诗的情况一样。或者，这也可能是一个机会，让你可以稀释自己的公司份额，或鼓励合并来完全退出，或被另一家公司买收购。

最后，虽然银行贷款可能需要数周时间来安排，但股权投资需要数月时间。这会涉及大量的会议、访谈和陈述。投资者或他们的会计师将对公司开展自己的调查（称为尽职调查），法律文件的制作会涉及冗长、琐碎的细节工作，你会需要专业的建议。

为融资而陈述你的项目

在某个时候，你可能会被要求向投资者“陈述”你的商业计划书。这么做部分是为了支持和详细说明商业计划书中的细节，部分则是为了让潜在支持者对你（可能还有你的公司团队）做出判断。他们会探寻动机、热情和诚信，但最重要的是让计划书可实现的管理能力。

“演示文稿”可以采用多种形式。银行可能只期望以一次非正式会议来讨论商业计划书，也许会回来讨论可能出现的问题。投资者可能需要召开多次会议。第一次会议可能包含 15~20 分钟对计划的正式陈述，使用 PowerPoint 或 Prezi 软件，随之而来的问题很容易就会花上两倍时间。如果这次会议成功了，你会被邀请回来参加第二次会议，讨论投资的相关细节。

首先要做的是遵循指示。如果你被要求做一个15分钟的陈述，那就保持在15分钟——这意味着大约10张幻灯片。确保有一台电脑和投影仪可用，如果没有，你需要自己安排——如果只有一个投资者，那么一台大尺寸的平板电脑会很有用，因为它可以打破使用投影仪时那种“我们和他们”的距离感。请记住，你真正想要的是进行讨论——开始建立关系，而你需要努力打破障碍。最好带上产品的样品或样例、服务网站等，以便观众能看到和/或触摸到它。你需要抓住他们的注意力。

幻灯片应该清晰整洁，专注于主题的要点，并邀请观众参与和提问，因为主题会让他们感兴趣。记住在每张幻灯片上用你的公司名称来打上“品牌”标记。单独的幻灯片上要介绍的重点包括如下内容。

- 你为什么会在那里——你在寻求融资，以及你给出一笔交易。请记住，你这么做是在为公司提供一个估值。你不可避免地会被问到，你打算把钱花在什么方面。
- 你提供的产品/服务和客户价值主张。你需要解释和/或演示自己的产品或服务、客户当前存在的问题，以及你的产品或服务如何为他们解决这些问题。
- 目标市场和机会。你需要描述潜在客户（要是能说出名字就更好），并解释你如何去找他们。如果你已经有了产品或服务的订单，这将大大提升你的可信度。
- 竞争对手（他们希望你说出名字）、你的竞争优势，以及当竞争对手做出反应时，你将如何应对。如果你有任何知识产权，那么这是要强调的重点。
- 营销策略。在这里你可以勾勒出，你在规划的期间将如何实现自己的销售目标。他们会对你的销售过程和分销渠道感兴趣。主要的市场调查信息可以增加你的计划书的可信度。
- 你的管理团队，包括董事会。重要的是你的背景和经验。如果你有技能缺口，要解释如何填补这些缺口。
- 财务重点（而非财务细节）——当实现盈利时的销售额和利润、资本投资、现金流影响和盈亏平衡。他们会询问细节，特别是你的销售预测和成本是如何得出的，因此你可能需要准备一些额外的幻灯片来进行回溯。记住，他们会考虑他们在这方面所占的份额，以及如何将其转化为商业估值。

如果你有潜在的合作伙伴，或希望找到他们，那么这需要在陈述中强调。如果有特定的控制权问题与你的行业相关，那么也可能需要涵盖这些问题，尽管只是简要介绍。

现场陈述是一个展示你个人品质并开始发展关系的机会。第一印象很重要，但深入了解商业计划中的关键领域，有助于人们对你产生必要的信心。有很多方法可以加强陈述的效果。充分的排练很重要，始终要强调市场和公司的竞争优势而不是产品特点，强调管理团队的能力。在风格上，演示产品很重要，还有在西方文化中，要经常进行眼神交流。你应该与任何共同陈述者一起管理演示文稿。最后，永远不要试图回避那些你不知道答案的问题，最好的建议就是说你不知道，但会过几天带着答案回来。

一位有经验的投资者承认，尽管与企业家的讨论可能集中在商业计划书上，但最终决定实际上是“直觉”的结果，即他们与企业家之间的一种个人“化学反应”。最终，这种化学反应必须为一种长期关系奠定基础，而且始终要基于信任和尊重。

小结

- 商业计划书描述了你的新公司想要实现什么目标，以及它将如何做到这一点。它可以用于内部目的，作为管理层的“备忘录”，也可以用于外部目的，尤其是筹集资金。
- 用于外部目的的计划书通常比用于内部目的的计划书篇幅更长、更正式。初创企业的规模越大，寻求的融资越多，计划书的篇幅就可能越长、越详细。为股权投资者准备的计划书可能是最长的和陈述最好的。
- 尽管商业计划书的格式并不固定，但本章给出了一个供外部使用的典型商业计划书的典型结构。
- 向银行陈述的商业计划书需要说明如何支付贷款利息和在到期日偿还资本金，且风险最小。因此，需要特别注意现金流量预测。要获得贷款，你需要得到银行经理的信任，培养他们对你的业务能力的尊重。个人信用至关重要。
- 为股权投资者制订商业计划书，需要说明存在一个能在五年内实现高回报（通常为每年30%~50%）的商业机会。它还需要说服阅读者，管理团队能够利用这个机会。投资者非常依赖创始人及其团队的管理信誉。
- 商业计划书的现场陈述需要和计划本身（聚焦于计划的重点并执行好）一样好。你要尝试引起听众的兴趣并让他们参与进来，邀请他们就你的事业进行讨论。你要得到他们的信任和尊重。